上海并购金融集聚区
Shanghai M&A Financial Agglomeration District

蓝发钦　周胜娣　编著

中国证券市场典型并购

2024

上海远东出版社

图书在版编目(CIP)数据

中国证券市场典型并购.2024/蓝发钦,周胜娣编
著.--上海:上海远东出版社,2025.-- ISBN 978-7
-5476-2155-4
Ⅰ.F832.39
中国国家版本馆 CIP 数据核字第 20257RE302 号

责任编辑　程云琦
封面设计　李　廉

中国证券市场典型并购. 2024

蓝发钦　周胜娣　编著

出　　版　上海远东出版社
　　　　　（201101　上海市闵行区号景路 159 弄 C 座）
发　　行　上海人民出版社发行中心
印　　刷　上海新华印刷有限公司
开　　本　710×1000　1/16
印　　张　20
插　　页　1
字　　数　317,000
版　　次　2025 年 7 月第 1 版
印　　次　2025 年 7 月第 1 次印刷
ISBN 978-7-5476-2155-4/F・767
定　　价　88.00 元

前言

 收购兼并是资本市场优化资源配置的重要工具,在促进企业规模扩张、推动产业整合和支撑战略升级方面发挥着关键作用,是企业应对市场变革、增强竞争优势的优选路径。收购兼并市场的波动不仅反映了资本市场的发展轨迹,也折射出宏观经济环境的变化趋势。我国现代意义上的并购始于 20 世纪 80 年代,经过多轮并购浪潮,中国证券市场的并购重组逐步从高速扩张走向规范发展。中国证券市场的并购重组从一开始就体现出典型的两大特征:其一是市场驱动,并购重组主要由上市公司基于业务发展、自身战略调整等因素自主开展,市场化属性较强;其二是市值管理导向明显,尤其是在跨界并购的热潮中,企业通过收购互联网、文化传媒、医疗健康等热门行业资产,提升公司市值,增强资本市场认可度。2016 年起,随着一系列针对并购重组市场的监管新规陆续出台,市场监管力度趋严,并购市场进入理性调整阶段。2024 年,资本市场改革深化,并购政策迎来重要调整,新“国九条”与“并购六条”相继出台,并购市场正迈向常态化的发展阶段。

 2024 年是全球经济持续调整的一年,中国经济在经历疫情后的修复期后,逐步回归常态,接近潜在增长水平,国内生产总值(GDP)达 135 万亿元,较上年同比增长 5%①,实现了稳中求进的目标。在此背景下,中国证券市场并购活动挑战与机遇并存。一方面,2024 年我国并购交易宗数和交易金额虽仍呈下降趋势,但降幅有所收窄,市场修复态势初现。2024 年我国证券市场完成并购交易 628 宗,同比下降 5.56%。全年交易总金额 3 050.81 亿元,同比下降 16.56%。相比 2023 年并购市场的深度收缩,2024 年市场调整步伐趋缓,表明并购市场在经历连续低迷后,已进入筑底回暖阶段。尽管如此,市场主体的并购能力与并

---

① 根据不变价格计算。数据来源:国家统计局。

购意愿仍未完全匹配,部分行业受宏观经济和流动性环境影响,并购交易仍保持谨慎态势。另一方面,2024 年并购市场迎来了资本市场改革深化的"政策春风",制度优化带来的市场修复效应逐步显现。继新"国九条"出台后,证监会发布"并购六条",企业并购意愿与能力有望进一步提升,其意义至少体现在三方面:其一是强者越强,有实力的上市公司可以通过并购更上一层楼;其二降低退市对资本市场的压力,某些面临退市的上市公司可以成为拟资本化上市公司的目标公司,通过买壳解决一部分上市公司退市的问题;其三缓和一级市场投资的堰塞湖,随着中国证券市场 IPO 节奏放缓,一级市场投资退出一直是社会关注的问题,"提升监管包容度"将 PE/VC 退出的主流渠道将从 IPO 退出转为并购、兼并退出。

本书选取 2024 年发生在中国证券市场的 40 宗典型并购案例,涵盖国企重组并购、产业链整合并购、跨界并购、同行并购、借壳上市、科技并购、逆向混改七个部分。每个案例的写作过程努力体现两个特点。一是在精简案例的同时提高案例本身的还原度。本书的每个案例都精确地介绍并购交易相关方、并购事件一览、并购方案主要手段和重点,高度还原了并购交易进程。二是深度挖掘案例特点,从政策法规、时代背景、并购手段、并购主旨、并购前景等方面对并购交易进行解读和述评,与市场关注点和业界讨论面实现了完美的对接。

此外,为了让读者更确切地了解 2024 年中国证券市场并购重组的整体特点和发展变化,本书在并购典型案例之前提供了一份《中国证券市场 2024 年并购市场报告》,该报告根据 2024 年中国证券市场的特点,对上市公司并购交易活动进行系统的统计和描述,具体从交易规模、并购溢价、主体性质、行业分布、地区分布、海外并购和热点标的等维度,全面地展示了 2024 年中国证券市场并购交易的整体特点以及 2020—2024 年并购重组的发展变化趋势。

本书作为华东师范大学与上海市普陀区人民政府联合成立的上海并购金融研究院的研究成果之一,编写工作得到了普陀区政府、上海科技金融产业集聚区的大力支持,在此深表感谢! 同时,华东师范大学金融学硕士研究生徐卓琳、王改银、王明娟、邓雯丹、栾峻苇、吴萌欣、刘佳宇、胡珈鸣,以及 MBA 研究生齐佳敏、徐嘉瞳、朱铭、杨子轩等参与了案例的编写工作,在此一并感谢!

编者

2025 年 6 月

目录 contents

导论
中国证券市场 2024 年并购市场报告

　　并购重组①是支持经济转型升级、实现高质量发展的重要市场工具。通过股权收购或协议控制,实现企业间的资源整合、技术协同和产业链延伸,已成为企业提升市场竞争力、拓展业务版图的重要路径。近年来,国内外经济环境的不确定性加剧,并购交易逻辑逐步从单纯的外延式扩张向战略协同、产业升级和价值创造转变。2024 年,中国资本市场迎来了政策"大年",新"国九条"与"并购六条"相继出台,政策端进一步优化并购重组机制,鼓励上市公司通过并购实现产业升级和战略转型。在此背景下,本书通过综览 2024 年中国并购市场动向,旨在为企业并购实践提供经验参考,为洞察资本市场结构性变革提供微观视角。

　　2024 年是新冠病毒感染疫情冲击造成经济运行大幅波动后走向常态,接近潜在增长水平的关键一年。在全球经济复苏放缓、外部不确定性增加的背景下,我国经济展现出较强的韧性和内生增长动力。虽然 2024 年我国国内生产总值(GDP)达 135 万亿元,较上年同比增长 5%②,基本实现了经济运行稳中有进的目标③,但并购市场表现有所滞后,交易活跃度尚未完全恢复。2024 年,我

---

　　① 本书对是否发生并购的判断依据:公司的实际控制权是否发生转移,以及是否达到控制或共同控制。

　　本书的数据来源:从新浪财经、巨潮咨询、同花顺等公开披露上市公司信息的渠道,手工收集 2020—2024 年中国证券市场主板、创业板、科创板、北交所的上市公司成功完成并购交易的相关数据。

　　成功完成并购交易的判断标准为:①重大资产重组需证监会审核的情形,经证监会审核批准;②非重大资产重组不需证监会审核的情形,以股东大会决议通过为准;③不需股东大会投票表决情形,以董事会表决通过为准。

　　② 根据不变价格计算。数据来源:国家统计局。

　　③《2024 年政府工作报告》中强调,"稳中求进、以进促稳、先立后破","把实施扩大内需战略同深化供给侧结构性改革有机结合起来,更好统筹消费和投资,增强对经济增长的拉动作用"。

国证券市场共完成并购交易 628 宗,全年交易总金额 3 050.81 亿元,整体并购交易数量和交易规模均同比小幅下降,但下降幅度明显收窄,这表明并购市场在经历连续数年的低迷之后,已逐步进入企稳回升的阶段。虽然市场整体仍处于调整期,但政策红利的释放正在推动并购市场筑底回暖,并逐步改善市场主体的预期和交易意愿。纵观 2024 年中国并购市场,整体上呈现出以下三大新特征。

第一,产业并购思维彰显。产业结构调整和新旧动能转换是供给侧结构性改革深化的重要方向,也是经济高质量发展的必然要求。随着资本市场改革的深入推进和产业政策导向的持续强化,并购市场向"提质增效"方向加速演进,产业整合及转型升级驱动的产业并购[①]交易进一步提升,交易宗数占比由 2021 年的 67.96% 上升至 2024 年的 81.21%。而跨界并购交易宗数及并购失败率呈下降趋势,反映出市场对产业链协同效应和长期价值创造的关注度上升,短期套利型并购热度逐步消退,并购市场回归理性,价值导向更加凸显。

第二,民企并购活跃度回升。2024 年,"科创板八条""并购六条"等举措相继落地,为民企依托资本市场做优做强提供政策支持。在国企改革深化与促进民营经济发展等政策的双轮驱动下,并购市场结构进一步优化。2024 年国有企业共完成 221 宗并购,同比下降 14.34%,案例宗数占比为 35.19%;交易金额1 890.81 亿元,占当年总成交金额的 61.98%。民营企业共完成 407 宗并购,同比上升 0.25%,宗数占当年全部案例的 64.81%;交易金额 1 160 亿元,占当年总成交金额的 38.02%。整体来看,国有企业并购交易规模仍显著领先,总金额达到民营企业的 1.63 倍,凸显了国企在产业整合和战略重组中的主导作用。同时,民营企业并购活跃度企稳回升,交易案例同比小幅上升,显示出市场信心的逐步修复,民营企业在资本市场的并购活力预计将持续释放。

第三,跨境并购持续升温。自 2022 年底起,中国地方政府适时推出各项政策,持续优化跨境贸易便利水平和外贸营商环境,积极助力企业"出海",开拓国际市场。根据本书统计数据,2024 年跨境并购完成 57 宗,同比增长 21.28%,交易金额 404.95 亿元,与 2023 年基本持平。中国企业寻求海外布局弥补短板、寻找新机遇的动力不减。在全球供应链调整、技术合作深化和海外市场需

---

① 产业并购具体包括同行并购及产业链整合并购。

求回暖的背景下,企业跨境并购的行业分布日趋多元,涵盖高端制造、能源资源、科技创新等多个领域。

接下来,本书将根据 2024 年中国上市公司并购交易数据,从上市公司的并购规模、并购溢价、并购类型、行业分布、主体性质、区域差异、跨境并购、热点标的、失败案例等维度出发,以全方位反映 2024 年中国证券市场上市公司并购重组的规律和特点。

一、并购市场承压调整,新兴板块逆势增长

2024 年以来,受国内外超预期因素叠加影响,中国证券市场并购交易呈现出调整趋缓、结构分化的特征。2024 年全年共完成并购交易 628 宗,较 2023 年 665 宗同比下降 5.56%。从并购金额看,全年交易总金额 3 050.81 亿元,交易金额同比下降 16.56%,单笔交易均价为 4.86 亿元,同比下降 11.65%。其中,并购交易金额百亿元以上的并购交易共完成 5 宗,涉及交易金额 915.26 亿元,大额并购以 0.80% 的并购宗数撬动了 30% 的交易金额,并购市场“头部集聚”和“小额并购”的局面愈发明显。

从上市公司并购交易板块来看(图 a),2024 年主板完成 356 宗并购,占当年交易宗数的 56.69%,涉及交易金额 2 455.61 亿元,占交易总金额的 80.49%,单笔交易均价为 6.90 亿元;创业板完成 211 宗并购,占当年交易宗数的 33.60%,交易金额为 494.48 亿元,占交易总金额的 16.21%,单笔交易均价为 2.34 亿元;科创板完成 39 宗,占当年交易宗数的 6.21%,交易金额为 91.40 亿元,占交易总金额的 3%,单笔交易均价 2.34 亿元;北交所完成 22 宗并购,占当年交易宗数的 3.50%,交易金额 9.31 亿元,占交易总金额的 0.31%,单笔交易均价为 0.42 亿元。

相较于 2023 年,不同交易板块表现各有差异。其中,主板成交宗数同比下降 24.58%,交易金额同比下降 22.72%,并购均价几乎不变;创业板成交宗数同比上升 32.70%,交易金额同比上升 16.17%,展现出量价齐升的特征;科创板成交宗数同比上升 50.00%,成交金额同比上升 82.80%,呈现出高单价驱动的特点;北交所板块成交宗数同比上升 175.00%,成交金额同比上升 191.05%,随着北交所版图的不断扩充,并购交易市场规模及活跃度进一步提升。

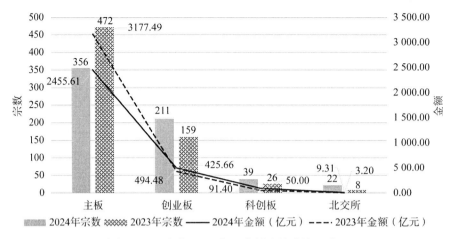

图a　2023年与2024年上市板块并购情况对比

2024年"A收A"并购①共2宗,在2022年创新高后持续回落(图b)。2020—2023年"A收A"并购成交宗数分别为4宗、5宗、10宗和6宗,2024年则合计完成2宗,同比下降66.67%。其中,均胜电子(600699.SH)斥资9.80亿元,反客为主取得香山股份(002870.SZ)的控制权。此前,为缓解债务压力,均胜电子曾出售子公司回笼资金,而此次收购则是其"先卖后买"策略的关键一步。均胜电子不仅以较低成本实现了资产回购,还提升了市场份额和业务协同效应,进一步巩固了其在汽车电子领域的竞争力。迈瑞医疗(300760.SZ)豪掷66.52亿元、溢价25%收购惠泰医疗(688617.SH),强势切入心血管耗材赛道,成为科创板首单"A收A"。

从并购双方的相对资产规模来看,2024年中国证券市场"蛇吞象"②并购交易宗数占比(图c)再探新低。2024年合计完成14宗"蛇吞象"并购,占全部案例的2.23%,与2023年(2.26%)基本持平,远低于2020年的9.69%、2021年的13.39%和2022年的4.81%,呈现出持续下滑的趋势。这说明,在当前经济环境下,企业经营面临严峻挑战,融资约束加剧,发起"蛇吞象"并购的能力相对受限。当然,2024年也不乏经典的"蛇吞象"并购案例值得借鉴。例如,阳光新能源开发股份有限公司通过自有资金和表决权委托收购泰禾智能(603656.SH)的

---

① "A收A"并购:收购方与标的方均为A股上市公司的并购。

② "蛇吞象"并购:收购方资产规模小于标的方资产规模。

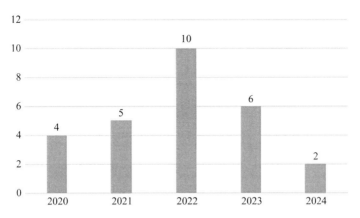

图 b　2020—2024 年"A 收 A"并购交易宗数

10.24％股权和 13.36％表决权,双方资产规模差高达 578.14 倍。苏州泰联智信投资管理合伙企业(有限合伙)亦通过自有资金收购汉嘉设计(300746.SZ)30％的股权,双方资产规模相差 455.82 倍。

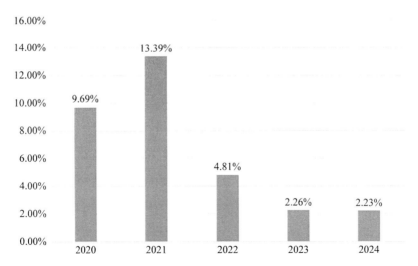

图 c　2020—2024 年"蛇吞象"并购交易宗数占比

此外,交易金额超百亿元的"航母级"并购通常因体量巨大成为市场关注的焦点。2024 年中国证券市场共完成 5 宗"航母级"并购,较 2023 年的 4 宗略有上升。从行业看,标的公司行业分别为制造业(2 宗),金融业(1 宗),批发和零售业(1 宗),电力、热力、燃气及水生产和供应业(1 宗)。从收购方产权性质看,

2024年完成的5宗"航母级"并购中仅有1例由民营企业发起。国联民生(原国联证券,601456.SH)以294.92亿元收购民生证券股份有限公司是2024年中国证券市场单笔交易额最大的并购案例。

二、并购溢价略有回升,现金支付主流格局确立

并购溢价①关系到交易双方对标的资产的价值判断,受资产质量、发展预期、技术储备、买方实力、外部环境等多方面影响,既是交易架构的基础,也是市场预期的缩影。2024年证券市场平均溢价倍数为5.98倍(图d),与2023年的5.85倍相比略微回升。在全球经济下行大背景下,较低的并购溢价倍数反映出企业生产经营的艰难处境。

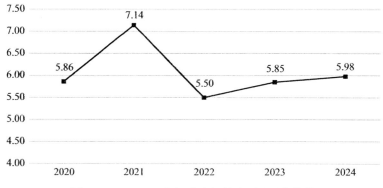

图d　2020—2024年证券市场并购平均溢价倍数

从并购交易板块来看,创业板和科创板平均溢价倍数在所有交易板块中最高(8.22倍、5.75倍),之后依次为北交所(5.47倍)、主板(4.77倍),与2023年相比结构变化明显。爱尔眼科(300015.SZ)以1479万元控股邵东爱尔眼科医院有限公司,为创业板中2024年度溢价倍数最高的案例,溢价倍数超173倍。

从收购方的三次产业分布来看,第一产业平均溢价倍数为1.23倍,与2023年的1.43倍相比有所下降,但由于该部门年内仅发生3宗并购,因此数据价值有限;第二产业平均溢价倍数为4.35倍,与2023年的5.06倍相比略有下降;

---

① 并购溢价:报告以并购案例交易成交价格与并购主体应享有的交易标的净资产账面价值份额之比作为并购溢价倍数,计算时剔除净资产为负的案例,剔除无偿划转案例。

第三产业平均溢价倍数为 8.15 倍,与 2023 年的 7.54 倍相比有小幅度提升。第三产业涵盖了大量细分服务行业,其平均溢价倍数的大幅提升在一定程度上反映了实体经济中消费市场的复苏。

标的资产的行业并购溢价在一定程度上反映出市场并购主体对不同行业的预期(图 e)。2024 年,在标的资产相对集中的 13 个行业中,溢价最高的三个标的行业是采矿业、卫生和社会工作、批发和零售业,溢价倍数分别达到 21.22 倍、15.24 倍与 8.33 倍。与 2023 年相比,除采矿业,批发和零售业,卫生和社会工作,金融业,建筑业和电力、热力、燃气及水生产和供应业外,标的行业各溢价倍数均出现了不同程度的下降,下降程度较大的行业包括信息传输、软件和信息技术服务业,科学研究和技术服务业,房地产业。可见,在整体宏观经济下行风险加大的背景下,市场主体投资情绪低迷,投资信心有待提振。

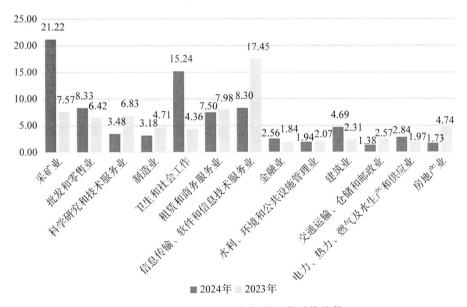

图 e　2024 年和 2023 年标的行业溢价倍数

从收购方性质来看,国有企业的并购溢价低于民营企业(含外资),2024 年国企收购方平均溢价倍数为 4.77 倍,民企收购方平均溢价倍数 6.66 倍。作为国民经济"压舱石",国有企业并购活动往往需要兼顾经济发展与社会责任双重目标,其在资产收购上更加注重战略布局和社会福利提高,标的选择相对谨慎,因此平均溢价倍数也更低。

从支付方式看,2024 年并购交易中仍以现金支付为主,以纯现金支付的并购交易有 574 宗,在全部并购交易中占比 91.40%,合计支付现金 2 933.02 亿元,单笔平均支付金额为 5.11 亿元。其中,国联民生(601456.SH)以 294.92 亿元收购民生证券股份有限公司为本年度现金支付金额最高的单笔交易。此外,其他典型案例包括中航电测(300114.SZ)以 174.39 亿元收购成都飞机工业(集团)有限责任公司 100%股权、沈阳汽车有限公司斥巨资 164 亿元收购申华控股(600653.SH)22.93%股权等也引起了市场的广泛关注。可见,由于现金收购方式具有灵活性高、不易造成收购方股权稀释等优势,已成为上市公司最青睐的支付方式。

然而,当上市公司面对大额并购交易时,其现金支付能力受到自身融资约束的限制,需要进一步借助发行股份、发行可转债、资产置换或多种形式组合等创新方式来完成支付。2024 年,证券市场并购交易中选择创新支付方式的成交案例数为 54 宗,交易规模达 117.79 亿元。剔除无偿划转等零元对价的案例后,使用创新支付方式的并购交易单笔均价为 7.36 亿元,单笔交易规模可观。其中,"0 元受让"是除现金支付外,使用频率最高的支付方式,达到 17 宗。例如,丰华股份(600615.SH)零元受让控股股东东方鑫源集团有限公司持有的重庆鑫源农机股份有限公司 51%股权。其他支付方式构成比例见图 f①。

在其他支付方式中,资产置换被视作为各类支付方式中相对高效的一种方式,不仅能够降低资金占用,节约费用,也有助于提高大股东将优质资产注入上市公司的积极性。2024 年,证券市场发生 4 宗资产置换,涉及金额 12.87 亿元。例如常山北明(000158.SZ)以全资子公司常山恒新 100%的股权置换控股股东常山集团下属的慧发新能源持有的石家庄市能源投资发展有限公司的 100%股权,以及常山集团下属的石家庄慧荣信息科技有限公司持有的石家庄市智慧产业有限公司的 80%股权。通过本次交易,上市公司剥离纺织业务,同时引入与软件业务有协同效应的新能源及智慧城市业务。

此外,无偿划转是国有企业并购交易中常常采取的支付手段。虽然无偿划转通常带有行政色彩,但不失为一种促进国有资本有序流动的高效方式。2024

---

① 资产置换支付中包含:资产置换,"资产置换+股票支付","资产置换+现金支付"。

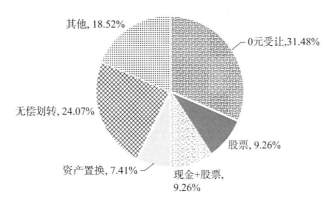

图 f 2024 年其他支付方式构成比例

年证券市场共有 13 宗并购交易采用无偿划转的形式。典型案例如:为进一步优化内部产权关系,压缩管理层级,提高决策效率,兖矿东华集团有限公司将其持有的新风光(688663.SH)38.25%股权无偿划转至山东能源集团有限公司;为进一步深化央地合作,推动习近平总书记"创新央地合作模式,促进央地融合发展,更好带动地方经济发展"的指示精神,朝阳市国资委将其所持有的凌钢股份(600231.SH)7%股权无偿划转至鞍钢集团,从而使鞍钢集团持有凌钢股份56%的股权,成为凌钢股份控股股东等。

总体上看,2024 年中国证券市场并购保持以现金支付为主、多种支付方式并存的格局,支付方式或交易架构未有突破性创新。

三、失败案例略有回弹,市场环境复杂多变

2024 年,中国证券市场并购交易失败案例比例有所上升。从数据来看,2024 年上市公司并购交易失败案例合计 64 宗,占全部并购案例的 9.25%。2022 年和 2023 年上市公司并购交易失败案例占比分别为 9.41% 和 7.52%,失败率止跌回升,整体呈现小幅上扬态势。

并购交易市场中并购双方内外部环境变化都会给并购交易带来巨大的不确定性,从而增加并购过程中的摩擦,降低并购交易成功率。统计数据显示(图g),"市场及政策环境发生变化"、"收购方原因"和"并购双方未能达成一致意见"是导致并购重组失败的三大主要原因,占比分别为 28.13%、23.44% 和21.88%,合计占比超过失败总案例的七成。

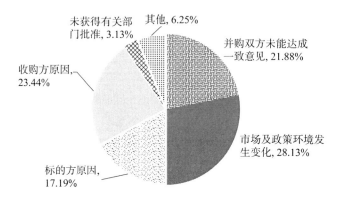

图 g　2024 年并购失败案例原因构成

　　从失败案例的收购方行业分布来看①(图 h),制造业位列榜首,共有 43 宗失败案例,占失败案例总数的 67.19%。制造业失败案例占比在近年来呈现波动上升态势,2020 年为 57.69%,2021 年降至 37.50%,2022 年四升至 59.70%,2023 年小幅下降至 50%,2024 年则在短期回落后再度反弹。进一步分析发现,"收购方原因"和"市场及政策环境发生变化"是制造业并购失败的主要原因,占比均为 30.23%。此外,制造业跨界并购失败案例为 10 宗,占其失败案例总数的 23.26%,低于 2023 年的 27.57%和 2022 年的 25%,说明制造业"跟风式""盲目式"跨界并购重组现象正在减少,制造业并购标的选择已经回归理性。

　　在除制造业外的其他行业中,信息传输、软件和信息技术服务业共有 5 宗失败案例,占比 7.81%,相比 2023 年的 10%略有降低。房地产业有 3 宗交易以失败告终(在总失败案例数中占比 4.69%),与 2023 年的 1 宗(在总失败案例数中占比 1.49%)相比小幅上升。电力、热力、燃气及水生产和供应业的复苏导致 2024 年失败案例同时增加,共有 5 宗交易以失败告终(在总失败案例数中占比 7.81%)。此外,2024 年失败案例的行业从 2023 年的 11 个下降至 9 个,其中有新增也有消失的行业,但总体而言数量比较分散。

　　从收购方所在行业来看②(图 i),教育行业失败率最高(20.00%),其次为建筑业(15.79%),交通运输、仓储和邮政业的失败率最低(5.00%)。2024 年全行业失败率为 12.72%,高于 2023 年的全行业失败率(6.89%)。制造业方面,与

---

　　① 计算方式为:某行业的失败案例数÷失败案例总数。
　　② 计算方式为:某行业的失败案例数÷该行业并购案例总数。

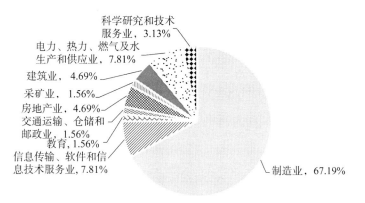

图 h　2024 年并购失败案例收购方行业分布

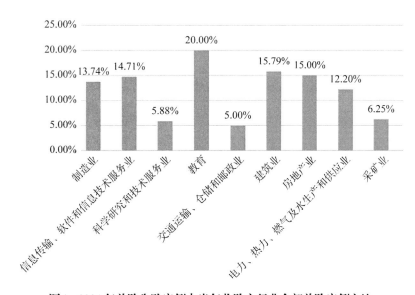

图 i　2024 年并购失败案例占当年收购方行业全部并购案例之比

2023 年相比,并购失败率由 8.03％上升至 13.74％,略高于平均值。

　　从收购方所属产权性质来看①,出于政府背书的国有企业并购交易成功率高于民营企业。其中,国有收购方发起的失败案例共有 20 宗,失败率为 8.30％;民营收购方发起的失败案例共有 44 宗,失败率为 9.73％。二者相较于 2023 年均有所上升。

———————————

　　① 计算方式为:国有(民营)失败案例数÷国有(民营)并购案例总数。

从不同并购类型来看①,同行并购失败案例一共 28 宗,失败率为 6.48%,与 2023 年的 5.19% 上升 1.29 个百分点;产业链整合并购失败案例一共 16 宗,失败率为 13.11%,与 2023 年的 8.81% 相比上升 4.30 个百分点;跨界并购失败案例一共 20 宗,失败率为 14.49%,与 2023 年的 9.26% 相比上升 5.23 个百分点。相较于同行并购与产业链整合并购,跨界并购交易的不确定性更大,失败率较高。

从失败案例的标的方行业分布来看②,制造业是失败案例最多的标的行业,占全部失败案例的 26.56%。科学研究和技术服务业以及信息传输、软件和信息技术服务业紧随其后,占比分别为 23.44% 和 14.06%(图 j)。

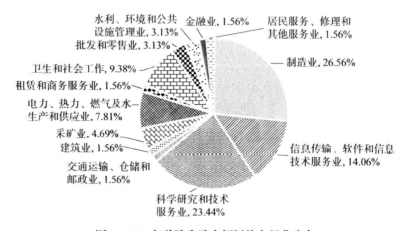

图 j　2024 年并购失败案例标的方行业分布

四、同行并购持续攀升,跨界并购热度减退

按照交易双方所处行业的相关性进行划分,证券市场并购交易可以分为同行并购、产业链整合并购和跨界并购。其中,同行并购又称为横向并购,一般指企业为提升市场地位、扩大经营规模而对同行业或生产类似产品的公司展开的并购行为;产业链整合并购又称为纵向并购,一般指上下游公司间以产业链整合为目的的并购;跨界并购又称为混合并购,指处于不相关行业或产业链的公

① 计算方式为:当前类型失败数÷当前类型全部案例数。
② 计算方式为:标的行业失败案例数÷失败案例总数。

司展开的并购活动。

　　总体来看(图 k),2024 年同行并购占据主流。从并购宗数来看,全年完成同行并购 404 宗,占当年交易宗数的 64.33％,较 2023 年同比上升 7.49 个百分点;交易金额为 2056.34 亿元,占当年总交易金额的 67.40％,较 2023 年同比上升 6.13 个百分点。产业链整合并购完成 106 宗,占比 16.88％,同比下降 4.62 个百分点;交易金额为 399.35 亿元,占比 13.09％,同比下降 1.61 个百分点。跨界并购 118 宗,占比 18.79％,同比下降 2.86 个百分点;交易金额 595.12 亿元,金额占比 19.51％,同比下降 4.52 个百分点。

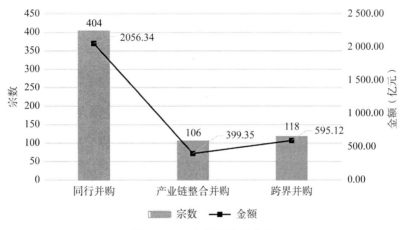

图 k　2024 年并购类型分布

　　从近 5 年的变化趋势来看(图 l),同行并购成交宗数占比一路攀升,2024 年占比已超 60％,是并购市场主流形式,说明扩大经营规模、提高行业集中度仍是大部分企业并购的首要动机。其中,国联民生(6001456.SH)以 294.92 亿元收购民生证券股份有限公司 99.26％股权是 2024 年中国证券市场同行并购交易额最大的案例。产业链整合并购处于稳中向下的态势,成交宗数占比相较于 2020 年下降 3.42 个百分点,产业整合回归理性。近年来以产业整合及转型升级为目标的并购交易宗数占比(具体包括同行并购及产业链整合并购)由 2020 年的 64.89％上升至 2024 年的 81.21％,产业化并购逻辑在证券市场中得到进一步认同。相反,跨界并购成交宗数占比逐年下降,由 2020 年的 35.10％降至 18.79％,说明我国"套利型"并购热情消散,并购市场正在逐步回归本原。

图 l　2020—2024 年并购类型交易宗数占比

从单笔交易均价来看(图 m),2024 年同行并购单笔交易均价为 5.09 亿元,在上年的基础上下降 14.17 个百分点,近五年保持着波动下降的趋势;产业链整合并购单笔交易均价为 3.77 亿元,与上年相比基本保持不变;跨界并购自 2022 年达到高点后,单笔交易均价持续下降,2024 年为 5.04 亿元,同比下降 17.32 个百分点。产业链整合并购与跨界并购交易均价近年来呈"倒 U 形"趋势。

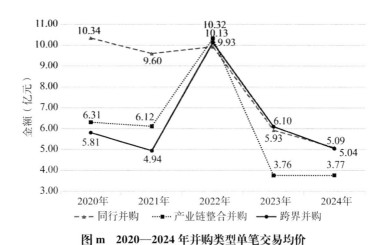

图 m　2020—2024 年并购类型单笔交易均价

五、国企并购势头减弱,民营资本乘风而起

随着国企改革深入推进及民营经济发展壮大,基于不同的并购动机与现实

条件,不同并购主体的表现有所不同。国有企业重组并购热度消减,民营企业则在政策东风的支持下焕发新生活力,市场自主性并购依旧为主旋律。国有企业大多分布在关系国家安全、国民经济命脉的重要行业和关键领域,是实现国家战略意图、应对外部环境变化和重大风险挑战的主力军。《国有企业改革深化提升行动方案(2023—2025 年)》强调加快国有经济布局优化和结构调整,做强做优做大国有资本和国有企业。2024 年是国有企业改革深化提升行动落地实施的关键之年,也是承上启下的攻坚之年,推进战略性重组和专业化整合,是提高国有资本配置和运行效率的重要途径。一方面,为发挥国民经济"压舱石"的作用,市场上涌现出以国有资本入股或收购民营企业为主要特征的"逆向混改"案例。2024 年,中国证券市场共完成 62 宗"逆向混改"并购,涵盖以制造业为主的 12 个行业门类,交易金额 403.66 亿元,同比下降 24.92%,占全年交易总额的 13.23%。其中,西部证券(002673.SZ)以 38.25 亿元收购国融证券股份有限公司 64.60%股权,是 2024 年交易规模最大"逆向混改"案例。另一方面,资源整合与转型升级逻辑下的国企并购交易不断涌现。例如,中航电测(300114.SZ)以 174.39 亿元收购中航成飞股份有限公司 100%股权,二者的实际控制人均为中国航空工业集团有限公司,其通过内部资源整合优化调整产业布局和资产结构,从而实现了中航成飞股份有限公司核心主业的整体上市,推动了上市公司转型升级和高质量发展。

近年来,政府高度重视民营经济发展,为了优化民营企业营商环境、促进民营经济发展壮大,接连出台了一系列政策举措。2023 年 7 月,中共中央、国务院印发《关于促进民营经济发展壮大的意见》,围绕 8 个方面对促进民营经济发展壮大的路径进行了整体设计和系统归纳。2024 年 7 月,党的二十届三中全会审议通过《中共中央关于进一步全面深化改革、推进中国式现代化的决定》,提出制定出台民营经济促进法,这是中华人民共和国首部专门关于民营经济发展的基础性法律,对促进民营经济健康发展具有重要意义。随着全国各地利好政策的密集出台,预计未来民营企业并购活力将进一步提升。

根据统计数据(表 a),2024 年国有企业共完成 221 宗并购,较 2023 年同比下降 14.34%,案例宗数占比为 35.19%;交易金额 1 890.81 亿元,同比下降 25.53%,占当年总成交金额的 61.98%,单笔交易均价为 8.56 亿元。民营企业共完成 407 宗并购,同比上升 0.25%,宗数占当年全部案例的 64.81%;交易金额1160亿元,同比上升4.14％,占当年总成交金额的38.02％,单笔交易均价为2.85亿元。从交易宗数看,民营企业收购仍占据主流;从交易规模看,虽然国有企业并购成交金额有所降低,但其仍具有重要影响力。

表a 2024年和2023年并购交易收购方性质情况

收购方	2024年		2023年		增长率	
	宗数	金额（亿元）	宗数	金额（亿元）	宗数	金额
国有企业	221	1 890.81	258	2 539.07	−14.34％	−25.53％
民营企业	407	1 160.00	406	1 113.91	0.25％	4.14％

从月度趋势来看,民营收购方的成交宗数在所有月份都领先国有收购方[①],但交易规模普遍走低(图n)。国有企业并购交易的高发期是10月,成交宗数达到全年顶峰,共成交42宗,交易金额为90.49亿元;从规模来看,国有企业交易金额顶峰发生在12月,交易金额为780.68亿元,占国有企业全年交易规模的41.29％,其中国联民生(6001456.SH)斥资294.92亿元收购民生证券,占当月国有企业并购交易规模的37.78％,拉高了国有收购方12月的并购交易额。

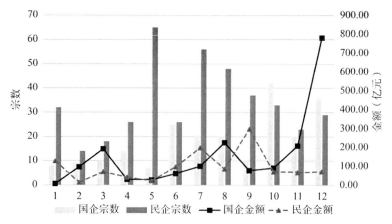

图n 2024年并购主体性质并购宗数与交易规模月度趋势

---

① 指并购交易的完成时间,一般以主管部门核准日期为准,无需有关部门核准的,以公司股东大会或董事会表决通过日期为准。

　　从标的资产行业分布来看,制造业仍然是公私企业并购最集中的领域,基本延续了 2023 年的态势(图 o)。在标的资产的选择上,国有收购方基于并购宗数的前三大标的行业分别是制造业(71 宗),电力、热力、燃气及水生产和供应业(35 宗)和科学研究和技术服务业(29 宗),在基础性及支柱产业领域并购表现活跃;在交易金额上,国有收购方交易规模最大的标的行业分别是制造业,金融业和电力、热力、燃气及水生产和供应业,分别占国资并购金额比重为 32.43%、22.87% 和 15.91%。民营收购方基于并购宗数的前三大标的行业分别是制造业(120 宗)、卫生和社会工作(90 宗)和科学研究和技术服务业(66 宗)。科学研究和技术服务业的并购宗数在国资并购和民营并购中双双跻身前三,说明国有和民营收购方都更偏好有创新研发技术的标的公司,技术并购逐渐成为公司重要战略布局手段之一。

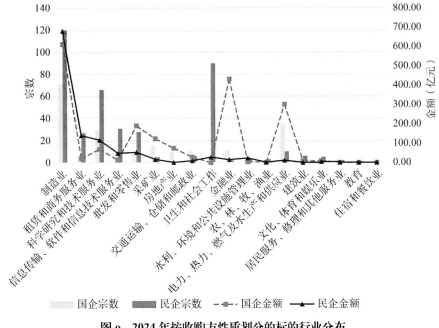

图 o　2024 年按收购方性质划分的标的行业分布

六、制造业并购依旧领跑,第三产业并购热度上升

　　在立足实体经济根基,积极推进新型工业化,加快构建以先进制造业为支

撑的现代化产业体系时代背景下,2024年第二产业在我国证券市场并购交易中仍占主导地位,但与上年相比成交宗数和交易规模占比有所下降。与此相反,第三产业并购交易的成交宗数和交易规模占比明显上升,而第一产业并购交易宗数和规模进一步走向低迷。具体来看,2024年第二产业并购宗数在全部并购交易中占比为 53.18%,同比下降 15.11 个百分比,并购交易金额占比56.77%,同比下降11.82个百分比。对比之下,2024年第三产业并购宗数在全部并购交易中占比为 46.34%,同比上升 28.20 个百分比,并购交易金额占比43.18%,同比上升 22.97 个百分比。

与2023年相比(表 b),第一产业受制于上市公司数量,并购案例较少,2024年出现进一步下滑,全年仅完成 3 宗并购,较 2023 年减少 5 宗,交易规模由18.66亿元降至 1.62亿元,单笔交易均价 0.54 亿元;第二产业全年共完成 334宗并购,较 2022 年的 416 宗下降 19.71%,交易规模 1731.86 亿元,同比下降26.36%,尽管量价均有不同程度下滑,但第二产业仍然主导 2024 年并购重组市场,单笔交易均价为 5.19 亿元,较 2023 年有所下降;第三产业全年共完成并购 291 宗,同比上升 21.25%,交易规模 1317.33 亿元,同比上升 2.70%,单笔交易均价为 4.53 亿元,同比下降 15.23%。

表 b　2024 年和 2023 年三次产业并购情况

收购方产业部门	2024 年			2023 年		
	宗数	金额（亿元）	平均金额（亿元）	宗数	金额（亿元）	平均金额（亿元）
第一产业	3	1.62	0.54	8	18.66	2.33
第二产业	334	1 731.86	5.19	416	2 351.66	5.65
第三产业	291	1 317.33	4.53	240	1 282.68	5.34

从收购方所处的行业来看(表 c),制造业企业仍是并购市场主力军,全年共完成 270 宗并购,占比 42.93%,超过排名第三至第十的总和;全年交易金额达1 305.89 亿元,占比 42.80%。卫生和社会工作,电力、热力、燃气及水生产和供应业以及租赁和商务服务业企业在并购市场表现活跃,2024 年各完成 95 宗、36宗和 35 宗并购,占比分别为 15.10%、5.72%和 5.56%。而租赁和商务服务业

及批发和零售业企业大额并购令人瞩目,2024 年交易金额分别达 264.01 亿元、223.51 亿元,占比分别为 8.65％、7.33％。

表 c　2024 年前十大收购方行业

收购方行业	成交宗数	宗数占比	成交金额（亿元）	金额占比
制造业	270	42.93％	1 305.89	42.80％
卫生和社会工作	95	15.10％	34.36	1.13％
电力、热力、燃气及水生产和供应业	36	5.72％	176.00	5.77％
租赁和商务服务业	35	5.56％	264.01	8.65％
科学研究和技术服务业	32	5.09％	112.57	3.69％
信息传输、软件和信息技术服务业	29	4.61％	73.76	2.42％
批发和零售业	22	3.50％	223.51	7.33％
交通运输、仓储和邮政业	19	3.02％	33.64	1.10％
房地产业	17	2.70％	14.08	0.46％
建筑业	16	2.54％	21.99	0.72％

　　分季度来看,在并购宗数上,第三季度和第四季度是并购高发期。第一产业的 3 宗分别在第一季度、第二季度和第四季度完成;第二产业在第三季度完成 86 宗,在第四季度完成 117 宗;第三产业在第三季度完成 105 宗,在第四季度完成 65 宗。在交易规模方面(图 p),第二产业并购交易金额在第三季度和第四季度均超过 600 亿元,其中第四季度金额最大,达到 680.81 亿元;第一产业和第三产业也在第四季度达到峰值,其中第一产业为 0.97 亿元、第三产业为 604.92 亿元。

　　并购类型能够间接反映三个产业的扩张方向,可作为判断产业部门扩张态势的参考。从并购宗数来看,第二、三产业以同业扩张为主,第一产业的同行并购与产业链整合扩张相当。根据统计数据(表 d),2024 年第一产业发生同行并购 1 宗,产业链整合并购 2 宗;第二产业完成的 334 宗并购中同行并购 206 宗,产业链整合并购 71 宗,跨界并购 57 宗,交易规模分别为 1 317.00 亿元、263.20 亿元、151.66 亿元;第三产业完成的 291 宗并购中,同行并购 197 宗,产业链整

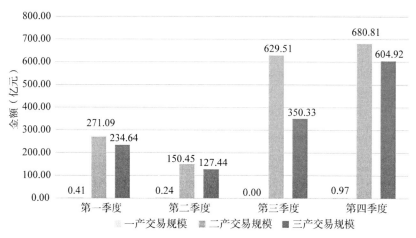

图 p　2024 年三次产业并购交易金额季度分布

合并购 33 宗,跨界并购 61 宗,交易规模分别为 739.10 亿元、134.78 亿元、443.46 亿元,形成了同行并购领跑、产业链整合并购与跨界并购并举的趋势。

表 d　2024 年三次产业并购类型分布情况

收购方产业部门	2024 年成交宗数			2024 年成交金额(亿元)		
	同行并购	产业链整合并购	跨界并购	同行并购	产业链整合并购	跨界并购
第一产业	1	2	—	0.24	1.37	—
第二产业	206	71	57	1 317.00	263.20	151.66
第三产业	197	33	61	739.10	134.78	443.46

进一步将第三产业拆解来看(表 e),按照并购宗数排序,2024 年第三产业前三大收购方行业分别是卫生和社会工作(共完成 95 宗,交易规模 34.36 亿元)、租赁和商务服务业(共完成 35 宗,交易规模 264.01 亿元)、科学研究和技术服务业(共完成 32 宗,交易规模 112.57 亿元)。其中,卫生和社会工作、科学研究和技术服务业均以同行并购为主,分别完成同行并购交易 87 宗、14 宗,交易规模分别为 22.42 亿元、10.09 亿元;租赁和商务服务业排名前三的标的行业为制造业(共完成 11 宗,交易规模 76.46 亿元)、租赁和商务服务业(共完成 5 宗,交易规模 87.75 亿元)、房地产业(共完成 4 宗,交易规模 56.03 亿元)。

表 e　第三产业并购双方行业分布

前三大主并方行业 / 标的行业	卫生和社会工作		租赁和商务服务业		科学研究和技术服务业	
	宗数	金额（亿元）	宗数	金额（亿元）	宗数	金额（亿元）
卫生和社会工作	87	22.42	—	—	—	—
租赁和商务服务业	6	6.36	5	87.75	1	0.04
科学研究和技术服务业	1	5.03	4	15.06	14	10.09
信息传输、软件和信息技术服务业	1	0.55	2	3.51	2	8.70
制造业	—	—	11	76.46	11	80.86
采矿业	—	—	1	0.00	—	—
电力、热力、燃气及水生产和供应业	—	—	1	0.00	—	—
房地产业	—	—	4	56.03	—	—
建筑业	—	—	2	5.51	1	0.08
交通运输、仓储和邮政业	—	—	1	4.19	—	—
金融业	—	—	1	0.00	—	—
批发和零售业	—	—	2	15.44	2	4.81
水利、环境和公共设施管理业	—	—	1	0.06	—	—
文化、体育和娱乐业	—	—	—	—	1	8.00
合计	95	34.36	35	264.01	32	112.57

七、东部并购断崖领先，西部并购逐渐起势

　　受制于区域经济不均衡发展的结构性矛盾，我国企业并购活动表现出明显的地域集聚特征，其中东部地区呈现断崖式领先格局。根据统计数据（表 f），2024 年，东部地区企业在各地区并购交易总宗数中占比 59.71%，交易总额在各地区并购交易总金额中占比 65.73%，是并购交易活动最活跃的地区；中部地区企业并购宗数占比 28.18%，交易金额占比 7.83%；西部地区企业并购宗数占比 12.10%，交易金额占比 26.44%。在交易金额上，西部地区超越中部地区

近4倍,西部地区并购交易规模增速较快,可见西部地区发展成效渐显。

表 f　2023 年和 2024 年东中西部地区并购情况

地区	2024 年		2023 年	
	宗数	金额(亿元)	宗数	金额(亿元)
东部	375	2 005.18	450	2 621.79
中部	177	223.14	123	348.72
西部	76	806.62	91	678.28
合计	628	3 050.81	664	3 648.79

　　具体地,东部地区企业共完成 375 宗并购,较 2023 年同比下降 16.67%,交易金额 2 005.18 亿元,较 2023 年同比下降 23.52%,单笔交易均价 5.35 亿元,较 2023 年同比下降 8.22%。尽管并购的总体规模和平均规模都有明显下降,但相较于其他地区,东部地区企业在并购交易中仍保持着绝对优势。其中,广东省、江苏省、北京市是东部地区并购最集中的地区,成交宗数分别是 75 宗、63 宗、57 宗。中部地区企业共完成 177 宗并购,较 2023 年同比上升 43.90%,交易金额 223.14 亿元,较 2023 年同比下降 36.01%,单笔交易均价 1.26 亿元,较 2023 年同比下降 55.53%。其中,湖南省是中部地区并购最集中的地区,成交宗数为 100 宗,其余地区的成交宗数相对较少。西部地区企业共完成 76 宗并购,较 2023 年同比下降 16.48%,交易金额 806.62 亿元,较 2023 年同比上升 18.92%,单笔交易均价 10.61 亿元,较 2022 年同比上升 42.39%,是单笔交易均价最高的地区。其中,四川省、新疆维吾尔自治区、重庆市是西部地区并购最集中的地区,成交宗数分别是 17 宗、13 宗、11 宗。西部地区的并购交易平均规模较大,共完成 2 起百亿元以上的交易,分别是:中航电测(300114.SZ)斥资 174.39 亿元收购成都飞机工业(集团)有限责任公司,通过航空巨头强强联手,提升航空装备建设的保障能力,推进军工央企资产证券化,这也是试点注册制以来交易金额最高、规模最大的深圳证券交易所重组项目;陕西煤业(601225.SH)以 156.95 亿元收购陕煤电力集团有限公司,通过国企集团内部资产整合,深化"煤电一体化"战略布局。

　　进一步统计发现(表 g),长三角、珠三角、环渤海地区共完成 348 宗并购,占全国案例比重为 55.41%,交易金额 1 859.84 亿元,占总金额比重为 61.28%。其中,长三角完成 161 宗并购,占全国案例比重为 25.64%,交易金额 710.20 亿元,占总金额比重为 23.28%;珠三角完成 70 宗并购,占全国案例比重为 11.15%,交易金额 408.60 亿元,占总金额比重为 13.39%;环渤海完成 117 宗并购,占全国案例比重为 18.63%,交易金额 741.04 亿元,占总金额比重为 24.29%。与 2023 年相比,长三角地区和珠三角地区企业并购交易价量齐跌,并购宗数同比降幅分别为 22.97% 和 22.22%,交易金额同比降幅分别为 10.29% 和 26.07%。环渤海地区企业并购交易数量基本与 2023 年持平,但交易规模显著下降,并购宗数同比下降 2.50%,交易金额同比下降 28.11%。

表 g　2023 年和 2024 年长三角、珠三角、环渤海并购情况

板块	2024 年		2023 年	
	宗数	金额(亿元)	宗数	金额(亿元)
长三角	161	710.20	209	791.66
珠三角	70	408.60	90	552.70
环渤海	117	741.04	120	1 030.81
合计	348	1 859.84	419	2 375.17

从标的企业所在行业看,不同地区对于并购标的的偏好不同,这与各地区的战略定位密切相关。例如,来自长三角的收购方对于制造业标的情有独钟,2024 年共完成 59 宗制造业标的并购,远高于珠三角地区的 25 宗和环渤海地区的 37 宗,这与建设长三角地区全球先进制造业和现代服务业基地的目标相契合。值得注意的是,来自长三角、珠三角和环渤海三个地区的收购方均对科学研究和技术服务业标的青睐有加,2024 年分别完成了 22 宗、15 宗和 18 宗该类标的的并购。

从城市层面来看(表 h),在长三角地区,上海市持续保持明显优势,2024 年上海市收购方共完成 48 宗并购,交易总金额达到 127.34 亿元,单笔交易金额为 2.65 亿元,不论从并购宗数还是从并购规模来看,上海市均保持着明显优势;杭州市在并购金额上以 59.68 亿元紧随其后,单笔交易金额为 3.73 亿元,在长三角城市中排名第一;而苏州市、宁波市、南京市等城市虽然交易频率与杭

州市不相上下,但并购规模均未超过 50 亿元。在珠三角地区,深圳市仍是并购交易的绝对领跑者,全年完成并购 33 宗,涉及交易金额 189.20 亿元,贡献了该地区 46.30% 的交易额;广州市在并购宗数上排名第二,全年共完成 13 宗并购,涉及交易金额 8.60 亿元。在环渤海地区,北京市一枝独秀,全年完成 57 宗并购交易,涉及交易金额 290.08 亿元,贡献了该地区 63.33% 的交易数量和 71% 的交易额。

表 h 2024 年各地区上市公司并购宗数排名前五大城市

地区	城市	宗数	金额(亿元)
长三角	上海市	48	127.34
	苏州市	17	42.24
	杭州市	16	59.68
	宁波市	14	30.91
	南京市	14	36.25
	合计	109	296.41
珠三角	深圳市	33	189.20
	广州市	13	8.60
	佛山市	8	43.50
	东莞市	5	8.66
	珠海市	4	31.94
	合计	63	281.90
环渤海	北京市	57	290.08
	淄博市	9	5.53
	济南市	9	5.45
	天津市	8	32.53
	青岛市	7	163.36
	合计	90	496.96

此外,党的二十大报告中强调,"深入实施区域协调发展战略、区域重大战略、主体功能区战略、新型城镇化战略,优化重大生产力布局,构建优势互补、高质量发展的区域经济布局和国土空间体系",要求"推进京津冀协同发展、长江经济带发展、长三角一体化发展","推进粤港澳大湾区建设"。对以上四大区域

的并购活动进行统计发现(图q),在并购宗数和交易规模方面,长江经济带均列首位,2024年共完成并购交易342宗,交易金额高达1 038.05亿元;在平均并购金额方面,粤港澳大湾区以5.84亿元的平均单笔交易作价在四大区域内排名第一。

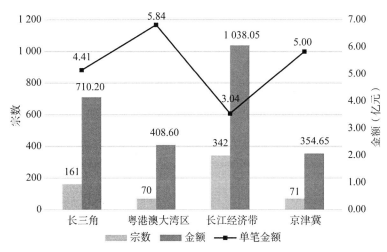

图q　2024年四大区域并购宗数和交易金额

八、跨境并购持续升温,制造业标的备受异地并购青睐

2024年,在中央与地方政策的协同发力下,中国企业"走出去"的决心和能力进一步提升,政策赋能与企业战略升级共同推动跨境并购成为高质量"出海"的核心引擎。2024年,中国企业"出海"寻找并购标的的热情持续回暖,跨境并购数量同比大幅上升,交易规模与2023年基本持平,根据统计数据(图r),2024年共完成跨境并购57宗,较2023年的47宗同比上升21.28%,并购交易金额为404.95亿元,较2023年的405.72亿元同比下降0.19%,单笔交易均价为7.10亿元,较2023年的8.63亿元同比下降17.70%。经典案例包括,立讯精密(002475.SZ)以5.25亿欧元收购Leoni AG及其全资子公司Leoni Kabel GmbH,快速形成在全球汽车线束领域的差异化竞争优势,为中国车企"出海"以及海外传统车企提供更加便捷、高效的垂直一体化服务。山金国际(000975.SZ)通过全资子公司以3.68亿加元收购Osino Resources Crop.并位于纳米比亚的Twin Hills金矿项目,增加海外黄金资源储备,推进国际化战略部署。

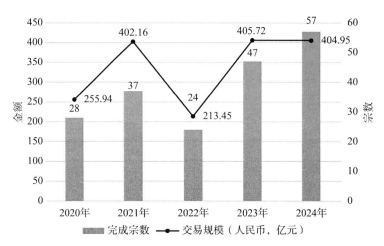

图 r　2020—2024 年跨境并购完成宗数和交易规模

从收购方所处地区来看,2024 年环渤海地区共完成跨境并购 10 宗,涉及交易金额 85.95 亿元,是跨境交易规模最大的地区;珠三角地区紧随其后,共完成跨境并购 10 宗,涉及交易金额 65.42 亿元;长三角地区最为活跃,共完成跨境并购 16 宗,但交易金额规模最小,仅为 51.97 亿元。

从标的资产所处地区来看(表 i),2024 年跨境并购标的资产主要分布于英国(8 宗)、德国(6 宗)、中国香港(5 宗)、美国(4 宗)和越南(3 宗),其中英国成为我国企业"出海"并购的首选目的地。"一带一路"沿线国家热度逐渐上升,"一带一路"沿线并购典型案例包括 ST 盛屯(600711.SH)通过其全资子公司宏盛国际资源有限公司以 1.63 亿美元现金间接获得友山镍业印尼有限公司 29.25% 股权,强化对印度尼西亚红土镍矿资源的掌控,增加原料自给能力,巩固在新能源电池金属领域的市场地位。

表 i　2024 年跨境并购标的地区分布

地区	宗数	地区	宗数
英国(含维尔京群岛)	8	德国	6
中国香港	5	美国	4
越南	3	新加坡	2
澳大利亚	2	赞比亚	2
泰国	2	莫桑比克	2

（续表）

地区	宗数	地区	宗数
马来西亚	2	韩国	2
印度尼西亚	1	朝鲜	1
新西兰	1	西班牙	1
瑞士	1	瑞典	1
南非	1	老挝	1
捷克	1	柬埔寨	1
加拿大	1	法国	1
丹麦	1	巴西	1

从标的行业分布来看(表 j),海外制造业标的是国内企业境外收购的首选,制造业标的共有 32 宗跨境并购,交易规模 202.55 亿元。此外,采矿业标的共有 11 宗跨境并购,交易规模 74.99 亿元;租赁和商务服务业共有 2 宗跨境并购,交易规模 87.36 亿元。可见,先进产能全球化配置、战略资源控制权争夺、海外商业版图拓展,是我国企业跨境并购的主要动机。

表 j　2024 年跨境并购标的行业分布

标的行业	宗数	金额(亿元)
制造业	32	202.55
采矿业	11	74.99
租赁和商务服务业	2	87.36
信息传输、软件和信息技术服务业	2	1.09
批发和零售业	2	0.72
科学研究和技术服务业	2	19.70
金融业	2	14.40
交通运输、仓储和邮政业	2	1.97
综合	1	2.06
教育	1	0.11
合计	57	404.95

从国内收购方性质来看(表 k),2024 年民营企业共完成 42 宗跨境并购,涉

及交易金额 246.98 亿元;而国有企业仅完成 15 宗跨境并购,涉及交易金额 157.97 亿元。民营企业持续保持海外并购的强劲势头,而国有企业则着力强化在国民经济基础性领域的战略支撑,聚焦于国内市场。

表 k　2024 年跨境并购收购方性质分布

性质	宗数	金额(亿元)
国有	15	157.97
民营	42	246.98

2024 年中国政府部门为企业提供利好的投资环境,出台"并购六条""国九条"等政策,但受宏观经济增速放缓及产业整合标的匹配困难等问题的暂时影响,国内并购市场繁荣尚需时间等待。根据数据统计,2024 年中国企业跨省并购数量与平均交易规模双双小幅下降。全年共完成跨省并购 344 宗,较 2023 年的 368 宗同比下降 6.52%,并购交易金额为 1 515.85 亿元,较 2023 年的 1 667.81 亿元同比下降 9.11%,单笔交易均价为 4.41 亿元,较 2023 年的 4.53 亿元同比下降 2.77%。经典案例包括华海清科(688120.SH)以 10.05 亿元收购芯嵛半导体(上海)有限公司,实现对离子注入核心技术的吸收和转化,提升核心零部件国产替代能力。

从收购方所处地区来看,2024 年长三角地区共完成跨省并购 83 宗,涉及交易金额 535.06 亿元,交易最为活跃且交易规模最大;其次是环渤海地区,共完成跨省并购 68 宗,涉及交易金额 410.36 亿元,各项指标紧随其后;珠三角地区则略显平淡,共完成跨省并购 33 宗,涉及交易金额 76.24 亿元。具体从收购方所处省份来看(表 l),东部省份是跨省并购的主力军,2024 年共完成 198 宗交易,占跨省并购总宗数的 57.56%,交易金额 1 127.19 亿元,占跨省并购总交易金额的 74.36%。全国前五大异地并购省份分别是湖南省(83 宗)、北京市(38 宗)、广东省(36 宗)、江苏省(33 宗)和浙江省(26 宗)。在经济较发达或市场化程度较高的省份,企业普遍具备更完善的现代管理体系,能够敏锐捕捉跨省投资机遇并迅速做出决策,同时其资本运作能力和异地扩张意愿也显著高于其他省份企业。典型案例包括坐落于珠三角的顺威股份(002676.SZ)以 4.88 亿元收购江苏骏伟精密部件科技股份有限公司,补齐新能源汽车电子赛道的短板,抢抓全球汽车行业电动化、智能化、网联化机遇。

表 l　2024 年跨省并购收购方前十大省份

省份	宗数	金额(亿元)
湖南省	83	41.31
北京市	38	170.83
广东省	36	78.84
江苏省	33	410.55
浙江省	26	91.39
上海市	22	33.20
山东省	21	197.31
安徽省	11	9.26
福建省	10	29.97
湖北省	9	35.17

从标的行业分布来看(表 m)，制造业标的是国内企业跨省并购的首选，制造业标的共有 82 宗跨省并购，交易金额 636.24 亿元；卫生和社会工作紧随其后，共有 76 宗跨省并购，交易金额 23.55 亿元；科学研究和技术服务业共有 59 宗跨省并购，交易金额 123.62 亿元。除此以外，金融业的交易数量虽然只有 5 宗，但是交易规模达到了 422.21 亿元。可见，国内企业跨省并购的主要目的在于整合异地市场的优质要素，完善区域资源再配置，提升市场竞争力与抗风险能力，从而实现跨越式成长和扩张。

表 m　2024 年跨省并购前十大标的行业分布

标的行业	宗数	金额(亿元)
制造业	82	636.24
卫生和社会工作	76	23.55
科学研究和技术服务业	59	123.62
电力、热力、燃气及水生产和供应业	28	55.84

（续表）

标的行业	宗数	金额(亿元)
信息传输、软件和信息技术服务业	23	48.36
租赁和商务服务业	21	66.40
批发和零售业	21	47.16
建筑业	7	7.13
交通运输、仓储和邮政业	6	20.21
金融业	5	422.21

　　从收购方性质来看(表 n),民营企业跨省并购数量遥遥领先。2024 年跨省并购中,民营企业共完成 259 宗,涉及交易金额 551.99 亿元,单笔交易均价为 2.13 亿元;国有企业共完成 85 宗,涉及交易金额 963.86 亿元,单笔交易均价高达 11.34 亿元。国有企业仅用 24.71% 的交易数量就撬动了 63.59% 的庞大并购金额,大手笔并购频现体现了国有企业资金实力雄厚,运用并购重组手段促进资产和业务布局优化完善,是并购重组市场的重要参与力量。2024 年,单笔交易金额达 10 亿元以上的跨省并购案例共 24 宗,其中国有企业占据 16 宗,而民营企业仅 8 宗。典型案例如中钨高新(000657.SZ)以 51.95 亿元收购湖南柿竹园有色金属有限责任公司,推动构建全面且完整的钨产业链,实现资源的有效整合,推动产业升级转型。

表 n　2024 年跨省并购收购方性质分布

性质	宗数	金额(亿元)
国有	85	963.86
民营	259	551.99

九、医疗金融持续发力,互联网科技热度减退

　　并购重组市场上的热门标的是市场偏好和政策导向的"风向标"。2024 年医疗健康和科技创新类标的并购数量依旧在所有热点标的中保持着领先地位(表 o)。在全球产业结构和布局深度调整的背景下,各行各业开启产业升级与

结构调整的新篇章。

表 0　2023 年和 2024 年热门标的并购情况

标的	2024 年并购情况				2023 年并购情况			
	宗数	占总宗数之比	金额（亿元）	占总金额之比	宗数	占总宗数之比	金额（亿元）	占总金额之比
医疗健康	109	17.36%	199.83	6.58%	78	11.73%	79.65	2.18%
互联网与信息技术	36	5.73%	191.32	6.30%	36	5.41%	357.02	9.76%
科技创新	35	5.57%	143.00	4.71%	50	7.52%	164.18	4.49%
金融	12	1.91%	448.01	14.76%	7	1.05%	141.31	3.86%
房地产	13	2.07%	57.18	1.88%	12	1.80%	176.80	4.84%
环境治理	5	0.80%	29.11	0.96%	16	2.41%	20.88	0.57%
工业智能化	6	0.96%	11.79	0.39%	7	1.05%	7.04	0.19%
文创	0	0.00%	0	0.00%	6	0.90%	12.28	0.34%

注:部分标的可能同时属于多个热点

一是医疗健康并购持续升温。党的二十大报告就全面建成社会主义现代化强国作出总的战略安排,明确到 2035 年建成"健康中国",强调把保障人民健康放在优先发展的战略位置,构建大卫生大健康格局。随着国家系列政策出台,医药生物领域技术创新不断突破,加上民众健康意识的显著增强,我国医疗健康行业前景明朗并呈现头部产业整合趋势。2024 全年共完成医疗健康类标的并购 109 宗,占全部并购交易比重 17.36%,交易金额达 199.83 亿元,占全部交易比重 6.58%。通过兼并收购,医药企业得以吸收尖端技术、专利成果及产品线,实现资源的高效调配,提升市场综合竞争力,进而驱动产业规模扩张。典型案例如,迈瑞医疗(300760.SZ)以 66.52 亿元收购惠泰医疗(688617.SH) 21.12% 股权,两大医疗器械上市公司巨头通过并购整合强强联手,开拓心血管蓝海赛道,共建"迈瑞医疗设备＋惠泰医疗耗材"的崭新格局,加速迈向全球医疗器械行业前列的步伐。

二是互联网与信息技术并购发力减弱。以云计算架构升级、人工智能算法迭代、区块链信任机制完善为代表的技术演进,正在重构产业运行的基础逻辑。在数字化技术主导的产业变革背景下,企业主动布局互联网与信息技术领域已成为生存发展的关键命题。以资源整合为导向的技术并购,是企业实现数字化、智能化转型升级的战略杠杆,更是构筑新型竞争优势的重要突破口。互联网与信息技术领域并购,2024 年完成 36 宗交易,占全部并购交易比重 5.73%,交易数量与 2023 年持平;2024 年交易金额 191.32 亿元,占比 6.30%,2023 年交易金额 357.02 亿元,占比 9.76%,并购交易金额占比同比下降 3.46 个百分点,单笔并购金额明显下降。典型案例如弘信电子(300657.SZ)以 2.93 亿元收购北京安联通科技有限公司股权,完善 AI 算力领域布局、打造绿色算力底座并推动东数西算战略落地。

三是科技创新并购热度衰退。2024 年 3 月,习近平总书记强调以科技创新为引领,统筹推进传统产业升级、新兴产业壮大、未来产业培育,加强科技创新和产业创新深度融合,充分发挥科技创新的增量器作用,为中国经济高质量发展构建新竞争力和持久动力。2024 年全年共完成科技创新标的并购 35 宗,占全部并购交易比重 5.57%,较 2023 年并购 50 宗同比下降近 2 个百分点;交易金额 143.00 亿元,占全部交易比重 4.71%,比重与 2023 年基本持平。通过实施科技创新类并购,企业可高效整合前沿技术和资源,促进技术创新的协同效应,从而顺利实现企业转型升级并加速产业技术革新进程。典型案例如盾安环境(002011.SZ)以 2.15 亿元收购上海大创汽车技术有限公司,快速补齐新能源汽车热管理水路阀件产品线,进入更多整车制造企业的供应链,拓展市场覆盖范围,增厚盈利能力。

四是金融并购活跃度显著提升。从 2023 年 10 月底召开的中央金融工作会议,到 2024 年 4 月国务院发布的新"国九条",国家多次提出要"加快建设金融强国","培育一流投资银行和投资机构","支持国有大型金融机构做优做强"。中国证监会同样提出要支持上市证券公司通过并购重组提升核心竞争力,加快建设一流投资银行。2024 年的新一轮证券行业并购重组浪潮得到了前所未有的政策支持,头部券商间并购、腰部梯队间并购、同一实控人下整合全面开启。金融领域并购,2024 年共完成 12 宗交易,全部并购交易比重 1.91%,较 2023 年并购 7 宗同比上升近 1 个百分点;交易金额 448.01 亿元,占全部交易比重 14.76%,较 2023 年交易金额 141.31 亿元同比上升 217.04%,并购交易金额

占比同比上升近 11 个百分点,单笔并购金额大幅提高。主要原因系国联民生
(601456.SH)以 294.92 亿元收购民生证券股份有限公司,交易规模居于跨省
并购榜首。国联证券"吞并"民生证券是地方国资主导的券商整合标杆案例,依
托国联证券所处区位产业集群优势以及民生证券服务医药健康等制造企业的
核心能力,铸造投行长板,实现券商规模跃升与市场地位突破。典型案包括:国
信证券(002736.SZ)以 51.92 亿元收购万和证券股份有限公司;西部证券
(002673.SZ)以 38.25 亿元收购国融证券股份有限公司;浙商证券(601878.
SH)以 36.03 亿元收购国都证券股份有限公司;等等。

　　相对而言,房地产业、环境治理、工业智能化等其他热点标的的表现则略显
平淡。其中房地产业完成 13 宗并购,交易金额为 57.18 亿元,占总金额之比为
1.88%;环境治理完成 5 宗并购,交易金额为 29.11 亿元,占总金额之比为
0.96%;工业智能化完成 6 宗并购,交易金额为 11.79 亿元;文创无并购案例,
工业智能化和文创产业并购尚处于起步阶段。

　　从不同标的并购溢价倍数来看(图 s),2024 年上述标的平均溢价倍数为
9.11 倍。其中,医疗健康标的溢价倍数最高,达到 12.74 倍,"健康中国"背景下
医疗健康类企业受到市场热捧。而与之形成对比的是,环境治理和房地产业并
购溢价倍数最低,均仅为 1.61 倍。

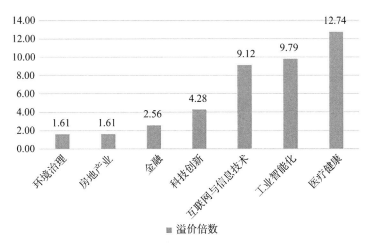

图 s　2024 年热点标的并购溢价倍数

第一辑　国企重组并购

600691

阳煤化工：
股权增资,统一控制权与管理权

一、收购相关方简介

(一) 收购方:山西潞安化工有限公司

山西潞安化工有限公司(以下简称"潞安化工")成立于 2018 年 2 月,总部位于山西省长治市,是山西省重点支持的能源化工企业。山西潞安矿业(集团)有限责任公司(以下简称"潞安集团")持有潞安化工的股权比例为 53.50%,为潞安化工控股股东。潞安化工集团有限公司(以下简称"潞安化工集团")是山西省委省政府贯彻习近平总书记视察山西时提出的"在转型发展上率先蹚出一条新路来"指示精神,推进专业化战略重组设立的煤化一体化重点国有企业,持有潞安集团 100% 股权。山西省国资委为潞安化工的实际控制人。

潞安化工的业务涵盖现代煤化工、精细化工和新材料三大领域。依托山西丰富的煤炭资源,潞安化工专注于煤炭清洁高效利用和高端化工产品的研发与生产,在煤制油、煤制烯烃、煤制乙二醇等领域具有显著的技术优势和市场份额,同时通过持续的技术创新和产业升级,推动传统煤炭产业向高端化转型发展,成为中国能源化工行业转型升级的典范。此外,潞安化工始终坚持绿色发展理念,积极响应国家"双碳"战略,在环保技术和可持续发展方面走在行业前列,为行业绿色低碳发展树立了标杆。

(二) 收购标的:阳煤化工股份有限公司

阳煤化工股份有限公司(以下简称"阳煤化工")成立于 1988 年 1 月 1 日,前身为东新电碳厂。1982 年,经四川省自贡市人民政府批准,自贡市机床附件厂、自贡粉末冶金厂并入东新电碳厂,成立东新电碳公司,并于 1988 年进行了

股份制改革。1990 年,东新电碳公司更名为"东新电碳股份有限公司",并于
1993 年 11 月在上海证券交易所挂牌上市(股票代码:600691.SH)。1999 年,
自贡市国有资产管理局与中兆实业有限责任公司(以下简称"中兆实业")签订
了股权转让协议,2003 年办理股权过户手续后,中兆实业(后更名为"四川香凤
企业有限公司")成为公司的第一大股东。2003 年 7 月,东新电碳股份有限公司
更名为"四川林凤控股股份有限公司",2005 年 6 月,重新更名为"东新电碳股份
有限公司"。2012 年 8 月,阳泉煤业(集团)有限责任公司(后更名为"华阳新材
料科技集团有限公司")以煤化工资产为主体,通过反向收购东新电碳股份有限
公司实现借壳上市。2013 年 4 月,阳煤化工名称由"东新电碳股份有限公司"变
更为"阳煤化工股份有限公司"。

　　阳煤化工是集煤化工、盐化工、精细化工、化工装备等为一体的化工企业,
主要从事化工产品的生产和销售及化工装备设计、制造、安装、开车运行、检修、
维保、检测、服务等。阳煤化工紧跟行业发展的新技术、新模式、新业态,努力实
现用量少、产出高、环保安全、精准供给农业化学品,旗下生产基地分布在山西、
河北、山东三省,形成了完整的产业链和规模化生产能力。阳煤化工控股子公
司正元氢能拥有河北省内最大的单套尿素系统,生产能力居河北省第一。作为
中国煤化工行业的骨干企业,阳煤化工始终坚持技术创新,与多家科研院所合
作,推动煤化工技术的进步和产业升级。

　　在收购发生前,阳煤化工产权控制关系如图 1 所示。

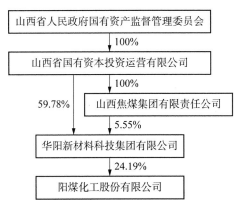

图 1　收购前阳煤化工产权控制关系

二、收购事件一览

● 2021 年 4 月 13 日,阳煤化工收到控股股东华阳新材料科技集团有限公司(以下简称"华阳集团")的通知,华阳集团以阳煤化工 24.19％股权对潞安化工进行增资扩股。本次增资扩股完成后,阳煤化工控股股东变更为潞安化工,实际控制人仍为山西省国资委。

● 2021 年 6 月 28 日,潞安化工集团与华阳集团签署"专业化重组协议"。潞安化工与华阳集团签署《山西潞安化工有限公司增资协议》。华阳集团 2022 年第三次临时股东会决议同意华阳集团对潞安化工增资扩股。

● 2021 年 8 月 13 日,阳煤化工发布《阳煤化工股份有限公司收购报告书摘要》和《阳煤化工股份有限公司关于股东权益变动的提示性公告》。

● 2022 年 6 月 28 日,华阳集团 2022 年第三次临时股东会决议同意华阳集团对潞安化工增资扩股。

● 2022 年 7 月 12 日,国家市场监督管理局出具《经营者集中反垄断审查不予禁止决定书》,决定对潞安化工收购包括阳煤化工在内的七家公司股权案不予禁止。

● 2023 年 12 月 27 日,潞安化工董事会审议通过《关于华阳新材料科技集团有限公司对山西潞安化工有限公司实施增资的议案》。

● 2023 年 12 月 28 日,潞安集团董事会审议通过《关于华阳集团对潞安化工公司增资扩股实施方案的议案》。

● 2024 年 1 月 16 日,潞安化工股东会审议通过《关于增加公司注册资本及变更股权比例的议案》。华阳集团与潞安化工签署《山西潞安化工有限公司增资协议书之补充协议》。

● 2024 年 9 月 19 日,阳煤化工发布《阳煤化工股份有限公司收购报告书》和《阳煤化工股份有限公司简式权益变动报告书》。

● 2024 年 11 月 19 日,阳煤化工披露称潞安化工与华阳集团签署股份转让协议,进一步明确本次交易对价。

● 2024 年 12 月 17 日,潞安化工和华阳集团取得上海证券交易所对本次收购出具的合规确认意见。阳煤化工发布《阳煤化工股份有限公司关于控股股东协议转让股份完成过户暨控股股东变更的公告》,公司控股股东由华阳集团变更为潞安化工。

三、收购方案

(一)签署股权增资协议

为了实现以煤化工为主业的高效转型发展,促进煤化工产业专业化整合,山西省国资委积极推进潞安化工与华阳集团之间的资产重组调整,由华阳集团以其优质化工资产及配套煤矿资产对潞安化工实施增资扩股。根据潞安化工与华阳集团签署的"增资协议之补充协议",增资标的内容如表1所示。

表1 华阳集团对潞安化工增资的标的内容

序号	增资标的名称
1	阳煤化工股份有限公司24.19%股份
2	山西阳煤寺家庄煤业有限责任公司100%股权及采矿权
3	山西新元煤炭有限责任公司55%股权
4	阳泉煤业(集团)有限责任公司五矿净资产及采矿权
5	阳泉煤业化工集团有限责任公司100%股权
6	阳煤集团太原化工新材料有限公司39.05%股权
7	新疆国泰新华矿业股份有限公司90.91%股份
8	阳煤集团朔州能源有限责任公司50%股权

华阳集团以包含阳煤化工24.19%股权在内的相关资产作为增资标的对潞安化工进行增资扩股。在本次交易前,收购人潞安化工未持有上市公司阳煤化工股份。本次交易完成后,潞安化工直接持有阳煤化工24.19%的股份,导致潞安化工及其一致行动人合计控制阳煤化工37.22%的股份,潞安化工成为阳煤化工控股股东,阳煤化工实际控制人仍为山西省国资委。

(二)确定交易方式

2024年11月19日,阳煤化工披露称潞安化工与华阳集团签署股份转让协议,约定华阳集团转让的公司24.19%股份价值以2021年4月14日前30个交易日的每日加权平均价格算术平均值为基础确定其价值,转让单价为2.76元/

股,转让股份数量为 574 674 600 股,总金额为 1 586 101 896 元,潞安化工以自身同等价值股权作为本次交易的对价,本次收购不涉及资金支付,交易前后潞安化工的股权结构变化如表 2 所示。

表 2　本次交易前后潞安化工股权结构变化

股东	本次交易前持股比例	本次交易后持股比例
山西潞安矿业(集团)有限责任公司	96.56%	53.50%
中科合成油工程有限公司	0.75%	0.41%
空气化工产品(中国)投资有限公司	0.75%	0.41%
晋能控股煤业集团有限公司	0.37%	0.21%
华阳新材料科技集团有限公司	0.37%	44.80%
山西焦化股份有限公司	0.37%	0.21%
晋能控股装备制造集团有限公司	0.37%	0.21%
惠生工程(中国)有限公司	0.22%	0.12%
中科潞安能源技术有限公司	0.22%	0.12%
合计	100%	100%

(三) 股权结构变动

本次交易中,华阳集团以阳煤化工 24.19% 股权对潞安化工实施增资,增资完成后潞安化工直接持有阳煤化工 24.19% 的股份,导致阳煤化工控股股东由华阳集团变更为潞安化工。本次交易后,阳煤化工产权控制关系如图 2 所示。

四、案例评论

(一) 资源整合持续推进,煤化工产业焕然一新

自 2020 年起,山西省在国资国企改革的大棋盘上落子布局,对省属煤炭企业展开深度改革重组。这一举措旨在重塑煤炭竞争优势,同时大力发展新材料产业和现代化工产业,构建与煤炭产业并驾齐驱的多元产业格局。近年来,山西省国资委积极推动潞安化工与华阳集团之间的资产重组调整,理顺相关资产的产权关系,加快改革落地实施,高效实现以煤化工为主业的转型发展,促进煤

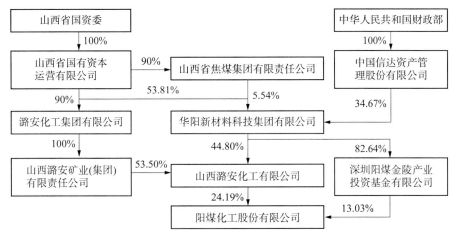

图 2 收购后阳煤化工产权控制关系

化工产业专业化整合。

为了贯彻落实山西省委省政府关于优化国资布局结构调整的战略部署,华阳集团以包含阳煤化工 24.19％股权在内的相关资产,对潞安化工实施增资扩股。通过此次资产整合,不仅能优化国资布局结构,还能充分发挥各企业的优势,实现资源的高效配置。潞安化工旗下拥有天脊煤化工集团、潞安太行润滑、潞安煤基清洁能源公司等实力化工企业,与阳煤化工整合后,形成更强大的产业集群,在市场竞争中占据更有利的地位。通过整合资源,阳煤化工在原材料采购、技术研发、市场拓展等方面的议价能力和竞争力大幅提升,推动行业向集约化、规模化方向发展。

(二)上市公司成功易主,控制权与管理权实现统一

2020 年,山西省推进国企改革,实施专业化、市场化、法治化重组,在这一背景之下,阳煤化工的管理权被划转至潞安集团旗下,但控制权仍然在华阳集团手中。阳煤化工面临着控股权与管理权分离的困境,这在一定程度上制约了公司的决策效率和战略执行。

2024 年 9 月,阳煤化工发布公告,华阳集团与金陵恒毅、金陵阳明解除"一致行动协议",终止一致行动关系,为控制权与管理权相统一扫清了障碍,以便推进市场化重组。潞安化工是潞安化工集团的三级子公司,是山西省为实现以煤化工为主业的转型发展,促进煤化工产业专业化整合重组而设立的平台公司,其完成对上市公司阳煤化工的实际控制是实现国有资产专业化重组的应有之义。2020 年,潞安化工集团成立,山西省国有资本运营公司签发对潞安化工增资扩股的通知,并确定由华阳集团以其优质化工资产及配套煤矿资产对潞安化工实施增资扩股,增资标的包括阳煤化工 24.19％股份。增资扩股完成后,潞安化工成为阳煤化工的控股股东,真正实现了控股权与管理权的统一,结束了长达四年控股权与管理权分离的局面,解决了阳煤化工因权力分散导致的决策推诿和执行不力等问题,有助于管理层更加高效地制定和实施战略规划,整合内部资源,提升运营效率。

(三)历时四年终得实现,国企改革任重道远

2020 年 8 月,山西省委省政府以原潞安集团煤化一体产业为主体,专业化重组省属企业化工类资产和配套原料煤矿,组建形成了全省规模最大、实力最强的化工企业集团和全省唯一的国有化工产业运营平台即潞安化工集团,并确定由华阳集团[原阳泉煤业(集团)有限责任公司]以其优质化工资产及配套煤矿资产对潞安化工公司实施增资扩股。2021 年 4 月,华阳集团 6 户划入企业管理权移交,由潞安化工集团托管,加速其推进相关资产增资注入。当年 6 月,华阳集团分别与潞安化工集团、山西潞安化工公司签署专业化重组协议、《山西潞安化工有限公司增资协议》。此后两年间,该项增资扩股计划均处在双方审议阶段。直到 2024 年 1 月,华阳集团分别与潞安化工集团签署相关补充协议,意味着增资扩股计划得到进一步推动。2024 年 12 月,华阳集团原持有公司 24.19％股份的过户登记手续办理完毕,阳煤化工控股股东实现变更。此次重组交易历经四年时间完成,管理权与控股权的分离成为此次重组的重大障碍。

从宏观层面来看,国有企业是国民经济的重要支柱,掌控着大量的关键资源和核心产业,国有企业的稳定运营直接关系到国家经济的平稳运行。通过优化国有经济布局,推动国有资本向战略性新兴产业、重要基础设施等领域集中,能够更好地发挥国有经济的战略支撑作用,保障国家经济安全,促进产业结构优化升级,为经济的高质量发展提供强大动力。虽然我国国有企业改革已取得重大进展,但从战略上调整国有经济布局和结构的任务还十分繁重,为了更好地发挥国有经济在发展社会主义市场经济中的作用,逐步完善社会主义市场经济体制,必须进一步深化国有企业改革。在新的历史起点上,国企改革任重道远。

五、市场表现(600691)

阳煤化工交易前后股价变动情况如图 3 所示。

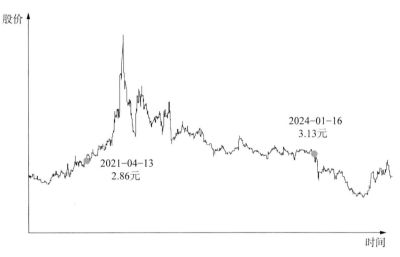

图 3　阳煤化工交易前后股价走势

601456

国联民生（原国联证券）：同业整合，打造证券新巨头

一、收购相关方简介

（一）收购方：国联证券股份有限公司

1992 年 11 月，无锡市证券公司成立，2008 年 5 月通过改制更名为国联证券股份有限公司（以下简称"国联证券"）。2015 年首次公开发行 H 股股票并在香港联交所主板上市交易（股票代码：01456.HK）。2020 年首次公开发行 A 股股票并于上交所主板上市交易（股票代码：601456.SH）。公司实际控股人为无锡国资委，直接及间接持有无锡市国联发展（集团）有限公司（以下简称"国联集团"）93.33％的股权，国联集团合计控制国联证券 48.60％的股份，股权控制关系如图 4 所示。

国联证券是综合类券商，已构建包括财富管理、投资银行、资产管理、研究与机构销售、固定收益、股权衍生品与私募股权投资业务等在内的多元化业务体系，形成了"投融资＋财富管理＋资本中介"三位一体的金融服务生态。国联证券的股权结构体现了地方政府资源与区域经济协同的优势。依托无锡市政府与国联集团的战略支持，国联证券深度融入长三角地区一体化发展格局。无锡作为长三角城市群的战略支点城市，具备"一点居中、两带联动、十字交叉"的独特区位优势，为国联证券提供了丰富的产业资源与高净值客户基础，扮演着产融协同枢纽的角色，尤其受益于无锡集成电路、生物医药、高端装备制造等千亿元级产业集成群的资本运作需求。在区域战略纵深层面，国联证券深度参与无锡市国企混改项目，例如光华环保股权重组、无锡地铁资产证券化项目、协同设立太湖湾科创带产业基金等，成功打通政策红利、产业链资源与金融工具创

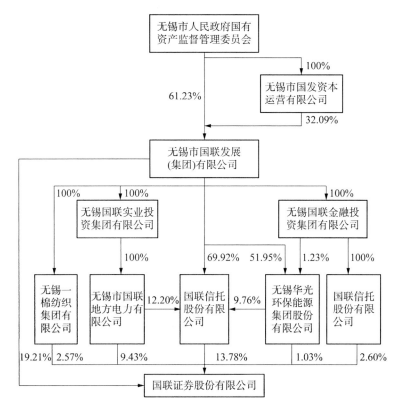

图 4 国联证券交易前股权架构图

新的价值转化路径。财务管理业务依托长三角高净值客户密度优势,首创管家式投顾服务模式,由投顾专家、产品经理及税务规划师组成"1＋N"服务团队,覆盖跨境资产配置、家族信托及产业资本管理。投行业务聚焦专精特新企业,构建区域股权市场培育至北交所转板的垂直化服务链条,彰显差异化服务能力。2025 年 2 月,国联证券完成工商变更登记,公司名称由"国联证券股份有限公司"变更为"国联民生证券股份有限公司"。

(二) 收购标的:民生证券股份有限公司

民生证券股份有限公司(以下简称"民生证券")于 1986 年成立,前身为郑州证券公司。公司于 2012 年完成股份制改造,2014 年泛海控股集团通过增资扩股成为其控股股东,持股比例达到 71%。2023 年因股东债务危机,其控股权被司法拍卖,无锡市国联发展(集团)有限公司以 91.05 亿元竞得 34.71 亿股,占比 30.30%,成为第一大股东,标志着公司进入混合所有制改革新阶段。

在业务架构层面,民生证券构建了以投资银行为核心驱动、区域深耕与科技创新双轮协同的差异化竞争模式。公司于河南、山东等地设立专精特新企业培育基地,形成覆盖新三板基础层挂牌、创新层晋升、北交所转板及并购重组的全生命周期资本服务体系。民生证券在河南省内设立 16 家分支机构,市占率超 30%,主导省内 80% 以上国企混改项目,深度绑定地方产业升级需求。民生证券自主研发的智能尽调系统"民生智核"集成机器学习算法与自然语言处理技术,实现财务数据自动化分析及风险预警,项目执行周期缩短 25%。市场化激励机制是另一突出优势,投行团队采用项目跟投、超额利润分享模式,人均创收达行业均值 1.30 倍,核心人才流失率低于 5%。

(三)关联控股方:无锡市国联发展(集团)有限公司

国联集团成立于 1999 年,是无锡市人民政府国有资产监督管理委员会全资控股的大型综合性国有企业集团。集团以"金融与实业"双驱动为核心战略,业务涵盖证券、信托、期货、环保能源、高端制造等领域,旗下控股企业超 400 家,包括多家上市公司及金融机构。国联集团依托无锡市"长三角一体化""战略指点区位优势",深度参与地方国企改革与产业升级,通过资本运作、产业整合模式,构建了覆盖长三角,辐射全国的产融协同生态网络,连续多年入选"中国企业 500 强"。

截至本次并购交易公告日,国联集团持有国联证券 48.60% 股权,为国联证券的控股股东。同时,国联集团持有民生证券 30.30% 股权,为民生证券的控股股东。因此,国联证券与民生证券之间存在关联关系。

二、收购事件一览

- 2024 年 4 月 26 日,国联证券筹划重大事项开始停牌。
- 2024 年 5 月 15 日,国联证券公布"发行股份购买资产并募集配套资金暨关联交易预案"。
- 2024 年 5 月 15 日,国联证券经向上海证券交易所申请,于当日开市起复牌。
- 2024 年 8 月 9 日,国联证券对本次交易方案进行调整,公布了"发行股份购买资产并募集配套资金暨关联交易报告书(草案)"。
- 2024 年 8 月 9 日,国联证券发布《关于发行股份购买资产并募集配套资金暨关联交易报告书(草案)与预案差异对比说明》。

* 2024年9月28日,国联证券发布"发行股份购买资产并募集配套资金暨关联交易报告书(草案)(申报稿)"。同日,国联证券重大资产重组相关申请获得受理。

* 2024年12月4日,国联证券收到上海证券交易所审核中心意见落实函,并发布"发行股份购买资产并募集配套资金暨关联交易报告书(草案)(修订稿)"。

* 2024年12月10日,国联证券发布"发行股份购买资产并募集配套资金暨关联交易报告书(草案)(上会稿)"。

* 2024年12月18日,国联证券关联交易事项获得上海证券交易所并购重组审核委员会审核通过。

* 2024年12月19日,国联证券发布"发行股份购买资产并募集配套资金暨关联交易报告书(草案)(注册稿)"。

* 2024年12月28日,国联证券关于发行股份购买资产并募集配套资金暨关联交易等事项获得中国证券监督管理委员会同意注册及核准批复。同日,国联证券发布"发行股份购买资产并募集配套资金暨关联交易报告书"。

* 2024年12月31日,民生证券资产过户完成。

三、收购方案

本次并购重组方案主要分为三部分:一是发行股份购买民生证券99.26%普通股股份;二是对民生证券的定价机制;三是发行股份募集配套资金。

(一)重组方案概述

本次重组方案为上市公司通过发行股份的方式向国联集团、沣泉峪等45名交易对方购买其合计持有的民生证券99.26%股份。同时,国联证券向不超过35名特定投资者募集不超过20亿元的配套资金,用于民生证券的业务发展。

(二)定价机制

本次交易标的资产100%股权评估值为2 988 878.57万元。考虑到评估基准日后标的公司现金分红17 059.32万元及回购股份支付702.57万元,在评估值基础上相应扣减上述金额后,本次交易标的资产100%股权对应价值为2 971 116.68万元。基于此,本次交易收购标的资产99.26%股份,对应交易作价 2 949 180.57 万元(表3)。

表3　交易标的评估结果

交易标的	基准日	评估或估值方案	100%股权评估结果(万元)	增值率/溢价率	本次交易的权益比率	本次交易作价(万元)
民生证券99.26%股权	2024-03-31	市场法	2 988 878.57	86.23%	99.26%	2 949 180.57

(三) 资金来源

并购资金来源于发行股份和配套募集资金。除息前为 11.31 元/股,上市公司于 2024 年 6 月 19 日召开 2023 年度股东大会审议通过了"关于 2023 年度利润分配方案",向全体股东每 10 股派发现金红利人民币 1.42 元(含税)。最终发行股份购买资产的发行价格相应除息调整为 11.17 元/股,发行 26.4 亿股股票,用于支付交易对价。此外,配套募集资金总额不超过人民币 20 亿元,且发行股份数量不超过 2.50 亿股,用于民生证券的财富管理、投行等业务发展,以提升其市场竞争力。

四、案例评论

(一) 助推长三角一体化战略落地

民生证券位于上海,而上海是国家战略定位的国际经济、金融、贸易和航运中心,其金融基础设施密度居全国首位,形成了涵盖主权财富基金、跨国金融机构、顶尖金融智库的立体化生态体系。这种资源禀赋使其成为长三角世界级城市群的战略支点,通过资本流动、技术扩散和制度示范效应,持续辐射带动区域经济发展。无锡市始终将融入和服务长三角区域一体化作为重大政治责任,近年来积极深度接轨上海,与上海实现优势互补、错位发展。国联证券此次收购,旨在构建沪锡两地战略协同平台:一方面借势上海金融人才与资本集聚优势强化自身发展动能,另一方面通过金融平台服务功能反哺无锡产业升级,加速对接长三角科创与产业链资源,推动地方经济深度融入区域一体化发展格局。

(二) 行业整合与市场竞争格局的重塑

此次收购反映了监管层推动券商行业集中度提升的政策导向,不仅是地方券商之间的强强联合,更是新"国九条"背景下证券行业整合的代表。国联证券通过收购民生证券,显著提升了其在投行业务、经纪业务和自营业务等领域的市场份额,合并后的国联民生在投行业务收入上从行业第 25 名提升至第 7 名,成为行业前十的有力竞争者。这种整合不仅增强了国联证券的综合实力,也对其他中小券商形成了竞争压力,进一步加速行业内的整合。

民生证券在 IPO 承销和保荐业务上具有显著优势,而国联证券近年来也在投行业务上持续发力。二者的合并实现了业务互补,显著提升了国联民生的投行业务实力。但是投行业务的整合也面临挑战。民生证券近年来因保荐项目质量问题多次受到监管处罚,投行业务执业质量评价被评为 C 类,显示出其在风险控制和合规管理上存在不足。这些问题可能会对国联民生的品牌声誉和业务发展造成负面影响。

(三) 经营业绩与财务风险的潜在影响

从财务角度来说,此次并购对国联证券的短期经营业绩和长期财务健康都产生了重要影响。民生证券近年来业绩波动较大,2024 年上半年营业收入同比下降 31.12％,净利润减少 54.45％。这种业绩的不稳定,无疑为国联证券的并购带来了一定的风险。从国联证券的角度,此次收购项目虽然在一定程度上扩大了业务规模,但同时也带来了较大的财务压力。此次并购交易总额为 294.92 亿元,国联证券通过发行股份和募集配套资金来完成交易。同时,在证券市场波动较大的背景下,民生证券的业绩波动可能进一步加剧国联证券的财务风险。如果市场环境不佳,可能导致国联证券的现金流紧张,进而影响其短期偿债能力和长期财务稳定性。

(四) 合规管理与品牌声誉的挑战

此次收购的其中一大挑战在于合规管理和品牌声誉的维护。民生证券近年来多次因保荐项目违规收到监管处罚,2024 年 12 月更是因为 IPO 保荐质量问题被三次点名,显示出其在合规管理和内部控制上的不足。对国联证券来说,如何有效整合民生证券的合规管理体系,提升整体风控能力,是此次并购成功的关键。如果整合不当,那么民生证券的合规问题可能会对国联民生造成长期的品牌声誉伤害,更可能影响到其业务拓展和市场竞争力。

同时,品牌整合也是此次收购需要关注问题。国联证券和民生证券都是在市场上有一定品牌影响力的券商,那么如何在新品牌"国联民生"下实现品牌价值的最大化,是国联证券需要重点考虑的问题。

综上所述,国联证券收购民生证券是一次具有战略意义的行业整合,对证券行业的市场竞争格局、投行业务发展、经营业绩和合规管理均产生了深远影响。此次并购不仅提升了国联证券的综合实力,也为证券行业的整合提供了先例参考。但是,并购后还需要面对诸多挑战,不可忽视,国联证券需要在业务协同、财务管理和合规建设等方面采取有效措施,以实现并购的长期价值。未来,国联民生的发展也将受到市场的长期重点关注,其成功与否对证券行业的整合趋势将产生重要影响。

五、市场表现(601456)

国联民生(原国联证券)交易前后股价变动情况如图5所示。

图5　国联民生(原国联证券)交易前后股价走势

688663

新风光：
"父子"股权无偿划转,压缩管理层级

一、收购相关方简介

(一) 收购方:山东能源集团有限公司

山东能源集团有限公司(以下简称"山能集团")是中国领先的能源企业集团,由原兖矿集团与原山东能源集团于 2020 年 7 月联合重组成立,致力于优化能源布局、提升能源安全保障能力,是我国能源行业的重要骨干企业。公司总部位于山东省济南市。

山能集团深耕矿业、高端化工、电力、新能源新材料、高端装备制造、现代物流贸易等核心业务,并积极拓展油气开采、金融投资、工程技术研究等领域。集团旗下核心企业包括兖矿能源集团股份有限公司(股票代码:600188. SH)、新汶矿业集团有限责任公司、枣庄矿业(集团)有限责任公司等 20 多个二级企业,拥有境内外上市公司 11 家。2023 年山能集团营业收入 85 356 810.52 万元,净利润 2 265 057.98 万元,位居山东省属企业首位,并在中国煤炭 50 强排名第 1位,位列中国企业 500 强第 22 位、世界 500 强第 72 位,荣获"全国文明单位"称号,被国务院国资委评为"公司治理示范企业",展现出强劲的市场竞争力与行业影响力。作为山东省国有资本投资公司,山能集团围绕"碳达峰、碳中和"目标,承接省委省政府赋予的保障能源安全、优化能源布局、优化能源结构的使命,积极推动绿色低碳发展,加快新能源产业布局,致力于打造全球领先的清洁能源供应商和世界一流能源企业。山能集团的控股股东、实际控制人均为山东省国资委,最终实际控制人为山东省人民政府。

(二) 收购标的:新风光电子科技股份有限公司

新风光电子科技股份有限公司(以下简称"新风光")的前身可追溯至1970年成立的国营汶上无线电厂,其于2002年4月改制为山东风光电子有限公司,随后于2004年8月进一步改制为山东新风光电子科技发展有限公司。2011年,公司通过反向混改引入兖矿集团战略投资,形成兖矿集团控股、多种股本构成的混合所有制企业。新风光于2015年7月在新三板挂牌,并于2021年4月13日成功登陆科创板(股票代码:688663.SH)。

新风光专注于大功率电力电子节能控制技术,致力于调速节能、智能控制、电能质量优化等方向的产品研发、生产、销售和服务,产品广泛应用于新能源发电、轨道交通、冶金、电力、矿业、石油、化工等多个工业领域。新风光始终坚持自主研发,拥有完全自主知识产权,累计获得320项授权专利(其中80项发明专利)、87项计算机软件著作权,并主导或参与制定多项国家及国际标准,在行业内具备突出的技术优势和话语权。凭借卓越的研发能力和持续的技术突破,新风光在2023年被认定为国家级专精特新"小巨人"企业,2024年入选国家制造业"单项冠军"企业,进一步巩固了行业领先地位。依托强大的技术研发能力、稳定的产品质量和完善的市场渠道,新风光在国内外市场竞争中占据重要优势,持续推动电力电子行业向更高效、智能、绿色的方向发展。本次收购前,新风光的控股股东为兖矿东华集团有限公司(以下简称"兖矿东华"),实际控制人为山东国资委,股权控制关系如图6所示。

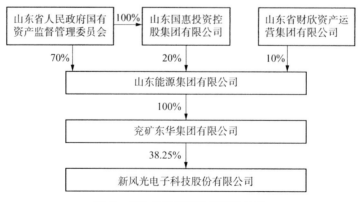

图6　本次交易前新风光股权结构

二、收购事件一览

◈ 2022 年 6 月 16 日,新风光发布《关于控股股东国有股权无偿划转的提示性公告》。

◈ 2023 年 10 月 27 日,山能集团召开第一届董事会第七十三次会议,审议通过《关于理顺新风光公司产权的议案》,同意本次划转事宜。

◈ 2023 年 10 月 28 日,兖矿东华集团作出执行董事决定,同意本次划转事宜。

◈ 2023 年 11 月 3 日,新风光收到山能集团《关于无偿划转兖矿东华集团有限公司所持新风光电子科技股份有限公司股份有关事宜的通知》。

◈ 2024 年 5 月 15 日,山能集团与兖矿东华签订《新风光电子科技股份有限公司国有股份无偿划转协议》。

◈ 2024 年 5 月 22 日,新风光发布《新风光电子科技股份有限公司收购报告书》。

◈ 2024 年 8 月 6 日,新风光发布本次交易过户完成的公告。

三、收购方案

本次收购系山能集团的全资子公司兖矿东华将所持有的新风光 53 529 600 股股份(占上市公司总股本的 38.25%)通过国有股权无偿划转的方式划入山能集团。收购过程共分为两个阶段。

第一阶段:2022 年 6 月,山能集团决定将兖矿东华持有的新风光 38.25% 股份无偿划转至山东能源集团新能源有限公司(以下简称"山东新能源")。2023 年 5 月,山东新能源更名为山东能源集团电力集团有限公司(以下简称"山东能源电力"),并完成了工商变更登记。

第二阶段:2023 年 11 月,山能集团宣布终止 2022 年 6 月的决策,决定不再将上述股份划转至山东能源电力,而是直接划转至山能集团。

由于本次收购采用国有股权无偿划转方式进行,不涉及交易对价,山能集团无需向兖矿东华支付任何资金,因此不存在资金来源问题。在收购完成后,山能集团成为新风光的控股股东,新风光的实际控制人仍然是山东省国资委。上市公司与控股股东及实际控制人的关系如图 7 所示。

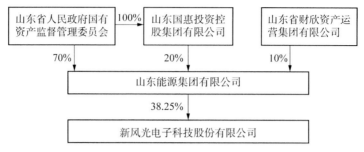

图7 本次交易后新风光股权结构

四、案例评论

(一) 压缩管理层级,助力国企改革

本次山能集团对新风光的股权划转,是落实国有企业改革三年行动及国资监管优化要求的重要举措,旨在优化产权架构、减少管理层级、提升决策效率。近年来,国务院国资委大力推进国企改革三年行动(2020—2022年),明确提出要减少法人层级、压缩管理链条,推动国有资本布局优化和结构调整。山能集团作为全国能源行业的重要国有企业,积极响应这一改革方向,实施权属企业管理层级优化调整。根据《山东能源集团有限公司关于开展权属企业层级过多问题专项整治的通知》(山能集团便发〔2023〕173号),集团明确提出要通过股权调整,减少产权管理层级,提升企业治理效能。

在此次股权无偿划转前,新风光的直接控股股东为兖矿东华,而兖矿东华集团作为山东能源集团的全资子公司,在产权架构中形成了"山能集团—兖矿东华—新风光"三层管理链条,在一定程度上影响了山能集团对新风光的直接管理效率。山能集团直接控股新风光,减少了中间管理层级,优化国有资产监管体系,确保集团对新风光的业务方向、投资规划、技术研发等方面的直接指导,进一步提升管理协同效能。这一调整符合国资委"提高国有资本运营效率、构建精简高效管理架构"的改革方向,为山能集团进一步推进产业整合和资源优化奠定了坚实基础。

(二) 强化新能源产业布局,资源整合提速

作为中国领先的综合能源企业,山能集团近年来积极推动产业结构升级,致力于从传统煤炭、化工等行业向新能源、新材料、高端装备制造等领域转型,

以实现高质量发展。

新风光深耕大功率电力电子节能控制技术,其核心产品广泛应用于新能源发电、轨道交通、电力、矿业等领域,尤其在光伏、风电、储能、智能电网等新能源技术应用方面具备显著优势,与山能集团正在布局的新能源产业高度契合。此次股权划转后,新风光直接纳入集团核心管理体系,有助于进一步整合产业链上下游资源,形成从新能源发电到电能管理与储能应用的完整业务链,助力集团在新能源产业中的综合竞争力。此外,集团的资金、市场、技术等多方面资源也会更加高效地赋能新风光,为其提供更强的发展支撑。

(三) 战略性调整收购方案,优化集团整体布局

山能集团最初计划将新风光划归至山东新能源(现更名为"山东能源电力"),但最终选择直接并入集团本部,这一调整并非简单的产权变更,而是战略性资源配置的深思熟虑。如果新风光划入山东新能源,将形成"山能集团→山东能源电力→新风光"的管理架构,依然存在多级管理问题,与集团整体的层级精简目标相悖。此外,从业务属性来看,山东能源电力主要专注于新能源发电投资、储能电站开发、氢能及综合能源管理,而新风光的核心业务聚焦于大功率电力电子设备制造,包括高压动态无功补偿装置(SVG)、高压变频器、轨道交通能量回馈装置、储能系统等。尽管新风光的产品广泛应用于新能源领域,但其主要市场仍涉及轨道交通、冶金、矿业、工业制造等传统工业领域。如果划入山东能源电力,可能会导致业务协同性下降,难以充分发挥其在工业电力电子领域的核心优势,影响企业的市场拓展灵活性。因此,调整收购方案是出于优化资产配置、保持产业链独立性的考量,确保新风光在现有技术和市场基础上能够更高效地发展。

五、市场表现(688663)

新风光交易前后股价变动情况如图 8 所示。

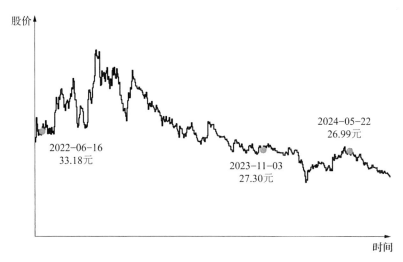

图8　新风光交易前后股价走势

000899

赣能股份:
"零对价",股权投资与项目投资合二为一

一、收购相关方简介

(一) 收购方:江西赣能股份有限公司

1997年11月26日,江西赣能股份有限公司(以下简称"赣能股份")在深圳证券交易所上市(股票代码:000899.SZ),第一大股东为江西省投资集团有限公司,持股比例为37.78%,第二大股东为国投电力控股股份有限公司,持股比例为33.22%,是江西省重点打造的省属电力上市公司。赣能股份主营业务以火力、水力发电为主,经营范围涵盖电力生产、输配电服务、能源管理、技术服务、设备维护等领域,在火电、水电和光伏项目前期、建设、运行及维护检修等领域有着健全的体系及丰富的管理经验。同时,赣能股份坚持将创新作为引领发展的重要引擎,围绕清洁煤电、双碳目标等企业转型升级和高质量发展方向,不断加大科技创新力度,顺利通过了2023年度江西省第一批"高新技术企业"复审认定。

2024年2月2日,为推动能源结构调整和转型发展,赣能股份全资子公司江西赣能智慧能源有限公司(以下简称"赣能智慧")以承债式收购北京弘毅新能源有限公司90%股权,承接修水县大湖山60 MW风电场项目投资建设,项目总投资约49 200万元,配置9 MW/9 MWh储能设施,上网电价0.41元/kWh,该项目投资符合赣能股份新能源战略发展定位,项目各项风险基本在可控范围内,且项目的实施有助于扩大赣能股份总体装机规模,调整赣能股份能源结构,进一步扩大赣能股份主业投资和市场竞争力,推动赣能股份进一步做大、做优新能源领域发展的规划及产业布局。

(二) 收购标的:北京弘毅新能源有限公司

北京弘毅新能源有限公司(以下简称"北京弘毅")是一家国有控股企业,成立于2018年5月24日,由中科国弘能源集团有限公司(以下简称"中科国弘")持股100%。北京弘毅经营范围广泛,涵盖风力发电、太阳能发电业务,提供风力发电技术咨询与服务,承接风力发电设备检修、安装、调试及维护工作,开展电力工程施工,进行太阳能光伏系统工程的设计、咨询、施工、维护以及系统的开发、投资与建设。从财务分析上看,2022年北京弘毅利润总额为-4.65元,2023年1—9月利润总额仅为0.22元,这反映出北京弘毅在经营过程中盈利能力严重不足。同时从2022年12月31日和2023年9月30日这两个时间点来看,北京弘毅的负债总额超过资产总额,这表明北京弘毅的偿债能力极弱,已经处于资不抵债的状态,面临较大的债务风险。被收购后,依托赣能股份的雄厚资金实力和丰富资源,北京弘毅将获得必要的资金注入用于偿还债务、支持项目建设与运营,还能借助赣能股份在能源领域的资源,改善自身经营状况。

(三) 项目公司:修水县弘业新能源科技有限公司

修水县弘业新能源科技有限公司(以下简称"修水弘业")成立于2018年7月20日,注册资本1000万元人民币,注册地位于江西省九江市修水县良塘新区,法定代表人为张凡。作为北京弘毅的全资子公司,修水弘业的核心业务聚焦于风力发电与太阳能发电领域,涵盖技术咨询、设备检修、电力工程施工及新能源系统开发投资等全产业链环节,具备新能源项目开发与运营的完整资质。从股权架构看,修水弘业系北京弘毅全资控股的法人独资企业,股权结构清晰透明,无代持或交叉持股现象。需特别说明的是,修水弘业与交易各方及其实际控制人之间不存在产权、业务、资产、债权债务及人员关联关系,且相关主体均未被列入失信被执行人名单,符合法律合规性要求。

在赣能股份全资子公司赣能智慧对北京弘毅的股权收购中,修水弘业并非直接标的,但其作为北京弘毅的核心资产载体,承担了修水县大湖山60MW风电场项目的投资建设。赣能智慧通过承债式收购北京弘毅90%股权,同步承接修水弘业基准日评估负债273.21万元及过渡期债务126.56万元,并负责推进项目总投资约4.92亿元的风电场建设。该项目位于江西省九江市修水县,规划装机容量60MW,配套储能设施9MW/9MWh,上网电价为0.41元/kWh,资本金占比20%,其余资金通过银行贷款筹措,修水弘业具备显著的可再生能源开发价值与区域资源协同潜力。

修水弘业的业务定位与项目布局高度契合国家"双碳"战略目标,其区位优势与专业化运营能力,为赣能股份进一步拓展华中地区新能源市场、优化能源结构提供了重要支点。此次债务与项目承接安排,不仅规避了直接并购中的资产瑕疵风险,还通过整合技术、资金及管理资源,强化了赣能股份在风能产业链的纵向控制力,为其规模化开发与长期收益稳定性奠定基础。

二、收购事件一览

● 2024 年 2 月 1 日,赣能股份第二次临时董事会审议通过《关于全资子公司拟收购北京弘毅新能源有限公司 90% 股权暨投资建设修水大湖山风电场项目的议案》。

● 2024 年 2 月 2 日,赣能股份发布关于全资子公司收购北京弘毅新能源有限公司 90% 股权暨投资建设修水大湖山风电场项目的公告。

● 2024 年 3 月 8 日,赣能股份第三次临时董事会审议通过《关于对控股孙公司及其项目公司增加注册资本的议案》,同意全资子公司赣能智慧对北京弘毅和项目公司修水弘业增加注册资本,均由 1 000 万元增加至 12 600 万元。

● 2024 年 3 月 18 日,北京弘毅新能源有限公司的股权交割和股权变更工商登记完成。

三、收购方案

(一) 收购概况

赣能股份为顺应行业发展趋势,实现能源结构优化升级,提出由全资子公司赣能智慧向中科国弘发起收购的方案,本次收购不涉及关联交易,也不构成重大资产重组。

此次收购对象为中科国弘全资持有的北京弘毅 90% 的股权,收购方式为承债式收购。具体而言,赣能股份需承担基准日评估的北京弘毅的 273.21 万元的负债总额,以及过渡期内北京弘毅全资子公司修水弘业的 126.56 万元债务,此外还需承接修水弘业所属的修水县大湖山 60 MW 风电场项目的投资建设工作。该项目计划总投资约 49 200 万元,其中项目资本金占总投资的 20%,其余部分将通过银行贷款解决。中联资产评估集团(浙江)有限公司对北京弘毅的股权进行资产价值评估并出具资产评估报告,以 2023 年 9 月 30 日为基准日,评估采用资产基础法,北京弘毅的资产账面价值 0.01 万元,评估值 0.01 万元,评估无增减值;负债账面价值 0.11 元,评估值 0.11 万元,评估无增减值;所有者权益账面价值−0.10 万元,评估值−0.10 万元,评估无增减值。经协商,赣能智慧本次交易拟以承债式收购北京弘毅 90％股权。中科国弘将其持有的北京弘毅 90％股权以人民币零元出售给赣能智慧。

(二) 90％股权付款安排

受让方在本协议生效后,将协议中约定的标的股权价格金额即人民币零元支付至中科国弘,完成北京弘毅 90％股权收购。

(三) 债权债务安排

在北京弘毅 90％股权转交割后,赣能智慧将承担基准日评估北京弘毅 273.21 万元负债总额和过渡期内修水弘业 126.56 万元债务;同时还将承接修水弘业签订的"EPC 总承包合同补充协议",合同价款 49 200 万元。

四、案例评论

(一) 突破传统并购,零对价承债优化资金配置

在企业并购领域,传统股权收购往往依赖现金支付、股权置换等常规手段,通常需要收购方支付高额的交易对价。而赣能股份此次采用的承债式零对价收购模式,突破了传统交易模式的框架。从财务角度分析,北京弘毅虽处于负债状态,但其全资子公司修水弘业拥有修水县大湖山 60 MW 风电场项目这一极具潜力的优质新能源资产。赣能股份通过承担北京弘毅的债务来获取其 90％股权,这种交易方式使得收购方无需支付大量现金,极大地减轻了资金流动压力,优化了企业的资金配置结构。从估值理论来看,该模式打破了基于传统资产负债表的静态估值方法,更加注重目标企业的未来现金流和潜在价值。赣能股份精准识别出风电场项目的战略价值,通过对风险与收益的重新评估,实现以较低成本切入新能源项目,为企业低成本扩张提供了创新性的实践范例,丰富了企业并购的交易策略和估值模型。

(二) 依托火电根基,打造"火电＋新能源"共赢生态

在能源行业加速向清洁能源转型的大背景下,赣能股份凭借深厚的火电业务根基,通过此次收购拓展新能源版图,构建起"火电＋新能源"的协同发展模式,具有重要的战略意义和创新价值。从能源供应的稳定性角度分析,火电具有灵活的调峰能力,能够在短时间内根据电力需求调整发电功率;而新能源如风能、太阳能等,具有清洁环保的优势,但存在间歇性和波动性的问题。二者结合,在用电低谷时期,火电可灵活降低发电功率,减少能源浪费,此时新能源可根据其发电条件进行补充发电;在用电高峰时段,火电则充分发挥其稳定发电的特性,全力保障电力供应,新能源也可在条件允许的情况下协同发电。这种能源互补的协同模式,有效优化了能源供应结构,显著提升了电力供应的稳定性与可靠性。从产业发展战略层面来看,该模式增强了赣能股份在能源市场的综合竞争力,推动能源企业从单一能源业务向多元化、协同化方向发展,为能源行业的可持续发展提供了新的战略方向和发展路径。

(三) 绿色并购转型,解锁新能源布局"新密码"

从绿色并购角度深入剖析,赣能股份收购北京弘毅,是一次具有前瞻性和战略性的绿色资本运作。此次收购是赣能股份能源结构转型的关键节点。收购前,赣能股份虽有火电、水电业务,但新能源占比相对有限。通过收购,将修水大湖山 60 MW 风电场项目纳入麾下,这不仅增加了赣能股份绿色能源装机规模,还显著提升新能源在总发电量中的占比。从能源转型的长期目标看,有助于减少赣能股份对传统高碳能源的依赖,加速向低碳、零碳能源结构转变,为实现"双碳"目标提供有力支撑。这种转型符合全球能源发展趋势,使赣能股份在绿色能源市场竞争中抢占先机。此外,赣能股份收购北京弘毅新能源,能带动区域内绿色能源产业协同发展。风电场项目的建设和运营涉及设备制造、安装调试、技术服务等多个上下游产业,赣能股份作为区域能源龙头企业,其绿色并购行为能吸引相关企业集聚,形成绿色能源产业集群。例如,可吸引风机制造企业在当地设厂,降低运输成本,促进技术交流与创新;还能带动电力储能、智能电网等相关产业发展,完善区域绿色能源产业链,提升产业整体竞争力,推动区域经济绿色可持续发展。

(四) 承接债务暗藏危机,盈利修复投入回报难测

北京弘毅资不抵债的现状使得赣能股份承接的债务结构错综复杂,不仅要面对短期偿债压力,还需协调长期债务的合理安排,稍有不慎就可能陷入债务期限错配的困境。依据企业并购财务理论,当收购方承接高风险债务时,企业的财务杠杆会急剧上升,偿债能力指标恶化,如资产负债率大幅攀升,利息保障倍数下降,这将显著增加企业的财务风险,使企业面临资金链断裂的威胁。此外,或有债务的隐匿性与不确定性更是一颗"定时炸弹"。若目标公司存在未披露的法律诉讼赔偿、对外担保责任等,一旦触发,赣能股份将遭受突如其来的财务冲击,严重影响赣能股份的财务稳定性与正常运营。从盈利能力修复成本风险来看,鉴于收购标的盈利能力较差,赣能股份要实现扭亏为盈,需投入巨额资金用于设备更新、技术升级、市场拓展等,前期投入巨大且回报周期长,短期内会严重压缩赣能股份的利润空间。若投入产出比未达预期,赣能股份盈利能力将持续低迷,甚至可能拖累赣能股份整体的盈利水平,使赣能股份在资本市场的表现不佳,影响投资者信心。

五、市场表现(000899)

赣能股份交易前后股价变动情况如图9所示。

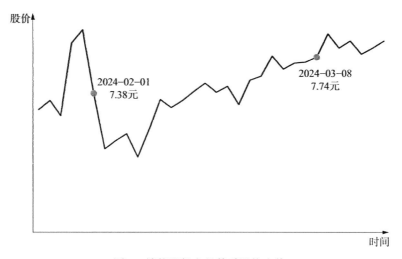

图9　赣能股份交易前后股价走势

600038

中直股份：
强强联手,航空整合盛宴

一、收购相关方简介

(一) 收购方:中航直升机股份有限公司

中航直升机股份有限公司(以下简称"中直股份")原名哈飞航空工业股份有限公司,于 1999 年在黑龙江省哈尔滨市成立,办公总部则在北京市。2000 年,中直股份(股票代码:600038. SH)在上海证券交易所成功上市,2014 年 12 月 25 日,公司由哈飞航空工业股份有限公司正式更名为中航直升机股份有限公司。

中直股份堪称国内直升机制造业的领军企业,在行业内占据着极为重要的地位。其业务范畴广泛,核心业务涵盖航空产品及零部件的开发、设计研制、生产和销售,同时还涉及航空科学技术开发、咨询、服务,以及机电产品的开发、设计研制、生产和销售与进出口业务。公司产品谱系丰富,既包括直 8、直 9、直 11、AC311、AC312、AC313 等型号直升机及零部件,以及这些产品的改进改型和客户化服务,也有运 12 和运 12F 系列通用飞机。直 8 直升机作为亚洲最大吨位的多用途直升机,也是我国交付部队使用的首型直升机,采用单旋翼带尾桨常规气动布局,配备三台发动机,装有前三点式两栖起落架,具备安全性好、三防能力强、功能全等优势,在军用、通用航空和准军事等领域广泛应用,可执行武器装备/人员/货物运输、森林防火、搜索救援等多种任务。直 9EC 出口型舰载反潜直升机是航空工业哈飞设计制造的轻型双发舰载反潜直升机,配备先进综合航电系统、鱼雷、吊放声纳、搜索雷达系统,可执行昼夜间搜攻潜任务,兼顾海上侦察、联络、运输等任务。在民用直升机领域,中直股份研发制造的 AC

系列民用直升机,凭借性能优势在市场上收获了良好口碑。AC332 预计在 2025 年取得型号合格证,未来有望进一步拓展民用直升机市场份额。在航空转包生产方面,中直股份与波音、空客等国际航空巨头开展合作,为波音 787 提供翼身整流罩,为空客 A350XWB 宽体飞机项目生产主要零部件,展现出强大的生产制造实力。

在市场表现上,2024 年前三季度,中直股份实现营业收入 173 亿元,净利润 3.57 亿元,基本每股收益 0.48 元。从发展战略来看,中直股份积极响应国家低空经济发展战略,联合中国航空研究院、中航科工研发电动垂直起降飞行器(eVTOL),如 AC-EV2000"雨燕"飞行器、LHEP"清穹"等项目,为未来在低空经济领域的发展奠定基础。

(二) 收购标的:昌河飞机工业(集团)有限责任公司,哈尔滨飞机工业集团有限责任公司

1. 昌河飞机工业(集团)有限责任公司

昌河飞机工业(集团)有限责任公司(以下简称"昌飞集团")位于江西省景德镇市,其前身为始建于 1969 年的国营黄洋界机械厂,集团于 1990 年 2 月正式成立。多年来,企业不断发展壮大,在航空工业领域占据重要地位。截至目前,其隶属于中国航空工业集团有限公司,是集团旗下重要的直升机研制生产主体。

昌飞集团是中国直升机科研生产基地和航空工业骨干企业,也是江西省航空"链主"企业。企业业务覆盖直升机研制、生产、销售等全流程,旗下拥有直 8、直 10、直 11、AC310、AC311、AC313 等系列直升机产品。不仅如此,昌飞集团还积极开展国际合作,与美国西科斯基公司、意大利阿古斯特公司等国外知名企业携手,在技术研发、生产制造等方面进行深度交流。同时,企业凭借先进的数字化制造体系、强大的技术研发实力以及丰富的管理经验,在国内外航空市场树立了良好口碑,为我国航空事业发展作出了重要贡献。

2. 哈尔滨飞机工业集团有限责任公司

哈尔滨飞机工业集团有限责任公司(以下简称"哈飞集团")位于黑龙江省哈尔滨市,其前身为 1948 年成立的东北民主联军航空学校第二厂,1952 年正式命名为国营一二二厂,开启了规模化航空制造的征程。经过多年的持续发展与变革,1986 年更名为哈尔滨飞机制造公司,2003 年 1 月,哈飞集团有限责任公司正式成立。长期以来,哈飞集团在我国航空工业体系中不断成长,成为关键的航空装备制造力量,截至目前,隶属于中国航空工业集团有限公司,是集团旗下重要的直升机及通用飞机研发制造核心企业。

哈飞集团是我国重要的直升机、轻型多用途飞机研发制造基地,也是航空工业领域的骨干企业。业务贯穿飞机的研发设计、生产制造、销售服务等全产业链环节。在产品方面,拥有丰富的直升机及固定翼飞机产品系列。直升机产品涵盖直 9 系列、直 19 等,广泛应用于军事领域,在武装侦察、运输、通信中继等任务中发挥关键作用;民用直升机如 AC312E、AC332、AC352 等,在民用航空领域,包括旅游观光、应急救援、农林作业等方面得到广泛应用;固定翼飞机产品则有运 12E、运 12F 等,以其良好的性能,在国内外通用航空市场占据一席之地。此外,哈飞集团积极投身国际合作,与波音公司、空客公司等国际航空巨头开展合作,参与波音 787 翼身整流罩、空客 A350XWB 宽体飞机零部件等项目的生产制造,在国际合作中不断提升自身技术水平与管理能力。凭借先进的制造工艺、强大的研发团队以及完善的质量管理体系,哈飞集团在国内外航空市场赢得了良好声誉,为推动我国航空事业的进步与发展贡献了重要力量。

(三) 关联控股方:中国航空科技工业股份有限公司、中国航空工业集团有限公司

1. 中国航空科技工业股份有限公司

中国航空科技工业股份有限公司(以下简称"中航科工")是上市公司中直股份的控股股东,在本次交易中,将持有的昌飞集团 92.43% 的股权、哈飞集团 80.79% 的股权,以认购上市公司股份的形式参与交易,且拟认购 2 亿元募集配套资金。

2. 中国航空工业集团有限公司

中国航空工业集团有限公司(以下简称"航空工业集团")为中直股份实际控制人,在本次交易中,向中直股份转让昌飞集团 7.57% 的股权、哈飞集团 19.21% 的股权,同样以认购上市公司股份的方式参与。

由于中航科工和航空工业集团与上市公司中直股份存在控制关系,且参与了本次发行股份购买资产及募集配套资金相关交易,根据《重组管理办法》《股票上市规则》相关规定,构成关联交易,所以二者为本次收购活动的关联控股方。

二、收购事件一览

● 2023 年 1 月 9 日,中直股份召开第八届董事会第二十一次会议,审议通过与本次交易相关议案。同时,本次交易获航空工业集团总经理办公会决议同意,并经中航科工董事会审议通过。

● 2023 年 3 月 15 日,中直股份召开第八届董事会第二十三次会议,审议通过相关修订议案。

● 2023 年 6 月,本次交易涉及的资产评估报告获国资有权机构备案。

● 2023 年 9 月 20 日,中直股份收到国务院国有资产监督管理委员会批复,原则同意本次重组总体方案。

● 2023 年 9 月 27 日,中直股份召开 2023 年第一次临时股东大会,审议通过多项议案,并授权董事会全权办理本次交易相关事宜,有效期 12 个月,若取得审核通过批复及注册决定则延长至交易完成。

● 2023 年 11 月 20 日,中直股份召开第八届董事会第二十九次会议,审议通过相关修订稿议案及确认加期审计报告等议案。

● 2023 年 12 月 25 日,上交所并购重组审核委员会审议通过本次重组,认为符合重组条件和信息披露要求。

● 2024 年 1 月 26 日,中国证监会同意中直股份发行股份购买资产并募集配套资金注册。

● 2024 年 3 月 1 日,根据景德镇市市场监督管理局出具的《公司变更通知书》,航空工业集团及中航科工合计持有的昌飞集团 100％股权过户登记至中直股份名下,昌飞集团成为全资子公司。

● 2024 年 3 月 12 日,根据哈尔滨市平房区市场监督管理局出具的《登记通知书》,航空工业集团及中航科工合计持有的哈飞集团 100％股权过户登记至中直股份名下,哈飞集团成为全资子公司。

● 2024 年 7 月 9 日,本次募集配套资金发行期首日,确定发行价格不低于 32.54 元/股。

● 2024 年 7 月 12 日,发行人和独立财务顾问向认购对象发出缴款通知书。

● 2024 年 7 月 17 日,中金公司扣除相关费用后将认购资金划付至公司指定专户。

● 2024 年 7 月 25 日,中国证券登记结算有限责任公司上海分公司出具证明,中直股份办理完毕募集配套资金的新增股份登记。

三、收购方案

本次并购重组方案主要包括两部分:一是发行股份购买标的资产;二是发行股份募集配套资金。

(一) 发行股份购买标的资产

本次发行股份购买资产的交易对方为航空工业集团和中航科工。根据中直股份与航空工业集团、中航科工签署的"发行股份购买资产协议",标的资产包括航空工业集团持有的昌飞集团 7.57% 股权、哈飞集团 19.21% 股权,以及中航科工持有的昌飞集团 92.43% 股权、哈飞集团 80.79% 股权。

经交易各方基于资产的质量、盈利能力、市场前景等多维度因素进行深入协商与专业评估,本次发行股份购买资产的交易对价最终确定为 507778.95 万元。该定价参考了具有证券期货业务资格的评估机构出具的资产评估报告,以收益法和市场法等多种评估方法进行综合评定,确保交易对价的合理性与公正性,充分保障了各方股东的利益。

本次发行股份购买资产的定价基准日为中直股份第八届董事会第二十三次会议决议公告日。发行价格确定为 35.73 元/股,此价格依据《重组管理办法》相关规定,不低于定价基准日前 120 个交易日公司股票交易均价的 90%。若在定价基准日至发行日期间,公司发生派息、送股、资本公积金转增股本等除权、除息事项,将按照相关规则对发行价格进行相应调整。预计发行股份数量约为 142 115 576 股(最终以中国证券登记结算有限责任公司上海分公司实际登记确认的数量为准)。

(二) 发行股份募集配套资金

本次交易中直股份拟募集配套资金不超过 300 000 万元。从融资规模限制来看,其不超过本次发行股份购买资产交易价格的 100%,且发行股份数量不超过本次交易前中直股份总股本的 30%,充分考虑了公司的股本结构、财务状况以及市场承受能力,确保融资活动既满足公司发展需求,又不对现有股东权益造成过度稀释。

　　本次交易配套募集资金有着明确且合理的用途规划,主要拟用于昌飞集团、哈飞集团相关项目建设及补充流动资金等,具体如表4所示。

表4　中直股份募集配套资金项目规划表

序号	项目名称	实施主体	项目总投资额(万元)	募集资金计划使用金额(万元)
1	昌飞集团直升机产业能力提升建设项目	昌飞集团	138 400	200 000
2	哈飞集团直升机产业能力提升建设项目	哈飞集团	127 300	200 000
3	补充流动资金及偿还债务	中直股份	50 000	50 000
合计			315 700	300 000

　　本次募集配套资金通过向特定对象非公开发行股票进行,发行对象包括中航科工、机载公司等不超过35名符合证监会规定的投资者,如基金公司、证券公司、信托公司、财务公司、保险机构、合格境外投资者及其他合格投资者。发行对象以现金认购,发行过程遵循市场化原则,通过询价等方式确定发行价格与对象,确保公平、公正与高效。

四、案例评论

(一)资源整合与协同效应显著

　　中直股份此次将昌飞集团和哈飞集团收入囊中,堪称一场航空工业领域的资源整合盛宴,原本在研发、生产、市场等环节各自为战的局面被彻底打破。在研发方面,昌飞集团在大型直升机研发中积累的深厚底蕴,与哈飞集团在轻型直升机技术上的创新优势,如同两块强力磁铁相互吸引。整合后,双方技术团队携手,集中火力攻克直升机领域的关键难题,如新型复合材料在直升机桨叶上的应用,有望大幅提升桨叶的性能与寿命,这一协同效应带来的创新力堪称研发层面的"核聚变"。在生产环节,根据各公司的专长重新规划布局,昌飞集团擅长的复杂结构件制造与哈飞集团高效的总装流程相结合,避免了重复建设,极大提高了生产效率,使整个生产体系的协同运作如同精密齿轮般顺畅。

(二) 财务蜕变与公司价值提升

从财务角度来看,此次收购对中直股份的财务状况产生了深远且积极的影响。昌飞集团和哈飞集团的优质资产注入,为中直股份带来了显著的资产增长,这一举措不仅使公司的总资产规模迅速扩大,更在短期内增强了其在资本市场的抗风险能力,为公司未来的稳健发展奠定了坚实基础。与此同时,募集配套资金的顺利到位,进一步充实了公司的资金储备,为业务拓展、技术研发以及战略投资提供了坚实的财务保障,使得公司在市场竞争中更具优势。

在资本结构方面,此次收购促使公司资产负债率有所下降,资本结构得到显著优化。财务风险的降低不仅提升了公司的财务稳健性,也为后续的融资活动提供了更大的空间,意味着公司在应对市场波动和不确定性时,能够更加从容地做出战略决策,同时降低了债务违约风险,进一步增强了投资者对公司的信心。

在经营绩效方面,随着整合协同效应的逐步释放,中直股份的市场份额不断扩大,运营效率显著提升。通过优化资源配置和成本管控,公司的营收和净利润实现了快速增长,为股东带来了丰厚的回报,提高了公司在资本市场的吸引力和投资价值。随着财务数据的持续向好,中直股份有望在未来继续保持良好的发展态势,进一步巩固其在行业内的领先地位。

(三) 产业蝶变与工业水平新高

对我国航空工业直升机领域而言,此次收购是推动产业升级的关键一步。在技术创新上,整合后的中直股份拥有更强大的研发实力,能够投入更多资源进行技术研发,加速直升机技术的迭代更新。在航空电子系统领域,有望研发出更先进、更智能的系统,提升直升机的信息化水平,使我国直升机在国际技术竞争中占据更有利的位置,实现从"跟跑"到"并跑"甚至"领跑"的跨越。从产业布局来看,通过优化产业链条,完善产业生态,吸引更多上下游企业集聚,形成更具规模效应和协同效应的产业集群,推动我国航空工业整体实力迈向新的"云霄",在全球航空工业版图中占据更重要的地位。

五、市场表现(600038)

中直股份交易前后股价变动情况如图 10 所示。

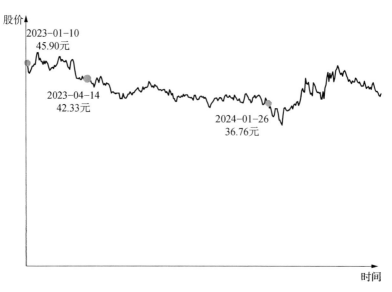

图 10　中直股份交易前后股价走势

601880

辽港股份:
股债置换,激活港口协同新动能

一、收购相关方简介

(一) 收购方:辽宁港口股份有限公司

辽宁港口股份有限公司(以下简称"辽港股份")成立于 2005 年,总部位于辽宁省大连市,2010 年在上海证券交易所上市(股票代码:601880.SH),是重要的综合性港口运营商。公司主营业务涵盖国内外货物装卸、运输、中转、仓储等港口业务和物流业务。辽港股份是东北地区对外开放的门户和"一带一路"的交汇点,拥有完善的运输网络,是我国主要的海铁联运及海上中转港口之一,服务范围基本实现 RCEP 成员国核心港口全覆盖。

辽港股份地理位置优越,地处环渤海和东北亚核心地带,是东北亚国际航运中心和国际物流中心的重要载体,拥有 8 个大中心 30 节点的服务网络体系,具备连接国内外市场的战略地位。其次,公司在基础设施和服务网络方面具有显著优势,拥有现代化专业生产泊位 199 个。同时,辽港股份在招商局集团和辽宁省政府的大力支持下,建立了南北港口、航运、物流、金融、信息等多层面的协同机制,突破了传统腹地局限,形成了海陆双向发展格局,进一步提升了可持续发展能力。公司还积极创新服务模式,推动现货贸易、临港加工、保税中转等新业态发展,并通过五港联动、资源整合,打造了高效率、低成本的货种组合港服务模式。

(二) 收购标的:大连长兴岛港口有限公司、大连长兴岛港口投资发展有限公司

1. 大连长兴岛港口有限公司

大连长兴岛港口有限公司(以下简称"长港口公司")成立于 2006 年,总部

位于辽宁省大连市瓦房店市,是一家从事港口运营及相关服务的中外合资企业。公司主要经营码头和其他港口设施的经营,包括货物装卸、驳运、仓储等及相关配套物流园区的开发与经营。作为大连长兴岛经济技术开发区的重要港口运营商,公司依托长兴岛的天然深水港湾优势,致力于打造多功能、现代化的综合性港口,服务于区域经济发展和东北亚国际航运中心建设。近年来,公司通过不断优化港口设施和服务能力,逐步拓展业务范围,进一步丰富了港口货种结构,提升了市场竞争力。长港口公司被收购之前股权情况如图 11 所示。

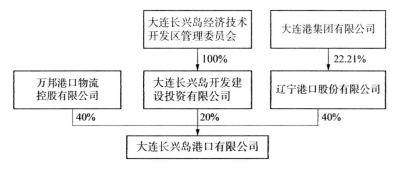

图 11　长港口公司被收购之前股权关系

2. 大连长兴岛港口投资发展有限公司

大连长兴岛港口投资发展有限公司(以下简称"长投发公司")成立于 2006 年,总部位于辽宁省大连市瓦房店市,肩负着开发建设大连长兴岛港口的重任,是推动区域经济发展的关键力量。公司依托长兴岛天然的深水岸线资源,致力于港口基础设施建设,已逐步构建起包括多个专业化码头在内的完备港口体系,涵盖集装箱、散杂货、液体化工品等各类货物的装卸、仓储、转运等业务。公司通过港口带动产业园区建设,进而推动城市发展,形成了高效的产业协同效应,实现了港口、产业、城市的融合发展。长投发公司被收购之前股权情况如图 12 所示。

(三)关联控股方:大连长兴岛经济技术开发区管理委员会、大连港集团有限公司

1. 大连长兴岛经济技术开发区管理委员会

大连长兴岛经济技术开发区管理委员会(以下简称"管委会")成立于 2002 年,是统筹规划、建设与管理的行政机构,负责推进大连长兴岛经济技术开发区

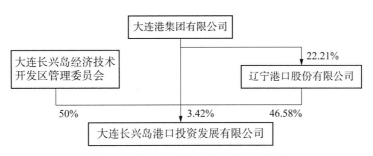

图 12　长投发公司被收购之前股权关系

的产业发展与区域协调。管委会主导产业涵盖石化、船舶与海洋工程、装备制造、港口物流等领域,已形成以恒力石化等龙头企业为核心的产业集群,并推动绿色石化、精细化工等新质生产力发展。2023 年获批"国家级绿色工业园区",并连续入选全国高质量发展化工园区 30 强,成为东北首个"绿色发展类"新型工业化典型案例园区。截至本次并购交易公告日,两家标的公司的实际控股方均为管委会,因此存在关联关系。

2. 大连港集团有限公司

大连港集团有限公司(以下简称"大连港集团")成立于 1951 年,总部位于辽宁省大连市,是东北亚地区核心的综合性港口运营商。公司依托环渤海经济圈和东北亚国际航运中心的地理优势,业务涵盖油品/液体化工品、集装箱、汽车、矿石、散杂货等码头运营及物流服务。作为"一带一路"倡议的重要节点,大连港深度参与海陆联运通道建设,开通多条中欧班列线路,并构建冷链物流三大中心。截至本次并购交易公告日,大连港集团为辽港股份的控股股东,因此存在关联关系。

二、收购事件一览

◉ 2024 年 5 月 23 日,辽港股份发布《关于豁免股东大连港集团有限公司同业竞争事项的公告》,拟收购长港口公司 20％股份以及长投发公司 50％股份。

◉ 2024 年 8 月 27 日,辽港股份与大连港集团签订长港口公司和长投发公司托管服务协议。

◉ 2024 年 9 月 3 日,辽港股份召开第二次临时股东大会,审议与大连港集团签订的两个标的公司的托管服务暨关联交易的议案。

● 2024 年 10 月 15 日,辽港股份发布关于受托管理长港口公司和长投发公司后被动形成关联借款暨关联交易的相关公告。

三、收购方案

本次并购重组方案主要包括两部分:一是管委会将长港口公司股权作为借款偿还给大连港集团;二是大连港集团将所持有的长投发公司股份委托给辽港股份。

(一)长港口公司:股债相抵

管委会与辽港股份的间接控股股东大连港集团因历史债务问题形成资金纠葛。为化解债务风险,管委会全资子公司大连长兴岛开发建设投资有限公司将所持有的长港口公司的 20%股权以协议转让方式划转至大连港集团,以此抵偿管委会对大连港集团的欠款,实现"股债相抵"的债务解决方案。

股权转让完成后,长港口公司股权结构变更为:万邦港口物流控股有限公司持股 40%,辽港股份持股 40%,大连港集团持股 20%。大连港集团随后将该股权委托辽港股份管理,仅保留收益权与处分权,其余股东权利包括表决权、董监事委派权等均由辽港股份行使,以避免潜在同业竞争并实现资源整合。股权转让后长港口公司股权结构如图 13 所示。

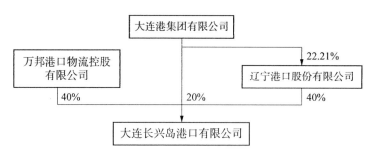

图 13 股权转让后长港口公司股权结构

长港口公司长期面临财务困境,其资产负债率高达 85%以上,严重制约经营发展。通过股权转让与托管安排,大连港集团对长港口公司实施债务重组,置换高息贷款以降低融资成本,并通过辽港股份的专业化管理提升运营效率。对于辽港股份而言,放弃优先购买权的决策基于战略考量:一方面避免因直接收购高负债企业而拖累即期业绩,另一方面通过托管实现间接控制,未来若长港口公司盈利改善,可择机注入上市公司以增厚利润。

（二）长投发公司:债务主次

管委会与辽港股份间接控股股东大连港集团存在历史债务问题,形成资金纠纷。为抵偿欠款,管委会将其所持的长投发公司 50% 股权转让给大连港集团。此次交易完成后,长投发公司股权结构变更为大连港集团持股 53.42%、辽港股份持股 46.58%,大连港集团将除收益权、处分权外的全部股东权利委托辽港股份行使,以避免同业竞争并实现资源整合。股权转让后长投发公司股权结构如图 14 所示。

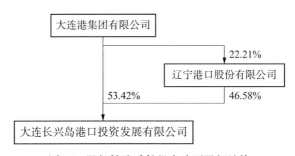

图14 股权转让后长投发公司股权结构

同时,长投发公司纳入辽港股份合并报表前存在向关联方的借款余额 10.72 亿元,年应付利息约 3216 万元,合并后被动形成关联交易,但利率不超过 3%,符合市场公允原则,且无需上市公司提供担保,不会损害中小股东利益。这一案例体现了"债务重组＋资源整合"的双轨解决方案,为国企改革中化解历史包袱、优化产业布局提供了实践范本。

四、案例评论

（一）债务成因与化解路径的结构性差异

两起并购案例虽同属辽宁省港口资源整合框架,但债务成因与化解路径存在结构性差异。在长港口公司 20% 股权转让案例中,债务压力主要由于企业运营层面的效率失衡:长港口公司资产负债率超过 85%,年财务费用负担超 1 亿元,直接导致码头设施更新滞后、客户流失等问题。其债务本质是地方基建投资回报周期与市场化运营能力不匹配的产物。相较而言,长投发公司 50% 股权转让案例的债务危机更具系统性特征,标的公司不仅背负超过 85% 的资产负债率,年财务费用更攀升至 2 亿元,叠加经营性亏损,反映出地方开发区早期"重投资、轻运营"发展模式的弊端。两个案例债务规模差异映射出地方政府在港口建设中的角色转变:从单纯的基础设施投资者转向区域经济生态的协调者,通过股权让渡实现债务责任向市场化主体的转移。

从政策背景看,两笔交易均发生在辽宁省"港口一体化"战略深化期,在此背景下,两个案例的"股债置换"设计实质上是将地方政府的基建负债转化为央企主导的资产重组,既符合国家去杠杆政策导向,又规避了直接财政注资的合规风险。

(二) 交易模式设计的特殊性

两个案例均采用"股权转让＋委托管理"模式,但在细节设计上体现差异化策略。在长港口公司案例中,大连港集团以 20％股权收购取得标的资产收益权,同时通过"股东权利委托协议"将表决权、董监事提名权等核心权利让渡辽港股份,形成"所有权与管理权分离"的过渡形态。这种设计既满足《企业国有资产交易监督管理办法》对国有股权转让的程序要求,又避免触发上市公司重大资产重组审查;而在长投发公司案例中,大连港集团在收购 53.42％股权后,仅保留收益权与处分权,其余权利全面委托,形成"控股不控权"的特殊架构。根据公司法第四十二条,股东表决权通常按出资比例行使,但本案通过股东协议实现权利分割,其合法性依托于民法典合同编对意思自治原则的包容性解释,体现交易设计者对法律工具的灵活运用。

在委托管理模式下,辽港股份作为运营方缺乏股权激励,可能影响资源整合投入力度。以长投发公司为例,其纳入合并报表前需被动承接 10.72 亿元关联借款,但受托方无权调整债务结构,导致降本增效空间受限。

(三) 区域资源整合的成效与局限

两笔交易均服务于辽宁省港口一体化战略,但整合深度与效果存在分野。长港口公司案例侧重通过股权托管实现业务协同,依托辽港股份的运营能力提升码头效率;而长投发公司案例因股权比例更高,更强调全省港口资产的全盘整合,推动"港-产-城"联动与多式联运网络建设,两个案例均通过债务置换降低融资成本。不过,整合过程中暴露两大共性风险:其一,托管模式虽避免即期业绩拖累,但可能延缓资产注入进度,导致协同效应滞后;其二,关联交易被动形成,如长投发公司合并后年应付利息 3 216 万元,虽利率符合市场水平,但长期可能增加财务透明度管理的复杂度。

（四）合规风险与中小股东权益保护的平衡

两个案例在交易合规性设计上均体现渐进式改进。长港口公司案例因股权比例较低，仅需通过国家市场监督管理总局的经营者集中审查，且关联交易影响微乎其微；而长投发公司案例因触及 53.42％控股权，除反垄断审查外，还需依据《上市公司治理准则》第二十四条，由辽港股份股东大会审议豁免大连港集团的同业竞争承诺。值得肯定的是，两项交易均严格执行《企业国有资产评估管理暂行办法》，选用备案制评估机构，评估结果在辽宁省国资委官网公示，程序完备性高于同期某些地方国企混改项目。

在中小股东权益保护方面，长投发公司案例面临更复杂挑战：合并后关联借款余额 10.72 亿元，虽利率设定为 3％，但根据《上市公司关联交易实施指引》，需独立董事发表专项意见并提交股东大会审议。辽港股份为此聘请第三方机构出具"资金占用专项报告"，证明借款利率公允且无需上市公司担保。但隐患在于，此类被动关联交易可能成为长期负担，若长投发公司盈利能力未达预期，3％的利息支付仍将侵蚀上市公司利润。

（五）国企改革的创新性

首先，风险隔离机制。通过股权托管而非直接并购，规避《企业会计准则第 33 号——合并财务报表》中的并表要求，使上市公司既能获取管理收益，又不承担标的公司历史债务的连带责任。其次，多维协同路径。不同于传统的资产划拨，两个案例均通过"债务重组-运营优化-网络协同"的递进式整合，实现"1＋1＞2"的效果。最后，政策工具创新。将地方政府隐性债务化解与央企主业扩张相结合，符合《关于进一步深化预算管理制度改革的意见》（国发〔2021〕5 号）中"防范化解隐性债务风险"的要求，为类似"城投平台转型"提供参考路径。

但改革瓶颈同样显著：其一，治理结构缺陷可能引发代理成本。在长投发公司案例中，管理权与收益权的分离可能诱发"搭便车"行为——大连港集团作为收益权人缺乏改善经营的动力，而辽港股份作为管理者缺乏股权激励；其二，政策依赖度过高。两个案例的顺利推进高度依赖辽宁省政府的协调（如银团贷款安排），市场化程度低于上海港集团整合长江沿线港口的"资本纽带＋业务合作"模式，可能影响模式的跨区域复制性。

辽宁两起港口并购案例，本质是在"化解地方债务"与"提升国企竞争力"的双重目标下,探索出的过渡性制度安排。其短期成效显著——债务负担减轻、运营指标改善、区域协同增强,但长期可持续性取决于三方面突破:能否建立市场化导向的估值与激励体系、能否平衡地方政府与央企的战略诉求、能否构建适应复杂股权结构的监管框架。未来改革需跳出"一事一议"的个案思维,在国有资产管理体制层面进行系统性创新,方能为全国国企混改提供可复制的"辽宁样本"。

五、市场表现(601880)

辽港股份交易前后股价变动情况如图 15 所示。

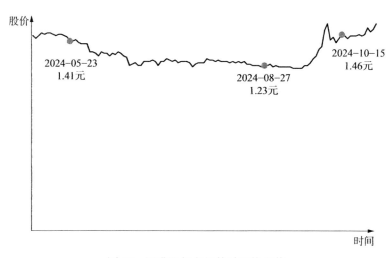

图 15　辽港股份交易前后股价走势

第二辑　产业链整合并购

301015

百洋医药：
曲线收购，开启创新药品新时代

一、收购相关方简介

（一）收购方：青岛百洋医药股份有限公司

青岛百洋医药股份有限公司(以下简称"百洋医药")的前身为青岛百洋医药科技有限公司(以下简称"百洋有限")，由郝宇、王程远于 2005 年 3 月 8 日共同出资设立。2016 年 7 月，百洋有限整体变更设立股份有限公司。2021 年 6 月 30 日，百洋医药正式在深圳证券交易所挂牌上市(股票代码：301015.SZ)，成功登陆创业板，目前已成为连接医药产品和下游消费者的中国医药 CSO 龙头企业(CSO，全称 Contract Sales Organization，医药合同销售外包)。

百洋医药是专业的医药产品商业化平台，深耕优质医药产品领域，主营业务是为医药产品生产企业提供商业化整体解决方案，包括提供医药产品的品牌运营、批发配送及零售三大业务，其中品牌运营业务是关键盈利点，2023 年品牌运营收入占比达 58.17%，毛利额占比更是超过 80%。百洋医药成立二十年以来不断复制品牌运营的成熟模式，已在 OTC 及大健康、OTX 等处方药、肿瘤等重症药、高端医疗器械四大品类形成多品牌矩阵。在多年的"商业化"运营实践中，百洋医药精心打造并成功运营了迪巧、泌特、海露等多个十亿元级、亿元级的品类领导品牌，并与阿斯利康、安斯泰来、杰特贝林等众多跨国公司建立起了稳固且长期的合作关系。

自 2023 年起，百洋医药持续孵化落地创新药械产品，探索公司远期成长性，此次收购正是战略布局中的重要一环，旨在实现从健康品牌商业化平台向支持源头创新的医药产业化平台的转型升级。

(二) 收购标的:上海百洋制药股份有限公司、青岛百洋投资集团有限公司、青岛百洋伊仁投资管理有限公司、北京百洋康合科技有限公司

1. 上海百洋制药股份有限公司

上海百洋制药股份有限公司(以下简称"百洋制药")成立于 1999 年 10 月 10 日,是一家专注于中药现代化和缓控释制剂研发生产的创新药企,主要业务为中成药、化学仿制药产品的研发、生产及销售。

百洋制药拥有一系列极具竞争力的产品和研发管线,由子公司上海黄海制药有限责任公司(以下简称"黄海制药")研发的核心产品扶正化瘀是经循证医学验证,可逆转肝纤维化的创新中成药,是中国首个完成美国 Ⅱ 期临床试验的肝病领域中成药。除扶正化瘀外,百洋制药还围绕缓控释制剂技术,由子公司青岛百洋制药有限公司(以下简称"青岛百洋")打造了二甲双胍、硝苯地平等一系列高端制剂产品,成功打破国外技术垄断,实现了高端制剂的国产化突破。百洋制药产品的直接客户包括医药商业公司及零售药店等,产品最终通过医院或零售药店销售至终端用户。

在研发和生产设施方面,百洋制药实力雄厚,拥有上海、青岛两大特色鲜明的研发生产基地。在现代中药生产领域,百洋制药构建了从药材种植加工、提取到成品制剂以及商业化的现代化中药完整产业链,打造了国际标准的现代复方中药生产平台。在化药生产领域,百洋制药聚焦渗透泵控释剂型研发生产等高壁垒的高端制剂技术,产品实现中美共线生产,同报同销。2023 年,百洋制药开始进行生产线技术改进、投资建设新的生产车间,升级后的产线陆续投产,新产线的投入运营会提升百洋制药未来整体盈利能力。

2. 青岛百洋投资集团有限公司

青岛百洋投资集团有限公司(以下简称"百洋投资")成立于 2022 年 9 月 1 日,主要从事投资业务、企业管理服务。本次交易前,百洋集团持有百洋投资 100%股权,为百洋投资控股股东,付钢为百洋投资实际控制人。

截至 2023 年底,百洋投资的总资产为 46 239.50 万元,2023 年度无营业收入,净利润为 3 590.78 万元。

3. 青岛百洋伊仁投资管理有限公司

青岛百洋伊仁投资管理有限公司(以下简称"百洋伊仁")成立于 2019 年 1 月 11 日,主营业务为投资管理。本次交易前,百洋集团持有百洋伊仁 100%股权,为百洋伊仁控股股东,付钢为百洋伊仁实际控制人。

截至 2023 年底,百洋伊仁的总资产为 1 507.33 万元,2023 年度无营业收入,净利润为 0 元。

4. 北京百洋康合科技有限公司

北京百洋康合科技有限公司(以下简称“百洋康合”)成立于 2023 年 1 月 31 日,主营业务为股权投资。本次交易前,百洋投资持有百洋康合 60.00％股权,百洋集团持有百洋康合 40％股权;百洋康合的控股股东为百洋集团,实际控制人为付钢。

截至 2023 年底,百洋康合的总资产为 2 492.82 万元,2023 年度无营业收入,净利润为－262.95 万元。

(三)关联控股方:百洋医药集团有限公司

百洋医药集团有限公司(以下简称“百洋集团”)是一家以科技创新为核心驱动力的健康产业集团,依托深厚的产业化能力,打造坚实发展根基,将资产增值作为核心目标,不断提升企业价值。百洋集团以产业投资人的角色积极布局医药创新领域,携手众多国家级科研院校,深入挖掘前沿的医学创新成果,推动医疗创新项目从实验室走向产业化的转化落地,在医学领域的源头创新孵化方面成果卓著。目前,百洋集团已成功构建起医学创新成果孵化、生产制造、商业化协同发展的产业格局,形成良性循环。

截至本次并购交易公告日,百洋集团持有百洋医药 70.22％股权,为百洋医药的控股股东,因此百洋集团与百洋医药之间存在关联关系。本次并购交易前,百洋集团与百洋制药股权结构如图 16 所示。

二、收购事件一览

● 2024 年 5 月 20 日,百洋医药发布《关于收购上海百洋制药股份有限公司、青岛百洋投资集团有限公司、青岛百洋伊仁投资管理有限公司及北京百洋康合科技有限公司股权暨关联交易的公告》。

● 2024 年 5 月 20 日,百洋医药召开第三届董事会第五次独立董事专门会议、第三届董事会第十九次会议,审议通过本次股权收购暨关联交易的相关议案。

● 2024 年 5 月 31 日,百洋医药收到深圳证券交易所下发的《关于对青岛百

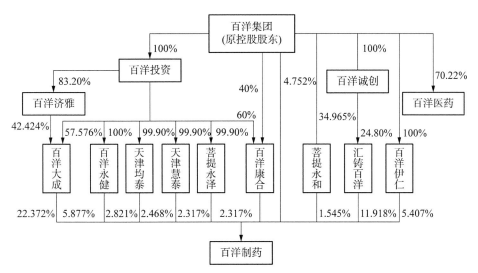

图 16　本次并购交易前百洋集团与百洋制股权结构

洋医药股份有限公司的关注函》（创业板关注函〔2024〕第 106 号）。

　　◉ 2024 年 6 月 11 日,百洋医药召开第三届董事会第二十次会议,审议通过《关于修订〈关于上海百洋制药股份有限公司、青岛百洋投资集团有限公司、青岛百洋伊仁投资管理有限公司及北京百洋康合科技有限公司之收购协议〉部分条款的议案》,对收购协议中"业绩补偿的触发条件和金额确认"条款进行修订。

　　◉ 2024 年 6 月 14 日,百洋医药发布《关于对深圳证券交易所关注函回复的公告》,对深圳证券交易所关注函所述的问题进行了逐项核查并披露回复。

　　◉ 2024 年 7 月 5 日,百洋医药召开 2024 年第二次临时股东大会,审议通过《关于收购上海百洋制药股份有限公司、青岛百洋投资集团有限公司、青岛百洋伊仁投资管理有限公司及北京百洋康合科技有限公司股权暨关联交易的议案》。

　　◉ 2024 年 7 月 12 日,百洋医药发布"关于收购股权完成交割的公告",取得百洋制药控制权。

三、收购方案

（一）本次交易方案概述

　　本次交易方案为百洋医药以现金方式收购百洋制药、百洋投资、百洋伊仁、百洋康合4家公司的股权,进而持有百洋医药控股股东百洋集团所控制的百洋制药共60.199%的股权,交易对方为百洋集团、青岛汇铸百洋健康产业投资基金(有限合伙)(以下简称"汇铸百洋")、青岛菩提永和投资管理中心(有限合伙)(以下简称"菩提永和")。本次交易完成后,百洋医药的控股股东由百洋集团变更为百洋医药,百洋制药、百洋投资、百洋伊仁和百洋康合被纳入百洋医药合并报表范围。

(二) 交易价格

本次交易中,北京中同华资产评估有限公司以2023年12月31日为基准日对百洋制药、百洋投资、百洋伊仁、百洋康合进行评估,并出具资产评估报告,本次评估对百洋制药采用收益法和市场法两种方法,并以收益法评估结果作为最终评估结论。收益法下百洋制药股东全部权益价值的评估结果为163 700万元,评估增值116 885.65万元,增值率249.68%。本次评估对百洋投资、百洋伊仁、百洋康合采用资产基础法进行评估并作为最终评估结论。资产基础法下百洋投资所有者权益评估结果为49 328.51万元,评估增值37 238.87万元,增值率为308.02%;百洋伊仁所有者权益评估结果为8 856.86万元,评估增值7 350.47万元,增值率为487.95%;百洋康合所有者权益评估结果为1 573.91万元,评估增值1 486.86万元,增值率为1 708.03%。

经交易各方结合实际情况友好协商后,以购买资产评估值为基础,确定本次收购百洋制药60.199%股权交易价款总金额为88 003.61万元,具体安排如表5所示:(1)收购百洋集团持有的百洋投资100%股权的交易价格为49 418.51万元;(2)收购百洋集团持有的百洋伊仁100%股权的交易价格为8 856.86万元;(3)收购百洋集团持有的百洋康合40%股权的交易价格为629.56万元;(4)分别以7 591.38万元、19 039.13万元、2 468.16万元,收购百洋集团持有的百洋制药4.752%股权、汇铸百洋持有的百洋制药11.918%股权、菩提永和持有的百洋制药1.545%股权。

表5　收购百洋制药的具体安排

序号	交易对方	标的公司	股权比例	标的股权含有百洋制药股权比例	交易价格(万元)
1	百洋集团	百洋投资	100%	35.650%	49 418.51

（续表）

序号	交易对方	标的公司	股权比例	标的股权含有百洋制药股权比例	交易价格(万元)
2	百洋集团	百洋伊仁	100%	5.407%	8 856.86
3	百洋集团	百洋康合	40%	0.927%	629.56
4	百洋集团	百洋制药	4.752%	4.752%	7 591.38
5	汇铸百洋	百洋制药	11.918%	11.918%	19 039.13
6	菩提永和	百洋制药	1.545%	1.545%	2 468.16
合计		百洋制药	—	60.199%	88 003.61

（三）本次交易构成关联交易

本次交易的交易对方为百洋集团、汇铸百洋、菩提永和,其中百洋集团持有百洋医药 70.22% 股权,为百洋医药的控股股东,汇铸百洋、菩提永和为百洋集团控制的企业,因此百洋集团、汇铸百洋、菩提永和为百洋医药关联方,本次交易构成关联交易。百洋医药在召集董事会审议相关议案时,关联董事、关联监事已回避表决,在召集股东大会审议相关议案时,与该关联交易有利害关系的百洋集团等 7 家公司已回避表决。

2023 年 1—4 月,百洋医药基于业务需要,与百洋集团、汇铸百洋、菩提永和等关联人(包含受同一主体控制或相互存在控制关系的其他关联人)存在经履行合规审批程序后进行的日常关联交易,累计已发生的各类关联交易的总金额为 3 268.11 万元。

（四）业绩承诺

百洋制药承诺 2024 年度、2025 年度、2026 年度经审计扣除非经常性损益后归属母公司股东的净利润不低于人民币 14 429 万元、17 226 万元、21 548 万元。业绩承诺期间累计承诺净利润不低于 53 203 万元。若百洋制药于业绩承诺期间会计年度期末累计实际净利润数低于相应年度累计承诺净利润数,则差额部分由百洋集团对百洋医药进行补偿。

（五）股权变动

本次交易前后百洋制药股权结构如表 6 所示。

表6 本次交易前后百洋制药股权结构

序号	股东名称	交易前股权比例	交易后股权比例
1	百洋大成	22.37%	22.37%
2	汇铸百洋	11.92%	—
3	百洋永健	5.88%	5.88%
4	百洋伊仁	5.41%	5.41%
5	百洋集团	4.75%	—
6	天津均泰	2.82%	2.82%
7	天津慧泰	2.47%	2.47%
8	菩提永泽	2.32%	2.32%
9	百洋康合	2.32%	2.32%
10	菩提永和	1.55%	—
11	百洋医药	—	18.22%
12	上海新长宁(集团)有限公司	27.63%	27.63%
13	其他个人股东	10.58%	10.58%
	合计	100.00%	100.00%

四、案例评论

(一) 整合集团内部资源,降低医药创新风险

在医药创新领域,研发成本高、周期长、成功率低是普遍面临的难题,而"百洋系"采用集团内部合作的方式探索出一条低风险路径,即依托大股东百洋集团的创新孵化成果,源源不断地为百洋医药输送优质产品,提升百洋医药的造血能力。具体来说,百洋集团将难度最高、风险最大的创新导入期公司留在集团,以产业投资人的形式在创新药、高端医疗器械、基础研究平台三大创新领域进行孵化,待到研发出成果时由百洋医药助力商业化、产业化落地,此举最大优势在于能够有效规避因研发失败可能导致的上市公司巨大利润波动。

百洋制药与百洋医药均是百洋集团旗下控股公司,二者在医药产品研发、生产及商业化领域积累了丰富的实践经验。通过此次并购,百洋医药成功将一

家具有丰富产品储备和盈利能力的创新制药企业纳入麾下,将百洋制药研发的创新中成药和高端缓控释制剂等产品全盘接收。而且,相比收购外来标的,同一集团内的资源整合往往更具协同性,百洋集团成功实现了内部资源的优化配置,有效降低了百洋医药的创新风险。

百洋医药为百洋制药的奈达产品的总代理,负责奈达产品在全国范围内的推广和销售;同时,百洋医药为黄海制药的扶正化瘀产品的零售渠道总代理,负责扶正化瘀产品的零售渠道销售。2023年百洋医药与百洋制药及其子公司青岛百洋、黄海制药间的日常关联交易金额为6 771.66万元,本次并购有助于减少上市公司关联交易,进一步促进百洋医药的规范化运作。

(二)引入优质现金奶牛,丰富完善产品矩阵

并购标的百洋制药具备丰富且潜力巨大的产品矩阵,为百洋医药盈利能力的提升提供了有力支持。从整体经营数据来看,2022年、2023年,百洋制药营业收入分别为6.35亿元、7.60亿元,同比增长19.72%,净利润分别达1.09亿元、1.35亿元,同比增长23.75%,百洋制药盈利能力强劲且呈稳定增长态势。从细分领域来看,在中成药板块,剔除客户短期需求波动影响,2020—2023年度百洋制药中成药板块收入年均复合增长率高达18.17%。拳头产品扶正化瘀现已成为医院市场抗肝纤维化领域份额第一的产品,截至2023年末,已覆盖全国近6 200家医院,未来市场拓展空间广阔。在化药板块,2022年、2023年分别以64.57%、81.68%的增长率实现收入的快速提升。自2020年起,主要化药产品度洛西汀、硝苯地平及塞来昔布等陆续中标国家集采,二甲双胍产品通过国谈,保障业绩持续增长。此次收购后,百洋医药获得百洋制药旗下优质的创新中成药和高端缓控释制剂产品,包括扶正化瘀、二甲双胍、硝苯地平等,进一步丰富了产品矩阵,提高了自有产品占比。

此外,为保障产品的市场供应,百洋制药进行了中成药和化药产线的扩建工程,随着产能提升,百洋制药的生产及销售规模继续爬坡,助力百洋医药增厚营业收入。双方进行的业绩对赌也为百洋医药的盈利增长提供了明确预期和坚实保障。因此,此次收购为百洋医药引入了优质现金奶牛,丰富了产品矩阵,提供了稳定可预期的大量现金流。

(三)战略布局上游制药公司,转型医药产业化平台

百洋医药在医药产品商业化领域成绩突出,但业务主要集中于下游,在医药产业链中存在一定局限性。百洋制药不仅有成熟的优势产品,还有上海现代化中药研发生产基地和青岛缓控释制剂研发生产基地,具备强大的研发和生产能力,能够弥补百洋医药在产业链上游缺失的短板。此次并购使得百洋医药成功进军医药制造业,实现了产业链的向上延伸,有助于百洋医药掌握更多医药领域的生产要素,依托原有的专业商业化能力和成熟营销渠道,逐步形成上下游联动的规模化医药产业业务体系,进一步提升其核心产品的市场占有率,实现产品商业化价值释放。

从行业发展趋势来看,这种转型符合医药行业整合升级的大趋势。在行业竞争日益激烈的当下,单一业务模式的企业发展空间逐渐受限,而全产业链布局的企业更具抗风险能力和发展潜力。百洋医药在转型为产业化平台后,可以更好地整合资源,实现上下游联动,在研发、生产、销售等环节形成协同效应。百洋医药通过对生产环节的把控,提升产品质量和供应稳定性,借助商业化能力,快速将优质产品推向市场,满足临床需求,从而在市场竞争中占据更有利的地位,为企业的长期可持续发展奠定坚实基础。并购完成后,百洋医药以"生产制造和商业化"双轮驱动策略构建立体且多维的医药产业化平台,提升整体市场竞争力。未来,随着百洋医药产业的长期生态共赢,这家国内 CSO 龙头发展的天花板将被再次拔高。

五、市场表现(301015)

百洋医药交易前后股价变动情况如图 17 所示。

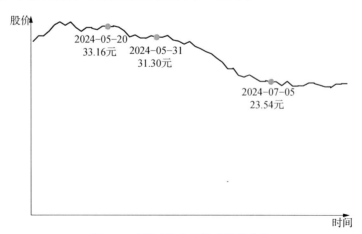

图 17　百洋医药交易前后股价走势

836720

吉冈精密：
"一箭三雕"，开拓欧洲汽车市场

一、收购相关方简介

（一）收购方：无锡吉冈精密科技股份有限公司

无锡吉冈精密科技股份有限公司(以下简称"吉冈精密")成立于 2002 年 11 月 19 日，前身为无锡吉冈精密机械有限公司，由王钢独资设立。经过多轮资本扩张和业务升级，公司于 2015 年整体变更为股份有限公司。2021 年 11 月 24 日，吉冈精密(证券简称：吉冈精密，证券代码：836720.BJ)成功在北交所新三板上市。

吉冈精密专注于锌铝合金精密压铸产品的研发、生产和销售，主要业务涵盖汽车零部件、电子电器等多个领域。主要产品涵盖发动机节能减排阀体、电池包加热器、转向电机壳体、蒸汽加热器等高精密零部件。作为行业领先的精密压铸制造商，吉冈精密凭借 21 年的行业经验，已成功进入比亚迪、蔚来、华为、富士康、红旗、吉利等国内外知名品牌的供应链体系。公司产品广泛应用于新能源汽车、智能家电及高端制造领域，并在多个技术方向取得突破。截至目前，公司已获得 152 项专利，其中包括 10 项发明专利，并积极参与行业标准制定。此外，公司已通过 ISO9001、IATF16949 质量管理体系认证，并获得"江苏省高新技术企业""江苏省专精特新企业""湖北科创'新物种'瞪羚企业"等多项荣誉，在行业中享有广泛知名度。

截至 2023 年底，吉冈精密的总资产为 62 074.58 万元，2023 年度营业收入为 45 786.32 万元，归属于上市公司股东的净利润为 4 278.56 万元。

（二）收购标的：帝柯精密零部件（平湖）有限公司、帝柯贸易（平湖）有限公司、Dakoko Europa GmbH

1. 帝柯精密零部件（平湖）有限公司

帝柯精密零部件（平湖）有限公司（以下简称"帝柯精密"）位于浙江省嘉兴市，成立于2017年8月2日，注册资本220万美元，由Dakoko International Limited（以下简称"帝柯国际"）持有100％股权。2023年7月，经股东会决议，帝柯精密将税后利润转增为资本，注册资本变更为370万美元。

帝柯精密主要从事轴、销、线圈壳、精密轴衬等汽车零部件、电工工具零部件的生产与销售，同时涵盖工具包、机电产品的组装及销售，并提供批发、进出口及技术咨询服务。公司具备完整的生产体系与技术实力，为国内外客户提供高质量的精密零部件解决方案。

2. 帝柯贸易（平湖）有限公司

帝柯贸易（平湖）有限公司（以下简称"帝柯贸易"）位于浙江省嘉兴市，成立于2019年7月16日，注册资本80万美元，由帝柯国际持有100％股权。

帝柯贸易主要从事机电产品（特种设备除外）、工具（含电动工具）、纺织品、服装鞋帽、家用电器、电子产品、金属零部件、塑胶产品、建筑材料（钢材、水泥除外）、酒店用品、工艺品（文物除外）、日用杂货的批发、进出口及佣金代理（拍卖除外），并提供相关售后配套服务。公司致力于拓展国内外市场，构建完善的销售网络，为客户提供优质的贸易服务。

3. Dakoko Europa GmbH

Dakoko Europa GmbH（以下简称"德国帝柯"）位于德国慕尼黑，成立于2019年11月22日，注册资本2.50万欧元，由帝柯国际持有100％股权。

帝柯欧洲主要从事金属零部件及组件的进口、贸易及分销业务，专注于为欧洲市场提供高质量的精密零部件及相关产品。公司依托成熟的供应链体系和市场网络，致力于提升产品竞争力和客户满意度。

帝柯精密、帝柯贸易和德国帝柯均为帝柯国际下属全资子公司，分别承担产品生产、出口、海外客户销售的职能，三家公司的业务关系如图18所示。

帝柯精密为产品制造工厂，生产的产品主要销售给帝柯贸易。帝柯贸易为贸易公司，主要采购来自帝柯精密的产品，并主要销售给德国帝柯。德国帝柯为贸易公司，主要业务为开拓、承接欧洲客户订单，并下发给帝柯贸易。

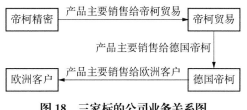

图 18　三家标的公司业务关系图

二、收购事件一览

◈ 2024 年 5 月 11 日,吉冈精密召开第三届董事会第二十三次会议,审议通过关于全资子公司对外投资的议案。

◈ 2024 年 5 月 12 日,吉冈精密与帝柯国际签署股权转让协议。

◈ 2024 年 5 月 14 日,吉冈精密发布购买资产的公告。同日,吉冈精密披露《拟股权收购涉及的帝柯公司(模拟合并)股东全部权益价值资产评估报告》。

◈ 2024 年 9 月 30 日,吉冈精密发布第三届董事会第二十六次会议决议公告,审议通过《关于签署〈股权转让协议补充协议〉的议案》。

◈ 2024 年 11 月 26 日,吉冈精密发布本次交易完成工商变更登记的公告。

三、收购方案

本次收购由吉冈精密的全资子公司——吉冈精密(维尔京群岛)有限公司(以下简称"吉冈维尔京")实施。交易完成后,帝柯精密、帝柯贸易及德国帝柯成为吉冈精密的全资孙公司,并纳入合并报表,进一步增强公司在全球市场的布局和产业协同效应。

(一) 评估与定价情况

本次交易采用模拟合并方式进行评估。由于三家标的公司在业务模式上高度关联,分别承担生产、贸易及销售职能,形成完整的供应链体系,因此采用模拟合并评估方式,能够有效消除关联交易的影响,精准反映收购完成后的整体价值,并为投资决策提供更具参考价值的财务数据。

截至 2023 年 12 月 31 日,三家标的公司(以下简称"帝柯公司")资产总额为 6 449.54 万元,净资产为 5 157.49 万元。帝柯公司 2023 年度营业收入和净利润分别为 5 689.35 万元、953.10 万元。本次交易的评估基准日为 2023 年 12

月31日,以收益法核算的评估基准日标的公司股东全部权益评估价值7 900万元为基础,经交易双方协商一致,共同确定公司收购标的3家公司100%股权的价格合计为7 650万元,其中,帝柯精密100%股权的价格为6 400万元、帝柯贸易100%股权的价格为1 000万元、德国帝柯100%股权的价格为250万元。

(二) 价款支付方式

本次收购方式为全额现金收购,其中100万元作为保证金,于股权转让协议签订并生效之日起两年内支付。剩余款项共计人民币7 550万元,在吉冈精密完成境外投资核准备案("ODI备案")后,于双方同意的银行开立吉冈维尔京名义下非居民账户("NRA账户"),作为银行监管账户并向该账户存入全部款项。帝柯国际、吉冈维尔京和NRA账户开户行共同签署客户资金托管协议,授权NRA账户开户行在收到完整文件时向帝柯国际指定银行账户释放所有监管款项。

四、案例评论

(一) 业绩增厚,增强持续盈利能力

木次收购完成后,吉冈精密的业务规模和盈利能力得到显著提升。2023年,帝柯公司实现营收5 689.35万元,净利润953.10万元,其中净利润已占吉冈精密2023年净利润(4 269.41万元)的22%,对整体业绩形成有力支撑。此外,从估值角度来看,本次收购对应的市盈率仅约8倍,远低于北交所汽车零部件板块普遍13—40倍的行业估值水平,彰显了本次收购的极高性价比。因此,本次交易不仅能为吉冈精密带来稳定的利润贡献,也为公司未来资本市场的价值提升奠定了坚实基础。

(二) 突破市场短板,加速全球供应链布局

吉冈精密长期以来主要服务于国内市场,产品已广泛应用于比亚迪、蔚来、华为、红旗、吉利等新能源车型,但在欧洲主流车企的市场份额较低,缺乏直接的市场渠道。相比之下,帝柯公司深耕欧洲汽车零部件市场,已建立稳定的客户群和技术团队,具备成熟的市场基础,在全球供应链体系中扮演着重要角色。其三家公司分别承担生产制造(帝柯精密)、国际贸易(帝柯贸易)及海外客户销售(德国帝柯)的职能,形成完整的全球业务链条。吉冈精密此次并购三家公司后,能够直接掌控上游生产、中游贸易和下游市场,减少供应链中间环节,提高

运营效率。

通过此次收购,吉冈精密可借助帝柯公司现有的客户资源和供应链网络,大幅缩短进入欧洲市场的时间周期,快速提升全球化竞争力,推动公司从区域性供应商向国际化企业迈进。此外,整合后的全球供应链布局显著提升吉冈精密的抗风险能力,使其在复杂多变的国际市场环境中保持竞争优势,进一步增强公司业绩的稳定性和可持续增长能力。

(三) 发挥协同效应,增强核心竞争力

吉冈精密与帝柯公司均深耕汽车零部件及电动工具零部件领域,二者在产品技术、生产工艺、市场拓展及供应链管理等方面具有高度协同效应。近年来,随着行业竞争加剧,市场已形成充分竞争格局,行业产能向头部企业集中的趋势愈发明显。在此背景下,企业若无法快速扩大规模和提升竞争力,将面临被市场淘汰的风险。

对于吉冈精密而言,本次收购是实现跨越式发展的关键一步。公司通过自身经营积累虽能稳步增长,但在竞争激烈的市场环境下,单纯依靠内生增长已难以迅速扩大市场份额。本次收购助力吉冈精密直接切入欧洲汽车零部件市场,提升海外业务占比,优化国际化布局,从而增强市场竞争力。对于帝柯公司而言,其进一步扩张同样需要强大的资源支持和资本投入,但受限于融资渠道有限、战略资源不足等不利因素,单凭自身力量难以快速扩大市场优势。在并入吉冈精密后,帝柯公司能获得更充足的资金支持、更广阔的市场渠道及更强大的技术协同,从而进一步提升产品竞争力和市场覆盖范围。

此外,上市公司与帝柯公司处于同一行业,在技术研发、机器生产加工等方面存在诸多共性,双方具有较强的资源整合基础。本次交易有利于促进行业整合,充分发挥上市公司与标的公司的协同效应,推动上市公司的做强做大。

(四) 顺应行业趋势,把握新能源市场机遇

近年来,新能源汽车与电动工具行业快速增长,为相关零部件制造企业带来了广阔的发展空间。随着全球电驱动、智能网联化的加速推进,汽车零部件行业正迎来新一轮的产业升级,市场对高精密零部件、轻量化材料及高效能零部件的需求持续增长。未来,汽车零部件市场势必将面临更为激烈的竞争,产品技术含量较低以及规模效应较差的中小企业可能被加速淘汰出局,行业分化将进一步加剧,行业集中度有望得到持续提高。同时,电动工具作为国际化消

费品,市场需求长期稳定,行业保持稳定增长趋势。根据中金企信统计数据,
2020—2027 年全球电动工具市场将保持 4.20% 的年均复合增长率,到 2027 年
将达到 409 亿美元左右。

　　帝柯公司主营业务涵盖汽车零部件及电动工具零部件,其产品技术路线与
吉冈精密高度契合,契合全球汽车产业及电动工具行业的发展方向。通过本次
收购,吉冈精密能够优化产品结构,提升产品技术含量,从传统制造向智能化、
高附加值产品方向升级,进一步增强市场竞争力。在行业快速扩张的大背景
下,本次收购为吉冈精密的长期增长奠定了坚实基础。

五、市场表现(836720)

　　吉冈精密交易前后股价变动情况如图 19 所示。

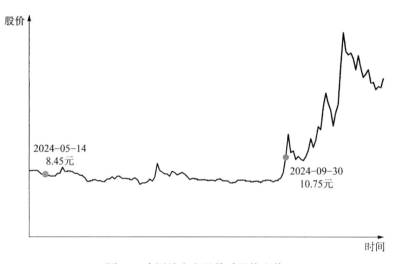

图19　吉冈精密交易前后股价走势

300927

江天化学：
地板价并购，捡漏国内 SAP 龙头

一、收购相关方简介

（一）收购方：南通江天化学股份有限公司

南通江天化学股份有限公司(以下简称"江天化学")的前身为南通江天化学品有限公司(以下简称"江天有限")。江天有限由南通江山农药化工股份有限公司与南通天生港电力投资服务有限公司于 1999 年 9 月共同出资设立，并于 2014 年 8 月整体变更设立江天化学。2021 年 1 月 7 日，江天化学于深圳证券交易所成功挂牌上市(股票代码：300927.SZ)，上市时资本市场尚无与江天化学产品结构相同的公司，因此江天化学一登陆 A 股就受到资本热捧，引起证券市场的广泛关注。江天化学背后资本强劲，实际控制人南通市人民政府国有资产监督管理委员会(以下简称"南通市国资委")直接或间接持有江天化学54.59%的股份，控股股东为南通产业控股集团有限公司(以下简称"产控集团")，稳定的国资背景为公司发展提供了有力的支持。江天化学股权结构如图20 所示。

江天化学主营业务是以甲醇下游深加工为产业链的高端专用精细化学品的研发、生产和销售，专注颗粒多聚甲醛核心业务。历经多年探索实践，江天化学依托优秀稳定的研发团队、先进的科研设备、良好的协作机制，为客户提供化学品定制及满足市场需求的客户解决方案。凭借技术优势和产品质量，江天化学在中高端及大型客户中树立了良好的品牌形象，赢得了市场的高度认可。在研发生产时，江天化学高度重视环境保护和安全生产，获得了"安全生产标准化二级企业"、"江苏省节水型企业"、南通市环境信用评级"绿色等级企业"等多项

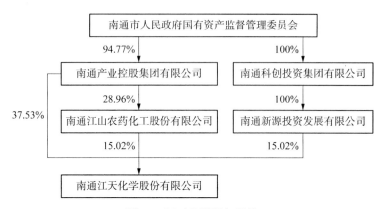

图 20　江天化学股权结构

资质及称号。在市场方面,江天化学与众多国内外知名企业建立了长期稳定的合作关系,客户群体涵盖化工、医药、农药等多个行业,在甲醇下游深加工高端专用精细化学品领域占据了一定的市场份额。

(二) 收购标的:三大雅精细化学品(南通)有限公司

三大雅精细化学品(南通)有限公司(以下简称"三大雅")成立于 2003 年 6 月 24 日,三大雅的控股股东为 SDP Global Co., Ltd. (以下简称"SDP"),实际控制人为三洋化成工业株式会社(以下简称"三洋化成")。三洋化成是日本东京证券交易所挂牌的上市公司(股票代码:4471. T),通过 SDP 控制三大雅 100%的股权。本次交易前,三大雅的股权结构如图 21 所示。

图 21　本次交易前三大雅股权结构

三大雅专注于高吸水性树脂(以下简称"SAP")的生产和销售,是国内最早一批生产 SAP 的领先企业,在该领域积累了深厚的行业经验。SAP 主要应用于吸收性卫生用品领域,如婴儿纸尿裤等,凭借良好的吸水和保水性能,为这些产品提供了关键的功能性支持。同时,SAP 还可用于土壤保水、光缆阻水、食品保鲜等其他领域,应用范围较为广泛。三大雅承继了三洋化成在 SAP 领域的生产工艺技术,经过近 50 年的持续深耕,在生产工艺、生产装备层面、技术配方等方面均形成了核心技术,具备较强的技术优势。凭借稳定且优秀的产品质量和性能,三大雅长期与国内外知名企业如恒安、金佰利、花王等保持良好且稳固的合作关系。

但近年来,三大雅业绩波动较大,继 2022 年和 2023 年连续两年亏损之后,2024 年上半年,三大雅实现净利润 190.78 万元。三大雅面临着诸多经营挑战,且三洋化成决定退出 SAP 业务,这为江天化学的收购创造了条件。

二、收购事件一览

● 2024 年 3 月 25 日,江天化学发布关于筹划重大资产重组的提示性公告。

● 2024 年 9 月 28 日,江天化学召开第四届董事会第九次会议,审议通过本次重大资产重组预案及相关议案,并与本次交易对方 SDP 签署了股权转让协议。同日,江天化学披露了《南通江天化学股份有限公司重大资产购买报告书(草案)》等相关公告。

● 2024 年 10 月 16 日,江天化学召开第四届董事会第十次会议,审议通过了《关于〈南通江天化学股份有限公司重大资产购买报告书(草案)(修订稿)〉及其摘要的议案》等相关议案。同日,江天化学发布《关于重大资产购买报告书(草案)的修订说明》,对标的公司三大雅进行了加期审计。

● 2024 年 10 月 21 日,江天化学收到深圳证券交易所出具的《关于对南通江天化学股份有限公司的重组问询函》。

● 2024 年 11 月 5 日,江天化学发布《南通江天化学股份有限公司对深圳证券交易所〈关于对南通江天化学股份有限公司的重组问询函〉的回复》,对问询函所述的问题进行了逐项落实核查并回复。

● 2024 年 12 月 4 日,江天化学召开 2024 年第三次临时股东大会,审议通过关于公司进行重大资产重组的议案。

● 2024 年 12 月 16 日,江天化学发布关于全资子公司完成工商变更事项的公告,三大雅成为江天化学的全资子公司。

三、收购方案

（一）本次交易方案概述

本次交易方案为江天化学以现金方式向 SDP 收购三大雅 100％的股权。本次交易完成后,三大雅的实际控制人由三洋化成变更为南通市国资委,三大雅将成为江天化学的全资子公司,并纳入合并报表范围。本次交易构成重大资产重组,不构成关联交易,不构成重组上市。

（二）交易价格

本次交易中,上海东洲资产评估有限公司采用资产基础法结合快速变现系数对被评估单位三大雅的清算价值进行评定、估算,以 2024 年 3 月 31 日为评估基准日,标的公司三大雅的所有者权益账面值为 55 762.61 万元,评估值为 28 838.52 万元,评估减值 26 924.09 万元,减值率 48.28％。其中,参考 2023 年度以来国内 A 股上市公司重整计划实施完毕的平均折扣率作为本次评估的快速变现系数。基于评估机构出具并经国有资产监督管理部门核准的资产评估值,经并购双方协商一致,最终确认目标股权的交易价款总金额为 28 500 万元人民币。

四、案例评论

（一）清算价值五折定价,负商誉增加营业外收入

江天化学收购三大雅的交易定价具有特殊性,采用资产基础法结合快速变现系数对被评估单位清算价值进行评定、估算。以 2024 年 3 月 31 日为评估基准日,最终收购价格 2.85 亿元,较三大雅所有者权益账面值 5.58 亿元折价近 50％。采用清算价值定价,收购价格极低的背后存在诸多因素。从三大雅自身情况来看,2021 年 3 月收到改造搬迁通知,存在较大搬迁风险,生产经营的不确定性增加。同时,三大雅股东三洋化成基于战略调整,决定退出 SAP 业务,出售意愿强烈,这些因素使得其估值有所下降。

从财务角度看,此次收购形成了约 2.70 亿元的负商誉,即合并成本小于被购买方可辨认净资产公允价值的差额,这直接计入江天化学合并当期损益,大幅增加营业外收入。这一结果给江天化学带来了短期的财务利好,使得净利润在原本基础上实现较大幅度提升,对资产负债表和利润表产生积极影响。

不过,这种看似"捡漏"的交易也暗藏风险。这种收益是一次性的,并不能

完全代表公司长期的盈利能力提升,虽然短期内改善财务报表,但江天化学需全面考量后续潜在问题。其一,要充分考虑三大雅后续可能面临的额外搬迁成本,如搬迁费用、停产损失等;其二,三大雅此前存在一些经营问题,如大客户依赖严重、毛利率较低等,这些问题可能在收购后延续,影响江天化学的整体运营;其三,需关注这种定价方式可能带来的市场质疑,如是否存在隐藏风险未被充分评估等。如果后续业务整合过程中出现问题,可能会对江天化学的财务状况和市场形象造成负面影响。因此,江天化学在享受负商誉带来的短期财务红利时,必须谨慎应对潜在风险,做好充分的风险预案和整合规划。

(二) 拓宽下游应用领域,产业链协同增效

江天化学专注于甲醇下游深加工的高端专用精细化学品领域,产品主要面向工业市场,应用于合成树脂、胶粘剂等行业。而三大雅主要从事 SAP 生产销售,产品集中于吸收性卫生用品等民用消费型化学品领域。此次收购后,江天化学新增 SAP 业务,成功进入民用消费型化学品市场,极大拓宽了下游应用领域,为江天化学的发展开辟了协同发展新格局。

在采购方面,江天化学与三大雅在基础化工行业拥有共同的原材料供应商,可通过规模采购的价格优势,有效降低生产成本,并且江天化学可作为上游企业为三大雅配套生产原材料精丙烯酸。双方充分发挥产业链协同效应,推进强链延链补链。在市场方面,江天化学在工业领域积累了大量中高端及大型客户资源,拥有成熟的销售渠道,三大雅在民用消费市场,尤其是吸收性卫生用品市场,拥有坚实的客户基础和市场份额。双方销售渠道的融合,将提高产品的市场覆盖率,增强品牌在不同市场领域的影响力。在技术方面,江天化学和三大雅分别在甲醇下游深加工领域和 SAP 生产领域优势明显,拥有先进工艺和精细管理能力,双方通过技术协同,提升研发生产效率和产品质量。

江天化学致力于构建"一体两翼"发展战略,即以"专精特新"为主体,以工业消费型化学品和民用消费型化学品为两翼。此次收购高度契合江天化学的发展战略,有助于江天化学加快实现"做优做强精细化工产业,实现多产品营销策略,一体化延伸产业链"的既定发展目标,提升综合竞争力。

(三) 丰富产品结构,挽救业绩下滑颓势

近年来,江天化学业绩波动较大,2024 年上半年营业收入和净利润分别为 35 233.62 万元、2 510.30 万元,同比下降 2.22%、36.08%,呈现双双下滑的颓势。江天化学业绩下滑主要缘于多聚甲醛销售价格下降,市场需求不振,下游传统行业如农药、树脂等需求出现不同程度下降,且国内同类产品市场投放量增加,竞争加剧,利润空间被进一步压缩。为应对挑战,江天化学积极寻求新的业务增长点,此次收购三大雅正是完善业务版图、丰富产品结构、挽救业绩下滑颓势的关键战略举措。

江天化学收购三大雅后,可直接获取高吸水性树脂生产的关键技术和知识产权,提升自身在化工新材料领域的技术水平。通过快速切入 SAP 市场,江天化学能够开拓新的收入来源渠道,降低对单一产品的依赖程度,增厚盈利能力,有效分散市场风险。据 Fortune Business Insights 数据,2023 年全球高吸水性树脂市场规模达到 110.30 亿美元,预计 2032 年将增长至 209.40 亿美元,年均复合增长率达 7.40%。从长期来看,随着产品结构的不断丰富和市场份额的逐步扩大,江天化学有望摆脱业绩下滑的困境,实现业绩的稳步增长。

根据信永中和出具的"备考审阅报告",本次交易完成之后,江天化学资产总额、归属于母公司股东的净资产显著上升,营业收入水平大幅提高,抗风险能力及可持续经营能力进一步提高。具体来看,江天化学 2024 年 6 月末的资产总额由交易前的 12.67 亿元增长至 19.63 亿元,归属于母公司股东权益从 6.92 亿元增长至 9.77 亿元,营业收入从 3.52 亿元增长至 8.28 亿元。

五、市场表现(300927)

江天化学交易前后股价变动情况如图 22 所示。

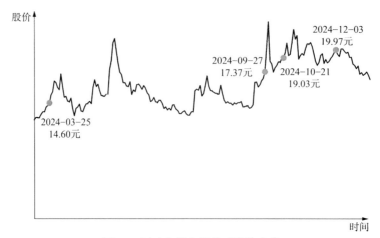

图 22　江天化学交易前后股价走势

002252

上海莱士：
莱士入"海"，并购双方优势协同

一、收购相关方简介

(一) 收购方：海尔集团公司

1984 年，青岛电冰箱总厂与德国利勃海尔签约，引进生产线，开启了"名牌战略"。1991 年海尔集团公司(以下简称"海尔集团")成立，随后在 1993 年成功上市(股票代码：600690.SH)。通过上市及兼并收购，海尔集团将业务拓展至电冰柜、空调等家电领域，构建了多元化产业格局。1999 年，海尔集团在美国设厂，正式进军国际市场；2018 年，海尔 D 股在德国上市，提升了在国际资本市场的影响力。

目前，海尔集团业务广泛覆盖智慧住居、大健康和产业互联网三大板块。在智慧住居领域，旗下的海尔、卡萨帝等品牌，凭借智能互联技术，实现了家电设备的互联互通。三翼鸟场景品牌整合了全屋智能系统，从厨房烹饪到卧室睡眠，为用户打造全场景智能生活体验。在大健康板块，盈康一生产业生态整合先进医疗设备与数字化健康管理平台，在生命科学前沿研究、临床医学精准治疗等领域深度布局，提供从疾病预防到康复护理的全流程健康管理服务。在产业互联网方面，卡奥斯工业互联网平台以大数据、人工智能为驱动，为企业提供供应链协同、智能制造等解决方案，助力传统产业实现智能化升级与数字化转型。

海尔集团凭借产品与服务获多项荣誉，连续 6 年蝉联"凯度 BrandZ 最具价值全球品牌 100 强"物联网生态品牌称号，连续 15 年位居"欧睿国际全球大型家电品牌零售量"榜首，海尔智家入选《财富》世界 500 强。海尔集团在全球设立10大研发中心、35个工业园,业务覆盖200多个国家和地区,服务10亿用户家庭,在全球商业领域占据重要地位。

(二) 收购标的:上海莱士血液制品股份有限公司

上海莱士血液制品股份有限公司(以下简称"上海莱士")位于上海市,1988年由上海生物制品研究所和美国稀有抗体抗原供应公司合资成立,是国内首家专注于血液制品的生产企业。截至目前,海尔集团持有上海莱士约20％的股权,并受让6.58％股份对应的表决权,为上海莱士的实际控制人。本次交易前,上海莱士的主要股权结构如表7所示。

表7　本次交易前上海莱士股权结构

股东名称	持股比例
Grifols, S. A.	26.58％
中国信达资产管理股份有限公司	4.20％
华宝信托有限责任公司	4.03％
中国中信金融资产管理股份有限公司	3.70％
RAAS China Limited	3.55％
香港中央结算有限公司	2.75％
华鑫国际信托有限公司	2.10％

上海莱士是国内领先的血液制品生产和销售企业,拥有从血液采集到血液制品生产的完整产业链。上海莱士产品涵盖人血白蛋白、静注人免疫球蛋白、凝血因子类产品等多个品类,广泛应用于临床治疗和预防。其生产的血液制品在国内各大医疗机构广泛使用,并且在东南亚、中东等地区也有一定的市场份额。上海莱士具备多年的血液制品研发和生产经验,拥有先进的生产工艺和严格的质量控制体系。上海莱士通过自主研发和技术引进,不断提升产品质量和生产效率。其血液制品的生产过程严格遵循国际标准,确保每一批产品的安全性和有效性,凭借优质的产品和专业的服务在行业内树立了良好的口碑。

(三) 关联控股方:海盈康(青岛)医疗科技有限公司、青岛海有蓝控股有限公司

1. 海盈康(青岛)医疗科技有限公司

海盈康(青岛)医疗科技有限公司(以下简称"青岛海盈康")于2024年1月

11 日成立,注册地位于山东省青岛市高新区汇智桥路 151 号 3 号楼 902 - 29,法定代表人为龚雯雯,注册资本达 60 亿元。从股权关系上看,青岛海盈康是海尔集团的全资孙公司。

起初,青岛海有蓝控股有限公司(以下简称"青岛海有蓝)对其 100％持股。2024 年 4 月 25 日,出于整体业务规划考虑,青岛海有蓝将持有的青岛海盈康 75.00％股权转让给青岛海盈控股有限公司(以下简称"青岛海盈"),而青岛海盈由海尔集团(青岛)金盈控股有限公司 100％持股。在海尔集团收购上海莱士股权的战略布局中,海盈康发挥关键作用,以 125 亿元收购上海莱士 20％股份,成为上海莱士控股股东,助力海尔集团成功入主,实现对上海莱士的实际控制。

2. 青岛海有蓝控股有限公司

青岛海有蓝成立于 2024 年 1 月 11 日,注册地在山东省青岛市崂山区海尔路 1 号海尔创牌中心,法定代表人为邢凤霞,注册资本 15 亿元,由海尔集团公司全资持股,属于有限责任公司(非自然人投资或控股的法人独资)。

在海尔集团对上海莱士的收购行动中,青岛海有蓝起初扮演重要角色,100％控股青岛海盈康,后续为配合整体业务规划,将海盈康 75％股权转让给青岛海盈。尽管股权有所变动,但整个过程都紧密围绕海尔集团在大健康产业的战略布局展开。

二、收购事件一览

⦿ 2023 年 12 月 29 日,海尔集团与上海莱士原控股股东基立福签署战略合作及股份购买协议,拟收购其持有的上海莱士 20％股份,同时基立福将剩余约 6.58％股份对应的表决权委托给海尔集团或其指定关联方行使。

⦿ 2024 年 1 月 11 日,海盈康(青岛)医疗科技有限公司成立,后续被指定为此次收购的关联方。

⦿ 2024 年 4 月 25 日,出于整体业务规划考虑,海盈康控股股东变更,青岛海有蓝将其持有的海盈康 75％股权转让给青岛海盈控股有限公司。

⦿ 2024 年 6 月 18 日,海盈康完成受让基立福持有的上海莱士 13.29 亿股股份的过户登记手续。

⦿ 2024 年 12 月 20 日,海尔生物与上海莱士签订吸收合并意向协议,海尔生物拟通过向上海莱士全体股东发行 A 股股票的方式换股吸收合并上海莱士并发行 A 股股票募集配套资金。

三、收购方案

(一) 战略入股成为控股股东

2023 年 12 月 29 日,海尔集团与上海莱士原控股股东 Grifols, S. A. (以下简称"基立福")签署战略合作及股份购买协议,海尔集团或其指定关联方以 125 亿元协议收购基立福持有的上海莱士 13.29 亿股股份(占总股本 20%)。同时,基立福为确保平稳过渡与战略协同,将其持有的剩余 6.58% 股份对应的表决权委托给海尔集团或其指定关联方行使。这一表决权委托使得海尔集团在上海莱士的决策层面拥有了更大的话语权,也为后续的资源整合与战略推进奠定了坚实基础。

2024 年 1 月 11 日青岛海盈康公司成立,后续被指定为收购关联方推进收购事宜。随后青岛海盈康完成受让股份的过户登记手续。2024 年 7 月 29 日,上海莱士完成董事会换届选举,海盈康控制董事会过半数董事席位,海尔集团成为控股股东,实际控制人变更为海尔集团。

(二) 换股吸收合并上海莱士

2024 年 12 月 20 日,同属海尔大健康旗下"盈康一生"板块的海尔生物与上海莱士,基于对大健康产业未来发展趋势的共同判断,以及对资源整合、协同发展的强烈需求,签订了吸收合并意向协议。根据这份意向协议,海尔生物通过向上海莱士全体股东发行 A 股股票的方式,实施换股吸收合并上海莱士。同时,为了满足合并后的业务发展需求和资金支持,海尔生物还同步发行 A 股股票募集配套资金。

然而,由于本次交易涉及两家上市公司的复杂股权结构、不同业务板块的整合难题以及证券市场的严格监管要求,交易结构极为复杂。在短短半个月的时间里,尽管双方团队全力投入,积极与各方进行沟通协商,但仍然未能形成一套能够获得相关各方一致认可的具体方案。经过审慎的评估与深入的协商,双方最终共同公告决定终止筹划本次重大资产重组事项。虽然此次吸收合并计划未能如期推进,但不影响并购交易与实控人变更,也并不影响海尔生物与上海莱士在大健康领域的持续探索与发展。

四、案例评论

（一）整合多元资源，达成协同增效新高度

海尔集团旗下盈康一生产业生态在大健康领域拥有显著的资源与技术优势。在医疗设备板块，海尔生物的低温存储技术达到行业领先水平，其超低温冰箱的温度均匀性控制在±2℃以内，远高于行业平均的±5℃标准，医用冷藏箱的温度稳定性也具备明显优势，这使得产品在医疗科研机构和医院的市场占有率持续上升。上海莱士作为血液制品行业头部企业，拥有完备的血液制品生产体系，从血浆采集、检测到各类制品生产，工艺成熟。2023 年，上海莱士在国内血液制品市场份额达 18％，产品涵盖人血白蛋白、静注人免疫球蛋白等多个品类。

收购完成后，海尔集团强大的供应链管理体系有助于优化上海莱士的原材料采购流程。以血浆采集为例，海尔的数字化供应链管理系统可实现对血浆采集点的高效调度与监控，减少运输损耗，预计可降低 15％的采购成本。研发层面，双方整合技术资源，运用海尔集团的物联网技术，开发具备实时质量监测功能的血液制品生产设备，实现对血液制品生产过程中关键参数的实时监控与调整，提升产品质量稳定性，推动整体运营效率提升。

（二）开拓国内外市场，全方位提升品牌影响力

在国内市场，上海莱士经过多年发展，销售网络覆盖全国 85％以上的三甲医院。海尔集团收购上海莱士后，基于上海莱士的医疗渠道，将自身大健康业务中的智慧康养服务、医疗信息化解决方案等融入医疗机构。海尔集团的智慧病房解决方案采用 5G 通信技术，实现医疗设备数据的实时传输与分析，可提升医护工作效率 30％。同时，上海莱士借助海尔集团的物联网技术，对产品进行智能化升级，通过在制品中植入电子标签，结合智能仓储管理系统，实现产品的精准配送和库存管理，库存周转率预计可提升 20％，有效降低库存成本。

国际市场上，海尔集团已在全球 160 多个国家和地区设立销售网络，品牌知名度高。上海莱士目前产品主要出口到东南亚、中东等地区，市场份额相对有限。海尔集团的国际资源可助力上海莱士进入欧美市场。欧美市场对血液制品的质量和安全性要求极高，海尔集团在欧洲设立的研发中心，可结合当地

法规和市场需求,与上海莱士共同开展产品研发与认证工作,推动上海莱士产品进入欧洲市场,提升国际影响力。

(三) 完善大健康布局,深度推进多元化发展

海尔集团在大健康领域此前已布局医疗设备、智慧康养等业务。在医疗设备方面,海尔的高端医学影像设备不断突破技术瓶颈,如自主研发的超导磁共振成像系统(MRI),其成像分辨率达到 0. 15 mm,接近国际先进水平,逐步打破国外品牌在高端医学影像设备市场的垄断。智慧康养领域,海尔打造的智慧养老社区运用大数据分析技术,为老年人提供个性化健康管理方案。在收购上海莱士后,海尔集团在大健康领域的产业链延伸至血液制品关键环节。

在医疗产业体系中,血液制品行业占据着极为关键的地位。随着全球人口老龄化进程的不断加速,以及医疗技术水平的持续提升,临床对于血液制品的需求呈现出迅猛增长的态势。过去五年间,该行业市场规模以年均8%的复合增长率稳步扩张。这主要得益于血液制品在多种疾病治疗中不可替代的作用,如人血白蛋白用于补充人体蛋白质、维持胶体渗透压,在烧伤、肝硬化等病症治疗中得到广泛应用;静注人免疫球蛋白则对增强人体免疫力、治疗免疫缺陷疾病效果显著。另外,由于血液制品生产需严格遵循复杂的血浆采集、检测及生产流程,技术壁垒极高,新进入者难以在短期内形成规模与竞争力,这使得行业内现有企业拥有相对稳定的市场地位与盈利空间,展现出极高的并购价值。

海尔集团进入该领域,完善了大健康产业布局,分散了业务风险,增强了抗风险能力。通过整合各方资源,逐步打造了涵盖医疗设备、血液制品、智慧康养等多领域的综合健康服务体系,也提升了市场竞争力,满足了市场对健康产品与服务的多元化需求。

五、市场表现(002252)

上海莱士前后股价变动情况如图 23 所示。

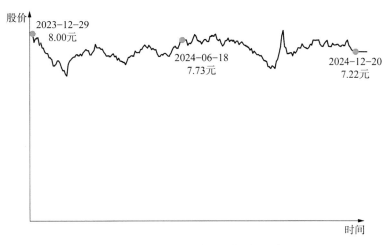

图 23　上海莱士交易前后股价走势

300319

麦捷科技：
并购供应商，降本增效

一、收购相关方简介

(一) 收购方:深圳市麦捷微电子科技股份有限公司

深圳市麦捷微电子科技股份有限公司(以下简称"麦捷科技")成立于 2001 年,总部位于广东省深圳市。麦捷科技于 2012 年 5 月成功在创业板挂牌上市(股票代码:300319.SZ)。麦捷科技是中国高端电子元器件的核心供应商,自创立以来,依托由博士、硕士组成的高层次技术团队,深耕电子元器件研发制造二十余载。

麦捷科技的经营范围包括研发、生产及销售功率电感、滤波器及射频元器件等电子元器件。此类产品在设计、制造上均具有极高的精密性。

麦捷科技作为国内功率电感头部供应商,产品种类、出货规模均处于国内行业领先地位。功率电感作为电子元件的重要组成部分之一,在通信电子、消费电子、汽车电子等领域扮演着关键角色。近年来,随着新能源汽车等新兴产业迅速崛起,我国功率电感市场呈现高速增长态势。2024 年我国功率电感市场规模突破 200 亿元人民币,年均复合增长率超过 15%。随着 5G、物联网、人工智能等新兴技术的不断突破,市场对功率电感产品的性能和可靠性具有更高要求。麦捷科技目前生产各类型的功率电感,在国内外有着众多竞争对手,如表 8 所示。

表 8　麦捷科技主要功率电感产品及国内外主要厂商

产品	特点	国内外主要厂商
一体成型功率电感	产品具有小尺寸、高性能的特点,广泛应用于通信系统、消费电子等领域	TDK Murata

(续表)

产品	特点	国内外主要厂商
绕线功率电感	高精度电感的主力产品	ishay 村田 顺络电子
叠层片式功率电感	产能大幅扩充,覆盖标准规格	
TLVR 大电流电感	专为服务器领域设计,广泛应用于 5G 基站、数据中心等领域	

滤波器作为射频前端的核心器件之一,主要作用是发射及接收信号滤波,使信号以特定的频率成分通过,同时降低异频信号的干扰。滤波器的应用场景广泛,主要应用于智能手机、基建站和物联网领域。麦捷科技作为国内滤波器行业的第一梯队企业,仍与在该行业处于垄断地位的美国、日本企业存在一定差距。现阶段行业壁垒高,技术突破难度极大。麦捷科技目前生产各类型的滤波器,如表 9 所示。

表 9　麦捷科技主要滤波器产品及国内外主要厂商

产品	特点	国内外主要厂商
LTCC 滤波器 (低温共烧陶瓷滤波器)	基于低温共烧陶瓷技术的多层结构,由若干电感器、电容器集成,可靠性强、抗电磁干扰强,不必另加封装	村田 TDK 太阳诱电 博通 Qorvo Skyworks 中电 26 所 天津诺思 无锡好达
SAW 滤波器 (声表面波滤波器)	设计灵活性大,制作的器件体积小、重量轻、主要用于低频段场景	
BAW 滤波器 (体声波滤波器)	与 SAW 相比同样采取半导体工艺,基本原理相同,采用声波垂直传播,更有效地捕捉高频段场景	

麦捷科技除了具备强大的研发能力外,还不断收购产业链相关企业,扩大业务版图。2014 年,麦捷科技通过发行股份及支付现金相结合的方式收购 LCM 模组生产商星源电子科技(深圳)有限公司(以下简称“星源电子”)100％的股权,交易作价为 86 000 万元,其中麦捷科技以发行股份的方式支付 5.92 亿元,以现金支付 2.68 亿元。2017 年,麦捷科技以现金 22 680 万元收购成都金之川电子有限公司(以下简称“金之川”)67.50％的股权。金之川拥有多年高端磁性元件的设计制造经验,主营业务包括生产加工各类片式、定制变压器和电感。通过多次收购,麦捷科技成功构建从基础元器件到模组系统的完整

产业链。

作为高端电子元器件解决方案提供商,麦捷科技凭借着全流程自主可控的制造体系,产品矩阵覆盖5G通信、新能源汽车、物联网等前沿领域。麦捷科技现已与众多国内一流企业建立了长期稳定的合作关系,包括OPPO、VIVO、联想、华为、小米、TCL、海信等。

(二) 收购标的:惠州市安可远磁性器件有限公司

惠州市安可远磁性器件有限公司(以下简称"惠州安可远")自2011年11月成立以来,累计投资超1亿元人民币,现已成功通过国家级高新技术企业、省级专精特新中小企业资质认证。惠州安可远专注于高性能金属磁粉芯研发制造,2023年年产能最高可达到8 000吨。惠州安可远在新能源(光伏逆变器、新能源汽车电驱系统)、数字基建(5G基站电源、服务器电源)、智能终端(户外储能设备、变频家电)三大领域实现规模化运用,服务客户包括海尔、VIVO、小米、上汽集团、阳光电源等各行业国内一流企业。

麦捷科技通过发行股份及支付现金的方式购买惠州安可远100%的股权,实现了对收购标的完全控制。麦捷科技成功地将产业链向上游延伸,降低了生产过程中的原材料采购成本,有效提升麦捷科技的经营能力和产业协同价值。

二、收购事件一览

● 2023年6月13日,麦捷科技发布关于筹划发行股份及支付现金购买资产并募集配套资金事项的停牌公告。

● 2023年6月27日,麦捷科技召开第六届董事会第三次会议、第六届监事会第三次会议,审议通过关于公司发行股份及支付现金购买资产并募集配套资金方案的议案等与本次交易相关的议案。

● 2023年6月28日,麦捷科技股票于开市起复牌。

● 2023年7月27日,麦捷科技披露关于发行股份及支付现金购买资产并募集配套资金的进展公告。

● 2023年11月23日,麦捷科技召开第六届董事会第八次会议,审议通过第一次调整后的交易方案,并披露《关于深圳市麦捷微电子科技股份有限公司发行股份及支付现金购买资产并募集配套资金符合相关法律法规的议案》。

◈ 2024 年 1 月 7 日,麦捷科技发布关于发行股份及支付现金购买资产并募集配套资金申请获得深圳证券交易所受理的公告。

◈ 2024 年 7 月 1 日,麦捷科技发布关于收到深圳证券交易所中止审核公司发行股份及支付现金购买资产并募集配套资金项目通知的公告,因公司本次交易申请文件中记载的财务资料已过有效期,需要补充提交。

◈ 2024 年 7 月 21 日,麦捷科技召开第六届董事会第十五次会议、第六届监事会第十四次会议,审议通过第二次调整后的交易方案,并披露关于公司发行股份及支付现金购买资产并募集配套资金报告书(修订稿)等与本次交易相关的议案。

◈ 2024 年 10 月 15 日,麦捷科技再次召开第六届董事会第十七次会议、第六届监事会第十六次会议,审议通过第三次调整后的交易方案,并披露关于公司发行股份及支付现金购买资产并募集配套资金报告书(修订稿)等与本次交易相关的议案。

◈ 2024 年 11 月 7 日,麦捷科技发布关于公司发行股份及支付现金购买资产并募集配套资金事项获得深圳证券交易所并购重组审核委员会审核通过的公告。

三、收购方案

本次收购方案主要包括四个部分。

一是根据深圳市鹏信资产评估土地房地产评估有限公司(以下简称"鹏信评估")出具的资产评估报告,截至评估基准日 2024 年 3 月 31 日,惠州安可远全部股东权益的评估价值为 11 340 万元。麦捷科技以 11 300 万元人民币的价格购买惠州安可远 100%的股权,实现对收购标的完全控制。

二是麦捷科技按照 8.50 元/股(除息后 8.41 元/股)的发行价格,总共发行 12 057 070 股。除此以外,麦捷科技还对拥有惠州安可远持续权益达到或超过 12 个月的交易对方(张国庭等)提出了锁定期安排。张国庭等人在取得股份自本次发行结束之日起 12 个月内不得转让。

三是麦捷科技除了向张国庭现金支付 4 520 万元人民币外,其余均以股份对价的形式进行支付,并按照 40%现金、60%股份支付的形式,具体如表 10 所示。

表10　麦捷科技向交易对方支付方式明细

序号	交易对方	交易标的名称及比例	支付方式		总对价(元)
			现金对价(元)	股份对价(元)	
1	张国庭	73.1079%股权	45 200 000	37 411 927	82 611 927
2	李君	8.7039%股权	0	9 835 407	9 835 407
3	安可远投资	6.8376%股权	0	7 726 488	7 726 488
4	王理平	4.0205%股权	0	4 543 165	4 543 165
5	李庐易	3.6948%股权	0	4 175 124	4 175 124
6	刘国斌	3.1544%股权	0	3 564 472	3 564 472
7	谢国富	0.4809%股权	0	543 417	543 417
合计			45 200 000	67 800 000	113 000 000

四是麦捷科技向其他不超过35名特定投资者发行股份募集配套资金,金额不超过10 140万元。发行对象所认购的股份自发行结束之日起6个月不得转让。

四、案例评论

(一) 收购上游企业,实现降本增效

麦捷科技作为国内领先的电子元器件制造商,主要产品包括磁性元器件、射频元器件等。这些产品均对高性能磁性材料需求旺盛,尤其是合金磁粉芯,它们是电感、电子变压器不可或缺的关键基础材料。惠州安可远作为国内少数掌握金属磁粉芯规模化生产技术的企业,其8 000吨年产能可覆盖麦捷科技约70%的磁性材料需求。

麦捷科技通过本次收购,实现了关键原材料的自主化生产体系构建,有效减少了对供应商的依赖,并通过三个方面显著降低了电子元器件的制造成本。一是材料成本的压缩。惠州安可远极大程度上帮助麦捷科技减少了外购材料时中间商加价的不必要开支,使得磁性材料的采购单价降低22%,年节省成本约3 800万元。二是研发过程中的降费。双方通过共享"高频磁芯涡流损耗控制"等12项专利技术,将新产品开发周期从18个月缩短至13个月,相关基础

材料的研发费用率从 7.20％降至 5.80％。三是物流效率极大提升。惠州安可远生产基地与麦捷科技深圳总部直线距离仅 85 公里,原料运输时效从原来平均 72 小时压缩至 8 小时,仓储周转率提升 40％。

(二)股权绑定构建治理共同体,激发管理协同效应

经发行股份及支付现金购买资产并募集配套资金后,麦捷科技总股本从之前的 869 496 380 股增至 881 553 450 股。其中,惠州安可远原实控人张国庭通过交易获得 4 448 504 股,占总股本的 0.50％。该持股比例未对上市公司控股股东及实际控制权构成实质性影响。

本次收购在股权结构上的改变能够使惠州安可远的管理层参与到麦捷科技的治理体系,构建起跨企业的管理协同机制。安可远原实控人张国庭进入麦捷科技技术委员会,主导建立"磁性材料-元器件联合研发小组"。"车载高密度功率电感项目"即由双方团队联合攻关,产品损耗密度降低至 8.5 nH/mm^2,达到全球领先电子企业 TDK 的同级水平。除此之外,麦捷科技和安可远共同开展了"双导师制"人才计划,建立了"磁性材料-器件应用"的复合型人才认证体系。参加该计划的工程师通过 6 个月的轮岗,完成 12 项技能考核,最终获得两家公司共同颁发的技术认证,这种深度治理协同既能实现资源优势互补,更能重构人才价值网络。

(三)升级产业链关键环节,抵御外部风险

在本次收购前,麦捷科技磁粉芯供应商集中度达 65％。2022 年麦捷科技曾因某供应商设备故障导致延迟交付,直接损失订单超过 3 000 万元。收购完成后,麦捷科技建立了"双基地四产线"的磁粉芯供应体系,东莞基地专注常规品量产,惠州基地承接高附加值定制化订单。该供应体系帮助麦捷科技单月磁粉芯供应量突破 800 吨,同比提升 120％,且未发生一起断供事故。

与此同时,惠州安可远的磁粉芯研发能力与麦捷科技的器件设计能力形成技术互补。双方联合开发的"材料-器件协同设计平台",将磁粉芯的磁导率、损耗等参数直接导入电感仿真系统,使新产品开发周期缩短 30％。这种"一站式"服务使麦捷科技在 2024 年获得某车企价值 2.30 亿元的 800 V 电驱系统订单,较单纯器件供应商的竞标成功率提升 40％。根据测算,本次收购使麦捷科技磁性器件业务的产业链附加值提升至 58％,较并购前增加 19 个百分点。这一强链补链实践已被工信部列入"2024 年产业链协同创新典型案例"。

五、市场表现(300319)

麦捷科技交易前后股价变动情况如图 24 所示。

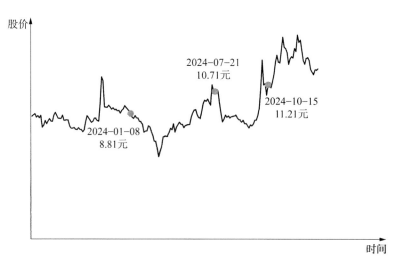

图 24   麦捷科技交易前后股价走势

688016

心脉医疗：
跨境并购，提升全球竞争力

一、收购相关方简介

(一) 收购方：上海微创心脉医疗科技(集团)股份有限公司

2019 年 7 月 22 日，上海微创心脉医疗科技股份有限公司(以下简称"心脉医疗"，股票代码：688016.SH)作为科创板首批上市企业之一正式登陆上交所。该企业系港股上市公司微创医疗(00853.HK)旗下核心子公司，专注主动脉及外周血管介入器械研发生产。心脉医疗通过持续技术创新和产业链整合，推动国产高端医疗器械进口替代，已成为国内血管介入器械领域的标杆企业。同时心脉医疗也注重技术布局，搭建了精密加工(最小支架丝径达 0.20 mm)、高分子材料(开发出具有形状记忆功能的 ePTFE 覆膜材料)和生物涂层(抗凝血活性物质表面改性)三大技术平台，累计获得专利授权 135 项(其中发明专利 48 项)，是国内唯一实现胸主动脉支架、腹主动脉支架、术中器械全产品线 CE 认证的企业。

在 2024 年中国医疗行业并购活跃及国家"一带一路"等重大倡议推动下，心脉医疗通过收购心脉医疗联营公司(Optimum Medical Device Inc.)积极主动布局海外市场。本次收购完成后，心脉医疗联营公司成为其全资子公司，有助于进一步提高公司在血管介入领域的国际竞争力。

据 2023 年报显示，心脉医疗实现营业收入 11.80 亿元，较上一年度营收增长 31.50%，研发投入占比持续保持在 12% 以上。截至 2023 年度末，心脉医疗总资产规模达 34.70 亿元，经营性现金流净额 3.90 亿元。

(二) 收购标的:心脉医疗联营公司(Optimum Medical Device Inc.)

心脉医疗联营公司系由原纳斯达克上市公司 Lombard Medical, Inc. (股票代号:EVAR)破产清算的核心资产重组设立。Lombard Medical, Inc. 因未能满足纳斯达克交易所关于股票交易价格的相关要求,自 2017 年 11 月 9 日起从纳斯达克市场退市。2018 年,Lombard Medical, Inc. 因持续经营亏损及无力偿还到期债务,根据开曼群岛法例进行破产清算和重组。根据重组计划,Lombard Medical, Inc. 将在英国及德国的核心业务和资产转移至新组建的公司 Endovascular Technology Corp. 该公司于 2021 年 12 月更名为 Optimum Medical Device Inc.)

自 2017 年起,心脉医疗与 Lombard 建立战略合作,双方在生产制造、产品注册及代理分销领域构建起高效协同机制,经过多年深度磨合,在产业链整合与市场资源联动方面已形成显著协同效应。基于全球化战略布局,该企业正着手加速欧美日等目标市场的拓展进程,其中 Optimum Medical Device Inc. 凭借其成熟的临床实验支持与国际化注册能力,成为理想的海外合作伙伴对象。值得关注的是,随着 Optimum Medical Device Inc. 自 2021 年下半年逐步实现业绩复苏,心脉医疗通过战略持股方式夯实双方合作基础,构建长期稳定的跨境协作生态体系(表 11)。

表 11　股份转让和增发后,Optimum Medical Device Inc. 的股权结构

股东名称	股份种类	持股数量(股)	持股比例
Earl Intellect Limited	普通股	13 751	63.86%
Turbo Heart Limited	普通股	1 821	8.51%
心脉医疗	A 轮优先股	5 950	27.63%
合计		21 533	100.00%

Optimum Medical Device Inc. 通过全资控股英国 Lombard Medical Limited 与德国 Lombard Medical Technologies GmbH 开展跨境运营,公司未直接参与具体生产经营活动。其中英国主体专注主动脉覆膜支架产品的研发智造,旗下 AorfixTM、AlturaTM 两大核心产品技术优势显著;德国公司则承担欧洲市场渠道建设职能。

德国 Lombard 已构建符合欧盟 CE、美国 FDA 及日本 PMDA 认证标准的全流程质控体系,其专业化团队建立的循证医学网络触达全球 23 个主要国家市场。尤其是在高端医械领域持续二十余载的多国布局经验,使其成为介入器械领域具有国际认知度的运营实体。

Optimum Medical Device Inc. 的经营业绩情况持续向好,营业收入持续增长,2023 年度相较 2022 年度收入增幅达到 43.55%,同时亏损亦逐步收窄,2024 年度实现扭亏为盈。

二、收购事件一览

● 2024 年 6 月 27 日,心脉医疗召开第二届董事会第二十八次会议和第二届监事会第二十四次会议,审议通过了关于受让 Optimum Medical Device Inc. 股权的议案。

● 2024 年 7 月 2 日,心脉医疗发布公告,宣布全资子公司荷兰心脉拟以 6 500 万美元(约合人民币 4.63 亿元)收购 OMD 剩余 72.37%股权,交易完成后 OMD 成为心脉医疗全资子公司。

● 2024 年 7 月 10 日,心脉医疗在收到上海证券交易所《关于上海微创心脉医疗科技(集团)股份有限公司对外投资相关事项的问询函》(上证科创公函〔2024〕0278 号)后,就交易估值合理性、潜在利益关联等问题发布了问询回复公告。

三、收购方案

本次交易不构成关联交易,不构成重大资产重组。本次交易为心脉医疗的全资子公司荷兰心脉(MICROPORT ENDOVASTEC B. V.)使用自有资金 6 500 万美元(以中国人民银行于 2024 年 7 月 1 日公告的人民币汇率中间价计算,折合人民币约为 46 322.25 万元)受让 Earl Intellect Limited、Turbo Heart Limited 合计持有的心脉医疗联营公司(Optimum Medical Device Inc.)72.37%股权。本次交易后,心脉医疗联营公司成为公司全资子公司。

根据沃克森出具的资产评估报告,本次评估采取市场法和收益法两种方法进行,考虑市场法可能会受到其他上市公司的基准日股价涨幅的影响,综合考虑宏观经济、政府调控以及有效资产使用等多种条件的影响,最终采用收益法来评估公司的投资价值,截至评估基准日 2023 年 12 月 31 日,心脉医疗联营公司的全部股东权益为 64 652.37 万元人民币。

本次交易的支付方式为现金支付,交易对价分期支付,其中,95％的交易价款在交割时支付;剩余 5％的交易价款在交割 3 个月后的 5 个营业日内支付。

四、案例评论

(一) 跨境收购纵向整合,强化全球竞争力

心脉医疗的主营业务为主动脉及外周血管介入医疗器械的研发、生产和销售,为患者提供全面的血管介入治疗解决方案。心脉医疗通过收购荷兰子公司 Optimum Medical Device Inc. (OMD)72.37％股权(交易金额 6 500 万美元),实现对其全资控股,进一步整合欧洲市场资源。OMD 旗下拥有 Lombard Medical 等子公司,核心产品 Aorfix 腹主动脉支架在欧美市场覆盖 23 个国家,具备 20 余年成熟渠道网络和先进制造工艺。此次收购不仅完善了心脉医疗的主动脉产品线(如补充腹主动脉领域),还通过技术协同提升研发效率,例如 OMD 的覆膜支架精密加工技术可优化心脉现有产品的性能和生产成本。同时,借助 OMD 的海外渠道,心脉医疗加速国际化布局,分散国内集采风险,2023 年海外收入占比提升至近 10％,未来有望进一步打开欧洲、拉美及亚太市场。

(二) 协同驱动业绩增长,经营扭亏可期

心脉医疗自 2022 年投资心脉联合优先股股权以来,心脉联合的经营业绩情况持续向好,2022 年度、2023 年度心脉联合营业收入分别为 7 769.59 万元人民币、11 152.88 万元人民币,2023 年度相较 2022 年度收入增幅达到 43.55％,营业收入持续增长,同时公司亏损逐渐下降,2024 年 1—3 月,心脉联合已处于微亏状态。根据心脉联合当前的发展,预计在 2024 年度实现盈利,其经营业绩于 2024 年迎来拐点。交易完成后,公司与 Lombard 在研发与生产、临床与注册、销售与推广等领域的合作继续加强,打造协同效应,强化综合竞争力。

在研发与生产方面,公司通过将自有产品引入欧洲、将 Lombard 产品引入国内,有望未来在欧洲、日本及中国等全球重要市场提供更完善的产品组合,以

便提升公司的品牌形象及市场渗透。

在临床与注册方面,依托 Lombard 在欧洲市场拥有的相关资源与渠道,心脉医疗得以更有效地对接合适的医院、术者,显著提高产品在欧洲开展的临床试验质量。得益于 Castor、Minos 产品在欧洲市场的应用与推广,心脉医疗可以更高效、快速地了解欧洲市场对产品的临床需求与反馈,为后续新产品的研发、老产品的改进提供指导与依据。

在销售与推广方面,虽然此前公司在亚太、拉美等地区的发展中国家有较为丰富的经验,但是对于发达国家成熟市场的经验和资源相对欠缺,公司可以充分发挥 Lombard 在海外市场的销售资源和渠道优势,推广自身优质产品供给,提高产品竞争力,提高股东权益,增强公司盈利能力,符合全体股东的目标。

(三)加速推进国际化发展战略,积极应对冲击

国务院于 2017 年提出《深化医药卫生体制改革 2017 年重点工作任务》等国家政策,明确了对高值医用耗材进行集采。自 2020 年第一批国家高值医用耗材集采实施以来,集采涉及的产品包括冠脉支架、人工关节、超声刀头等,相关产品的市场空间以及毛利率等均受到较大影响。

2024 年 5 月 14 日,国家医保局发布《国家医疗保障局办公室关于加强区域协同做好 2024 年医药集中采购提质扩面的通知》,明确河北牵头开展血管介入等耗材联盟采购。随着医疗耗材集中带量采购在全国逐步推行,纳入医用耗材集采的品种不断增多,公司产品预计未来也会面临集采,公司的销售收入及销售盈利水平都有可能受到一定的影响。

考虑到政策的变化以及国际环境的影响,为了增强公司整体业务的抗风险能力,此次并购完成后将加速发展公司的国际化市场战略,降低国内业务对公司发展的影响,分散市场环境变化带来的风险,通过布局发达国家市场,提升公司在全球市场的行业领先地位。

五、市场表现(688016)

心脉医疗交易前后股价变动情况如图 25 所示。

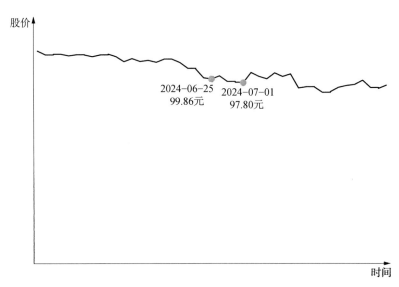

图 25　心脉医疗交易前后股价走势

002011

盾安环境：
"鲸吞"并购，构建完整产业链

一、收购相关方简介

（一）收购方：浙江盾安人工环境股份有限公司

浙江盾安人工环境股份有限公司(以下简称"盾安环境")的前身为诸暨市店口振兴弹簧厂，在经历一系列发展与变革后，于 2001 年 12 月 19 日整体变更设立浙江盾安人工环境设备股份有限公司。2004 年 6 月 16 日，盾安环境在深交所向社会公众发行 2 800 万股，并于 7 月 5 日正式挂牌交易(股票代码：002011. SZ)。

盾安环境是一家专注于制冷、空调设备及配件研发、生产和销售的企业，业务覆盖制冷配件、中央空调、新能源汽车热管理等多个领域。在制冷配件领域，盾安商标是中国驰名商标，制冷自控元件是中国名牌产品和国家免检产品。盾安环境是全球最大的截止阀生产基地，截止阀、储液器、管路件等系列产品产销量位居行业第一，电磁四通换向阀位列行业第二。在中央空调领域，其产品成功应用于秦山核电厂扩建项目等诸多核电项目，并且是多项中央空调国家标准的起草单位。在新能源汽车热管理领域，作为全球制冷元器件龙头企业，盾安环境凭借深厚的技术沉淀与完善的产品矩阵，已成功进入比亚迪、蔚来等多家知名主机厂的供应体系。

通过持续的技术创新与市场拓展，盾安环境不断巩固自身在行业内的地位，与众多国内外知名企业建立了长期稳定的合作关系，产品远销全球多个国家和地区。在技术研发上，盾安环境投入大量资源，拥有专业的研发团队和先进的研发设施，持续推出了适应市场需求的创新产品。

(二) 收购标的:上海大创汽车技术有限公司

上海大创汽车技术有限公司(以下简称"上海大创")是一家提供汽车系统解决方案和产品的供应商,于 2015 年 12 月 1 日成立,法定代表人贾维新。本次交易前,上海大创的股权结构如表 12 所示。

表 12 本次交易前上海大创股权结构

股东名称	认缴出资额(万元)	持股比例
贾维新	651.31	26.68%
大创(天津)汽车科技合伙企业(有限合伙)	394.69	16.17%
湖南三一智能产业私募股权基金企业(有限合伙)	239.76	9.82%
牟江峰	220.84	9.04%
天津梓初汽车科技合伙企业(有限合伙)	199.00	8.15%
苏州方广三期创业投资合伙企业(有限合伙)	183.79	7.53%
南通能达创新创业投资合伙企业(有限合伙)	171.34	7.02%
威海昆嵛双子座创业投资中心(有限合伙)	85.81	3.51%
沈晶	81.24	3.33%
天津科创天使投资有限公司	80.53	3.30%
常州方广三期股权投资合伙企业(有限合伙)	73.22	3.00%
沈晓耘	44.92	1.84%
北京清科同润科技投资有限公司	10.10	0.41%
北京亚洲鸿石投资管理有限公司	5.05	0.21%
合计	2441.59	100.00%

上海大创致力于汽车零部件产品的研发、生产和销售,业务范围涵盖汽车OBD诊断产品、新能源车热管理产品、智能电控产品等多个领域。上海大创的主要产品包括四大类:一是OBD诊断类,如OBD诊断曲通系统、OBD油箱泄漏诊断系统;二是新能源车热管理类,有热管理多通阀、热管理系统模块、热管理控制器、冷却液排气阀等;三是智能电控类,包含电磁阀、智能导风系统、电动

撑杆系统;四是分离技术类,有电驱式油气分离器、缸盖罩＋油气分离器、低压EGR 水冷凝器,燃料电池尾排水分离模块以及氢引射和氢水分离模块等。

上海大创构建了以上海为总部及研发中心,辐射天津、南通两大生产基地的全国布局,展现出强大的市场覆盖能力和供应链协同效应。上海大创现已成功跻身长城、长安、赛力斯、上汽大通、理想等国内知名整车制造企业的供应链体系,客户覆盖比亚迪、吉利、上汽、长安、广汽、理想、蔚来、长城等国内主流主机厂。

在技术研发方面,团队拥有 15 年以上汽车行业从业经验,技术实力强劲,在汽车行业拥有深厚的底蕴和积累。2022 年 1 月,上海大创完成 B 轮融资5 000 万元,本轮融资主要用于新产品的研发和南通新工厂的建设。

二、收购事件一览

● 2024 年 6 月 30 日,盾安环境发布公告,以现金收购上海大创汽车技术有限公司 62.95％股权,并向其增资 3 000 万元。

● 2024 年 7 月 1 日,盾安环境发布《关于收购上海大创汽车技术有限公司控股权并增资的自愿性披露公告》。

● 2024 年 8 月 7 日,盾安环境公告已完成收购上海大创 62.95％股权交易及 3 000 万元增资,上海大创纳入公司合并报表范围。

● 2024 年 8 月 8 日,盾安环境发布《关于收购上海大创汽车技术有限公司控股权并增资进展的自愿性披露公告》。

三、收购方案

(一) 收购与增资并举

本次收购方案主要为盾安环境以现金方式向贾维新、大创(天津)汽车科技合伙企业(有限合伙)等交易对方,收购其持有的上海大创 62.95％股权,交易作价约 2.15 亿元。同时,盾安环境向上海大创增资 3 000 万元,其中 214.87 万元作为增资额计入上海大创的注册资本,剩余部分作为增资溢价进入资本公积。在收购及增资完成后,盾安环境持有上海大创 65.95％股权,上海大创纳入盾安环境合并范围,其全部资产、负债、业务、人员、合同、资质及其他一切权利和义务,均由合并后的主体承接。

（二）交易价格

根据评估报告,以2024年3月31日为评估基准日,采用收益法评估,上海大创股东全部权益评估值达3.41亿元,较账面净资产增值2.82亿元,增值率为478.65%,该方法从企业未来预期收益角度对其价值进行考量,体现了公司的潜在盈利能力和市场竞争力。采用资产基础法评估时,上海大创股东全部权益评估值为8820.93万元,评估增值2020.12万元,该方法基于企业现有资产的重置成本来评估价值。综合考虑,本次交易采用收益法作为最终评估结论。

盾安环境拟现金收购上海大创62.95%股权,交易作价约2.15亿元。同时向上海大创增资3000万元,其中214.87万元计入注册资本,其余作为增资溢价计入资本公积。此次交易价格经各方协商确定,不构成重大资产重组,无需提交公司董事会、股东大会审议。

（三）签订业绩承诺协议

2024年6月30日,盾安环境与相关方签署了《关于上海大创汽车技术有限公司之业绩承诺与补偿协议》。协议约定,上海大创在2024年到2026年业绩承诺期内,营业收入累计不低于9.10亿元,归属于母公司股东的净利润累计应不低于7100万元。若业绩承诺期内,上海大创营业收入累计数完成率达到110%且净利润累计数完成率达到90%,同时业绩承诺期满经评估未发生减值,业绩承诺人无需对盾安环境进行补偿;若未达成上述业绩指标,业绩承诺人需按照协议约定对盾安环境进行补偿,以保障盾安环境在此次收购交易中的权益。

四、案例评论

（一）突破发展瓶颈,填补业务短板

盾安环境在制冷元器件领域积累了长达30余年的深厚经验,在新能源汽车热管理的冷媒阀产品方面已取得显著成果,在手订单金额超过120亿元,彰显了其在该领域的市场地位。然而,随着新能源汽车行业的高速发展,市场对于热管理系统的需求日益多元化和精细化。在汽车OBD智能电控技术领域,盾安环境的研发投入和技术储备相对薄弱,难以快速响应整车厂对于智能化、集成化热管理系统的需求。在部分热管理细分产品,如针对混动及增程车型的特殊热管理部件上,盾安环境的产品线存在缺失。

上海大创作为专注于汽车 OBD 智能电控产品和新能源车热管理产品的企业,拥有一支核心成员平均具备 15 年以上汽车零部件行业从业经验的团队。他们不仅研发出成熟的 OBD 诊断曲通系统、热管理多通阀等产品,还成功进入长城、长安、理想等多家知名整车制造企业的供应链体系。通过收购上海大创,盾安环境能够在短时间内将这些先进技术和成熟产品纳入自身业务范畴,快速补齐技术和产品短板,从而在激烈的市场竞争中保持竞争力,避免因技术和产品的滞后而被市场淘汰。

(二) 构建完整产业链,提升市场话语权

在新能源汽车热管理领域,产业链的完整性对于企业的发展至关重要。此前,盾安环境主要聚焦于冷媒阀等核心部件的生产与销售,虽然在该细分领域占据优势,但业务范围相对单一。而收购上海大创为盾安环境提供了向产业链上游拓展的契机。上海大创的智能电控产品和热管理系统模块,能够与盾安环境原有的冷媒阀业务形成协同效应。

整合后,盾安环境可以为整车厂提供从核心部件到系统模块的一站式解决方案。这不仅满足了整车厂对于简化供应链、提高产品兼容性的需求,还能增强盾安环境与整车厂的合作深度和广度。在与整车厂的价格谈判中,凭借完整的产业链优势,盾安环境可以提供更具竞争力的价格方案;在订单获取方面,能够凭借综合服务能力获得更多的项目订单;长期来看,还能通过优质的整体解决方案提高客户黏性,进一步巩固其在新能源汽车热管理市场的地位,提升市场话语权。

(三) 强化技术创新能力,完善产品布局

新能源汽车行业的快速发展对热管理系统的技术迭代提出了更高要求。盾安环境在冷媒阀领域虽具备深厚积累,但在智能化、集成化热管理系统的研发与市场化方面存在不足。上海大创在 OBD 智能电控技术和新能源车热管理产品领域拥有显著优势,其成熟的 OBD 诊断曲通系统、热管理多通阀等产品已进入多家主流整车厂供应链。通过收购上海大创,盾安环境迅速补齐了智能化热管理技术的短板,并借助其研发团队加速了技术创新进程。

此外,上海大创在混动及增程车型特殊热管理部件领域的技术储备,进一步完善了盾安环境的产品线,使其能够覆盖更广泛的市场需求。整合后,盾安环境不仅提升了技术研发能力,还显著增强了市场响应效率,为后续抢占细分市场奠定了坚实基础。

　　通过本次收购,盾安环境实现了技术与产品的双重升级,进一步巩固了其在新能源汽车热管理领域的竞争优势,为长期发展提供了有力支撑。

五、市场表现(002011)

　　盾安环境交易前后股价变动情况如图 26 所示。

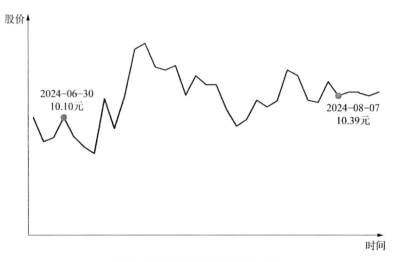

图 26　盾安环境交易前后股价走势

300483

首华燃气：
巨额收购，资源整合"强心剂"

一、收购相关方简介

（一）收购方：首华燃气科技（上海）股份有限公司

首华燃气科技（上海）股份有限公司（以下简称"首华燃气"）成立于2003年1月8日，前身是一家以园艺用品的生产、销售为主营业务的公司，名为上海沃施园艺股份有限公司（以下简称"沃施园艺"）。沃施园艺在研发、制造方面紧跟园艺用品时尚潮流，以用户体验作为核心依据，在努力开拓园艺用品业务的同时，向产业链下游拓展，率先建立园艺主题零售连锁，已形成产业链一体化经营格局。沃施园艺作为中国园艺用品业内知名品牌，被评为"上海市高新技术企业""上海市小巨人企业""中国驰名商标"等。沃施园艺的产品还远销海外多个国家，与国外著名连锁超市、园艺中心、大型专业代理经销商建立了稳定的销售合作关系。2015年6月30日，公司在深圳证券交易所创业板上市（股票代码：300483.SZ）。但是上市之后，沃施园艺的经营状况逐渐下滑，年净利润从上市前的3000万元人民币下降到2017年的581万元人民币。2017年10月10日，沃施园艺开始停牌，开启转型之路。

石油和天然气资源一直都是国民经济发展最重要的来源之一。近年来我国探测到不少新油田和新气田，并且在油气资源勘探开发技术领域取得了一系列重大成果。我国在新一轮找矿突破战略行动中，新发现10个亿吨级油田和19个千亿立方级气田。这些资源主要集中在西部地区和海域。根据上述因素，沃施园艺在转型过程中看中了石油和天然气行业。2017年11月10日，沃施园艺收购北京中海沃邦能源投资有限公司（以下简称"中海沃邦"），开启转型石油和天然气行业之路。中海沃邦专注于石油和天然气的勘探、开发,与中石油煤燃气有限公司有着良好的合作关系,并且取得了山西省石楼西矿区1524平方公里非常规天然气30年的独家勘探开发和生产经营权,探明地质储备量达到1276亿立方天然气,计划可达到年产20亿方的产能规模。

2017年起,沃施园艺通过设立参股公司、现金收购以及发行股份等方式逐步收购中海沃邦股份,到2019年底控制37.07%股权。2020年2月,沃施园艺以现金向山西汇景收购中海沃邦10%股权,交易经董事会和股东大会审议通过,持股比例提升至47.07%。2020年6月,沃施园艺对中海沃邦的合计持股比例达54.07%。

经过不懈的努力,沃施园艺成功取得了中海沃邦的控制权并将其纳入合并报表,完成了主营业务的转变。2021年1月,沃施园艺的简称正式从沃施股份更名为首华燃气。从财务状况来看,首华燃气在转型石油和天然气领域后,近三年营业收入呈现稳中有升的态势,但净利润有所下滑:2020年营业收入为15.26亿元,净利润1.08亿元;2021年营业收入为18.24亿元,净利润为6441.27万元;2022年营业收入为20.45亿元,净利润为4101.39万元。受到疫情的影响,首华燃气面临园艺用品国内外订单大幅减少的困境,2023年1月将原先的园艺业务全部置出给原实控人吴氏家族。

此后,中海沃邦在首华燃气的整体业务布局中占据核心地位,首华燃气现已成功转型,逐步发展成为一家以能源投资为核心的技术型企业。2024年11月26日,自然人刘庆礼(原中海沃邦实控人)与沃施园艺创始人吴氏家族签订股权转让协议,受让其持有的10.29%股权,交易完成后,刘庆礼及其一致行动人山西汇景成为首华燃气实控人,中海沃邦彻底完成了"借壳上市",也进一步保障了首华燃气以石油、天然气为投资主业的发展前景。首华燃气的股权结构如图27所示。

(二) 收购标的:永和县伟润燃气有限公司

永和县伟润燃气有限公司(以下简称"永和伟润")成立于2016年9月8日,主营业务是天然气的增压、管道运输以及销售。永和伟润依托其位于山西省石楼西矿区、大宁吉县区块的气源优势,开展天然气销售业务,同时能够通过其位于山西省永和县的桑壁站连接西气东输,为上游气源提供管道运输服务。

首华燃气通过收购永和伟润,将天然气的代输增压业务纳入永和伟润业务

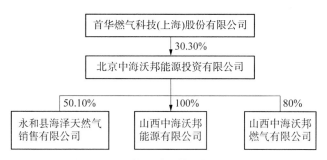

图 27　股权转让后首华燃气股权结构

范围,进一步拓展天然气的销售业务领域,同时抓住天然气市场化改革的契机,有机会实现全国天然气管网逐步走向互联互通的美好愿景。

二、收购事件一览

　● 2023 年 12 月 12 日,首华燃气与北京伟润签订《关于山西伟润燃气有限公司、永和县伟润燃气有限公司之收购意向书》。

　● 2023 年 12 月 13 日,首华燃气召开第五届董事会第二十七次会议审议通过本次收购议案。

　● 2024 年 1 月 31 日,首华燃气发布《关于收购永和县伟润燃气有限公司 51% 股权公告》。

　● 2024 年 2 月 20 日,首华燃气发布《关于收购永和县伟润燃气有限公司 51% 股权的进展公告》,截至本公告日,首华燃气已完成相关工商变更登记手续。

三、收购方案

　本次收购方案主要包括两部分:一是以现金人民币 34 879 万元收购北京伟润盛隆能源有限公司(以下简称"北京伟润")的永和伟润 51% 的股权;二是首华燃气在协议生效 3 个工作日内向北京伟润支付 29 879 万元之后,剩余的 5 000 万元分四笔根据协议约定的业绩承诺及其他规定决定后续是否支付。

(一) 现金支付收购标的 51% 股权

　首华燃气于 2023 年 12 月 12 日与北京伟润签订收购意向书,并在生效之日起两个工作日内向北京伟润支付人民币 1 亿元。根据上海东洲资产评估有限公司提交的报告,以 2023 年 12 月 31 日为评估基准日,评估值为 73 890 万元人民币,经交易双方一致同意,在永和伟润将 2023 年度未分配利润中的 5 500万元进行分配的基础上,最终确定 51% 股权的交易金额为 34 879 万元。

(二)业绩承诺

业绩承诺期共三年,要求标的公司未来三年的净利润应达到如下指标:2024 年净利润不低于 6 780 万元,2025 年净利润不低于 6 850 万元,2026 年净利润不低于 6 960 万元。其中具体方案如下:若永和伟润 2024 年、2025 年、2026年达到业绩承诺要求,则首华燃气向永和伟润分别支付 1 000 万元、1 500 万元、1 500 万元,否则首华燃气无需支付;2018 年至今,四川石达能源发展有限公司(以下简称"四川石达")向永和伟润提供施工服务,合同审定总价为185 385 438.22 元。截至 2023 年 12 月 31 日,四川石达尚未开具发票金额40 145 021.22 元。首华燃气若收到四川石达开具的 40 145 021.22 元发票,在五个工作日内,向永和伟润支付 1 000 万元。

四、案例评论

(一)整合天然气勘探资源,发挥协同效应

首华燃气的核心主体中海沃邦有着山西省石楼西矿区长达 30 年的独家勘探开发与生产经营权,更是早在 2008 年就开始在山西省永和县设立分公司,负责永和县部分地区的天然气开发项目。本次收购标的永和伟润处于永和县石楼西矿区相邻板块,是一家主要从事天然气管输和销售的新能源公司。首华燃气在石楼西矿区勘探天然气通过首华燃气运营的永西连接线管道工程,解决了石楼西区的外输难题,所开采的天然气从此可向外输送联通省外市场,进一步拓展了天然气销售业务区域。

石楼西区周边如大吉区同样气源丰富,新增煤层气探明地质储量高达 1 108亿立方米,西气东输有庞大的市场需求。此次收购后,代输增压业务成为首华燃气的新业绩增长点,有利于上游气源开采同行形成协同,保障稳定供气,提高整体运营效率。

(二)顺应天然气市场改革趋势,提升市场竞争力

本次收购标的永和伟润成立于 2016 年,正处于国家天然气行业的蓬勃发展阶段。永和伟润尤其擅长天然气的代输增压业务,充分迎合了国内西气东输

的广阔市场。

实际上在 21 世纪初,中国便推出了这项国家级的重大基础设施工程——西气东输项目。在西气东输工程建设之前,中国的天然气消费市场极其薄弱,年消费量仅 200 多亿立方米。中国加入 WTO 后,加速了开放与竞争,带来了前所未有的经济增长。而随之而来的也是对能源,尤其是天然气的巨大需求。2004 年西气东输一线的投入使用,标志着国内天然气市场的转型与崛起。随着后续二线、三线和四线的完成,这一工程全方位推动了我国天然气市场的壮大。至 2023 年,我国天然气消费已突破 4 200 亿立方米,自 2005 年起,年均增幅保持在 10% 以上,展现出强劲的生命力。

2013 年国务院发布《关于促进天然气产业健康发展的若干意见》,提出鼓励社会资本参与天然气开发。2017 年国务院发布《关于深化石油天然气体制改革的若干意见》,进一步明确了改革方向,包括管道独立和开放上游市场。这些政策都为民企准入提供了法律依据,天然气行业已形成国企主导、民企补充的多元化格局。本次收购正是首华燃气积极把握天然气市场化改革的契机,西气东输解决了长期的外输难题,有利于提高市场竞争力。同时首华燃气近几年刚确定下来转型方向,市场根基不深,通过收购有利于首华燃气在石油和天然气领域的影响力扩大,作为国内为数不多的民营企业准入上游资源领域,有利于进一步提升行业地位,拓宽护城河。

(三) 大幅提升盈利能力,未来前景广阔

收购标的永和伟润 2023 年营业收入 15 814.89 万元,净利润 6 634.64 万元,具有良好的财务状况及强大的盈利能力。

现阶段我国正处于天然气市场化改革的关键阶段,"管网独立"方面的重要性不言而喻。干线管网独立后,管网将由目前单一的为内部输送天然气,转向为多家天然气托运商提供服务,上游周边企业的天然气资源得以整合。在石油和天然气领域,可以说"管网决定市场范围,管网决定发展空间"。首华燃气作为一家民营企业拥有自己的管网,有利于真正提高天然气供应效率,促进终端需求增长,参与到以"三桶油"为核心的国营企业的市场竞争中去。开通管道解决西气东输的运输难题后,首华燃气可以将更多的资本集中到勘探和提升产量上,带领周边天然气田更多的民营企业主体进入到上游勘探中去。永和伟润掌握永和县桑壁站的关键要道,帮助首华燃气实现与其他地区的互联互通。首华燃气通过收购天然气运输企业,将上游气源开采与中游管道运输结合,逐步扩大销售区域,提升营业收入,同时掌握了市场定价权,作为民营企业分享市场化改革的成果。

五、市场表现(300483)

首华燃气交易前后股价变动情况如图 28 所示。

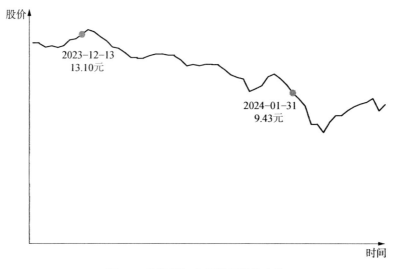

图 28　首华燃气交易前后股价走势

第三辑 跨界并购

000158

常山北明：
资产置换，聚焦核心业务

一、收购相关方简介

（一）收购方：石家庄常山北明科技有限公司

2000年7月24日，石家庄常山纺织股份有限公司成功在深圳证券交易所上市（股票代码：000158.SZ）。随着市场环境的变化，为寻求更广阔的发展空间，2015年7月，石家庄常山纺织股份有限公司以定向增资扩股的方式，实施重大资产重组，收购民营高科技企业北明软件有限公司100%股权。这一举措使石家庄常山纺织股份有限公司业务结构发生重大改变，形成了"纺织＋软件"双主业的发展模式。2017年10月，石家庄常山纺织股份有限公司全称变更为石家庄常山北明科技股份有限公司（以下简称"常山北明"），完成了从传统纺织企业向科技与纺织双主业企业的转型。目前，常山北明业务链主要涵盖现代纺织、信息科技、仓储物流三大领域。在现代纺织领域，凭借国家级技术中心与专利技术，产出环保纱线、功能面料等特色产品；在信息科技板块，常山北明在智慧城市、司法科技等领域成绩显著，其智慧城市解决方案整合了前沿的信息技术，实现了城市管理的智能化升级；在仓储物流业务方面，常山北明以智能冷链物流和分拣中心项目为核心，保障生鲜、医药产品品质，提升物流配送效率。同时常山北明与华为在多领域深度绑定，联合开展业务拓展，推进创新协作；旗下云数据中心也与腾讯、三大运营商紧密携手，共同提供云计算服务。

（二）收购标的：石家庄市能源投资发展有限公司、石家庄市智慧产业有限公司

1. 石家庄市能源投资发展有限公司

石家庄市能源投资发展有限公司（以下简称"能源投资"）成立于1998年5月15日，注册资本2900万元，系石家庄市属国有控股企业，实际控制人为石家庄市人民政府国有资产监督管理委员会（以下简称"石家庄市国资委"）。截至2024年10月，能源投资由石家庄慧发新能源发展有限公司（常山集团全资子公司）100％持股，属非自然人投资法人独资企业。能源投资核心业务涵盖新能源开发与智慧城市服务领域，持有发电、输电业务许可资质，无重大诉讼及失信记录，业务布局聚焦绿色能源与城市服务，与常山北明协同拓展智慧园区及零碳数据中心建设，具备战略转型潜力。

2. 石家庄市智慧产业有限公司

石家庄市智慧产业有限公司（以下简称"智慧产业"）成立于2016年4月25日，注册资本40000万元人民币，实际控制人为石家庄市国资委。智慧产业经营范围涵盖信息化基础设施建设及运营、大数据处理、信息技术服务等多领域，主营业务是为政府及企业提供智慧城市解决方案和相关信息化集成设备销售。智慧产业主要采用直销模式，针对客户定制化需求提供一体化信息系统解决方案，通过招投标或商务洽谈获取项目合同，以收取产品或服务费用盈利。智慧产业与常山北明软件业务存在协同空间，在政务云运营、数据中心信创改造、节能减排监控管理平台经验拓展等方面，可为常山北明带来新的发展机遇。

（三）置出标的：石家庄常山恒新纺织有限公司

石家庄常山恒新纺织有限公司（以下简称"常山恒新"）成立于2003年7月8日，是常山北明全资子公司。常山恒新经营范围广泛，主要涵盖纤维、纺织品及服装的全链条业务，纺织设备及配件相关业务，本企业科研产品、技术成果的推广与转让，以及进出口业务等。常山恒新在历史上历经多次股权变更与增资扩股，2024年4月完成纺织业务整合，承接常山北明全部纺织相关业务，目前财务数据显示常山恒新经营面临困境，2023年度及2024年1—4月净利润均为负。在本次资产置换中，将其100％股权作为置出资产，助力常山北明剥离纺织业务，聚焦软件主业，优化业务布局，提升核心竞争力。

（四）关联控股方：石家庄常山纺织集团有限责任公司、石家庄慧发新能源发展有限公司、石家庄慧荣信息科技有限公司

1. 石家庄常山纺织集团有限责任公司

石家庄常山纺织集团有限责任公司（以下简称"常山集团"）于 1996 年 3 月 8 日成立，企业性质为国有独资企业，由石家庄国有资本投资运营集团有限责任公司 100% 持股，实际控制人为石家庄市国资委。经营范围主要涉及国有资产运营、纺织产品全链条服务以及纺织相关配套服务等。2021 年至 2023 年，常山集团主要业务营业收入为 1158 356.23 万元、1 062 201.04 万元、1 069 026.06 万元，收入规模保持平稳。截至本次并购交易公告日，常山集团为常山北明的控股股东。

2. 石家庄慧发新能源发展有限公司

石家庄慧发新能发展有限公司（以下简称"慧发新能源"）于 2024 年 4 月 12 日成立，暂未有最近一个会计年度的财务数据。企业性质为有限责任公司（非自然人投资或控股的法人独资）。慧发新能源由常山集团 100% 持股，实际控制人为石家庄市国资委。在关联关系上，慧发新能源系常山北明控股股东常山集团的全资子公司。慧发新能源主要业务围绕新能源展开，包括新兴能源技术研发、集中式快速充电站、储能技术服务等多项业务，在区域新能源产业布局中占据重要地位。

3. 石家庄慧荣信息科技有限公司

石家庄慧荣信息科技有限公司（以下简称"慧荣科技"）于 2024 年 4 月 12 日成立，暂未有实际经营情况。企业性质为有限责任公司（非自然人投资或控股的法人独资），由常山集团 100% 持股，实际控制人为石家庄市国资委。在关联关系上，慧荣科技系常山北明控股股东常山集团的全资子公司。慧荣科技主要业务涵盖大数据服务、互联网数据服务、技术服务与推广等多个领域。

二、收购事件一览

● 2024 年 4 月 29 日，常山北明发布资产置换暨关联交易预案的公告。

● 2024 年 10 月 24 日，常山北明召开第八届董事会三十七次会议，审议通过了关于本次资产置换暨关联交易方案的议案。

● 2024 年 10 月 27 日，常山北明召开第八届监事会三十七次会议，审议通过了关于常山北明签署资产置换协议的议案。

● 2024 年 10 月 28 日,常山北明发布关于资产置换暨交易方案的公告。

● 2024 年 11 月 12 日,常山北明召开 2024 年第二次临时股东大会,审议通过了关于公司资产置换暨关联交易方案的议案。

● 2024 年 11 月 25 日,常山北明发布本次资产置换暨关联交易的公告,常山北明、常山集团、慧发新能源、慧荣科技已完成置换协议约定的置出资产股权过户至常山集团、置入资产股权过户至常山北明的工商变更登记手续,收到了行政审批局核发的工商变更完成的登记通知书和营业执照。

三、收购方案

(一)本次交易方案概述

本次交易为常山北明以全资子公司常山恒新 100％的股权,置换常山集团下属的慧发新能源持有的能源投资 100％股权,以及常山集团下属的慧荣科技持有的智慧产业 80％的股权,置出与置入资产的差额以现金补足。根据中联评估出具的资产评估报告,以 2023 年 12 月 31 日为评估基准日,最终确定的置出资产常山恒新股东全部权益价值为 237 168.31 万元,置入资产能源投资股东全部权益价值为 42 193.43 万元,置入资产智慧产业 80％股权对应价值为 19 721.11 万元。

(二)交易价格与支付安排

本次交易定价与支付安排如下:

置出资产交易价格＝237 168.31 万元＋常山恒新过渡期损益金额

置入资产交易价格＝61 914.54 万元＋能源投资过渡期损益金额＋智慧产业过渡期损益金额×80％

交易价格依据中联评估并经石家庄市国资委备案的评估报告,结合过渡期损益确定。常山恒新、能源投资、智慧产业过渡期损益分别为－22 000 万元、－300 万元、－1 100 万元,由此得出置出资产交易价格为 215 168.31 万元,置入资产交易价格为 60 734.54 万元。对于差额对价,常山集团在协议生效后 5 个工作日内支付 3 815.95 万元,并提供 150 617.82 万元的担保;在协议签订生效 1 年内支付剩余款项,并按一年期市场报价利率支付延期利息。

四、案例评论

（一）巧用资产置换,构建财务稳健发展基石

从资金压力角度来看,常山北明此次收购若采用单纯现金收购,置入资产中能源投资 100％股权评估价值 42 193.43 万元,智慧产业 80％股权评估价值 19 721.11 万元,如此巨额的现金支出严重考验常山北明资金流,可能导致常山北明日常运营资金短缺,影响生产、研发等关键环节。股权融资虽然能避免现金流出,但会稀释现有股东股权,可能引发控制权变更风险,同时新股东的加入可能对常山北明原有治理结构和战略决策产生干扰。若通过债务融资,鉴于常山北明 2024 年第三季度末资产负债率已达 66.70％,债务融资会使得公司资产负债率进一步攀升,加重财务杠杆,偿债风险剧增,市场环境或经营稍有变动,资金链便极易断裂。

而采用"资产置换＋现金补足差额"的方式,极大地缓解了资金压力。常山北明用常山恒新 100％股权置换,减少了现金支出。尽管是常山集团向其支付差额,但这对常山北明意义非凡。若自行处置常山恒新股权,不仅耗时耗力,还面临诸多不确定性,而资产置换协议能快速确定交易价格,带来稳定现金流预期,降低资产处置风险。此外,常山集团采用分期支付差额方式,在协议生效后 5 个工作日内先支付 3 815.95 万元,后续款项支付时间和利息都有明确约定。这让常山北明可合理规划资金,保障日常运营、软件研发及战略发展的资金需求。稳定的资金流入还有助于维持良好的财务状况,提升信用评级,为未来融资创造有利条件,全方位保障常山北明财务稳健,助力长远发展。

（二）剥离纺织"重负",聚焦核心业务破局

常山北明原本是纺织企业,后形成"纺织＋软件"双主业格局,近年来纺织行业竞争激烈,利润空间压缩,其纺织业务亏损进一步扩大,拖累公司整体业绩。而软件业务一直盈利且具有发展潜力,常山北明此次实施资产置换,目的是进一步聚焦软件主业,提高常山北明核心竞争力,引入与软件业务有协同效应的新能源及智慧城市业务,同时剥离传统纺织业务。

常山北明剥离持续亏损的纺织业务,这一决策打破了传统企业对既有业务的路径依赖。纺织行业竞争激烈,常山北明的纺织业务亏损不断扩大,严重制约常山北明的发展。通过把常山恒新 100％股权置出,常山北明精准"减负",避

免了纺织业务持续消耗资源,实现了对不良资产的高效剥离,优化了资产结构,使常山北明能够将更多资源聚焦于核心业务,这在行业内传统企业转型中较为少见。在引入新兴业务方面,常山北明引入新能源及智慧城市业务,创新地构建了新能源与软件主业的协同发展模式。能源投资的光伏、充电桩业务,以及智慧产业的智慧城市解决方案业务,与软件主业形成了"智慧园区""智慧能源"等创新业务模式。软件技术赋能新能源业务的智能管理与监控,提升了能源利用效率;新能源业务又为软件业务提供了绿色数据中心的应用场景。这种跨领域的协同创新,不仅拓展了软件业务的应用边界,还为新能源和智慧城市业务注入了数字化动力,开创了多元化业务协同发展的新局面,为常山北明在新兴领域的发展开辟了新赛道,在战略转型创新上为同类型企业提供了借鉴范例。

(三)股价大幅波动,市场看好转型前景

常山北明此次收购带来了多方面显著成果。从财务数据来看,常山北明成功剥离亏损严重的纺织业务,实现了资产结构的优化。置出的公司常山恒新,2023年营业收入199373.86万元,但营业利润亏损17716.43万元,2024年1—4月营业收入47108.74万元,营业利润亏损6835.30万元,持续亏损严重拖累常山北明业绩。剥离后,常山北明甩掉了业绩"包袱"。在置入资产方面,能源投资和智慧产业带来了新的发展潜力。能源投资虽目前业务尚未成熟,2023年营业收入1141.74万元,亏损599.90万元,2024年1—4月营业收入423.99万元,亏损349.61万元,但能源投资拥有光伏发电、充电桩等核心业务,2023年底资产规模达36992.05万元,未来随着业务的拓展和市场的成熟,有望实现盈利增长。此外,智慧产业的智慧城市业务与常山北明软件主业协同性强,能为软件业务开拓新的应用场景和市场空间。从市场表现来看,自收购消息传出,常山北明股价大幅波动但总体呈上升趋势。2024年9月起,短短33天内股价飙升16个涨停板,涨幅接近500%,虽11月有大幅回调,但春节假期后四个交易日内涨幅又超过38%,吸引近220亿元资金流入,显示出市场对常山北明收购后的发展前景充满期待。整体上,此次收购为常山北明的业务转型升级奠定了基础,有望改善财务状况,提升常山北明在市场中的竞争力。

五、市场表现(000158)

常山北明交易前后股价变动情况如图29所示。

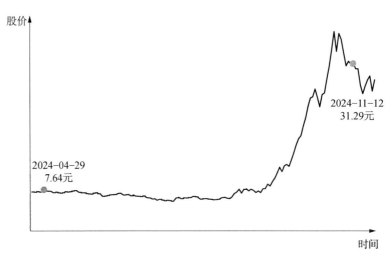

图 29　常山北明交易前后股价走势

003043

华亚智能：
"披荆斩棘"收购，华亚冠鸿"合体"

一、收购相关方简介

(一)收购方：苏州华亚智能科技股份有限公司

苏州华亚智能科技股份有限公司(以下简称"华亚智能")创立于 2006 年，成立初期是一家专注于精密金属加工的小型企业。在创始人的带领下，华亚智能凭借着对工艺的执着追求和对市场需求的敏锐洞察，逐步在金属加工领域崭露头角。经过多年的技术积累和市场拓展，华亚智能在行业内的地位日益提升，并于 2021 年 4 月 6 日成功上市(股票代码：003043.SZ)。华亚智能由此获得了更充足的资金和更广阔的发展空间，进一步巩固了其在高端精密金属制造领域的优势。

随着半导体行业的快速发展，华亚智能精准定位，将业务重心转向半导体设备领域结构件业务，为国内外领先的高端设备制造商提供"小批量、多品种、工艺复杂、精密度高"的定制化精密金属制造服务，涵盖制造工艺研发与改善、定制化设计与开发、智能化生产与测试、专用设备维修与装配等环节。

华亚智能的产品质量和服务水平得到了众多知名企业的认可，与诸多半导体行业巨头建立了长期稳定的合作关系，国际上华亚智能于 2017 年获得全球半导体设备龙头企业应用材料公司(AMAT)喷粉合格供应商认证，为应用材料公司(AMAT)提供关键料件，国内华亚智能已成为中微半导体设备(上海)股份有限公司的直接供应商，为其提供精密金属结构件。华亚智能在行业内已经树立良好的口碑。

（二）收购标的：苏州冠鸿智能装备有限公司

苏州冠鸿智能装备有限公司（以下简称"冠鸿智能"）成立于 2017 年 11 月，自成立以来，专注于生产物流智能化方案的设计与优化，以及相关智能装备系统的研发、制造、集成和销售。冠鸿智能的主要产品包括智能移动搬运机器人、智能作业机器人、智能存储等智能生产辅助设备及其系统，广泛应用于动力和储能电池制造等下游领域。

在短短几年时间里，冠鸿智能凭借其先进的技术和优质的产品，在智能装备领域迅速崛起。通过不断加大研发投入，冠鸿智能掌握了多项核心技术，产品性能和质量达到了行业先进水平。其客户群体不断扩大，与多家知名企业建立了合作关系，在行业内获得了一定的知名度和市场份额。然而，由于处于快速发展阶段，冠鸿智能在资金、品牌影响力等方面仍存在一定的提升空间。

（三）关联控股方：蒯海波、徐军、徐飞、刘世严

在此次收购中，交易完成前，交易对方蒯海波、徐军、徐飞、刘世严与华亚智能不存在关联关系。但交易完成后，交易对方蒯海波等人合计持有的华亚智能公司股权比例超过华亚智能总股本的 5%，且华亚智能推荐蒯海波为上市公司董事候选人，聘任其担任上市公司副总经理，根据相关规定，本次交易构成关联交易。

从股权结构来看，蒯海波等原冠鸿智能股东在交易完成后成为华亚智能的重要股东，他们在冠鸿智能的原有股权将转化为华亚智能的股权，从而在华亚智能的股权架构中占据一定比例。

二、收购事件一览

● 2023 年 7 月 24 日，华亚智能首次发布停牌公告，计划发行股份并配套募集资金购买苏州冠鸿智能装备有限公司 51% 的股权，交易对价 4.06 亿元。

● 2023 年 12 月 1 日，华亚智能收到深圳证券交易所上市公司管理一部下发的《关于对苏州华亚智能科技股份有限公司发行股份及支付现金购买资产并募集配套资金暨关联交易的问询函》。

● 2024 年 4 月，收购案屡遭深交所问询，华亚智能多次补充修订回复函公告，就收购的合理性、协同性等问题进行详细说明。

● 2024 年 6 月 26 日，为加快进度，华亚智能加急更新财务资料，并更新了资产评估报告与重组草案等文件，再次推动收购进程。

● 2024 年 7 月 11 日,华亚智能对重大资产重组报告书等文件进行修订,进一步完善收购相关细节披露。

● 2024 年 9 月 2 日,在中国证券监督管理委员会批准后,华亚智能开始了标的资产的交割工作,正式进入实质性的收购阶段。

● 2024 年 9 月 12 日,完成了对冠鸿智能 51％股权的相关工商变更登记,成功完成对冠鸿智能 51％股权的过户手续。

三、收购方案

2023 年 7 月,华亚智能首次发布收购公告,计划以发行股份并配套募集资金的方式购买冠鸿智能 51％的股权。

(一)收购方案概述

收购资金来源分为现金支付和股份支付两部分。其中现金支付 1.22 亿元,华亚智能向不超过 35 名符合条件的特定投资者发行股份,募集配套资金总额不超过 2.84 亿元,用于支付现金对价、中介机构费用以及补充上市公司流动资金。股份支付部分为 2.84 亿元,通过向原冠鸿智能股东发行股份来完成。其亮点在于:资金来源多元,降低资金压力;股份支付绑定原股东利益,助力整合;配套募资保障收购及后续发展,完善产业链,提升竞争力。

(二)发行股份及支付现金购买资产

在此次收购中,华亚智能采用发行股份及支付现金相结合的方式来购买冠鸿智能 51％的股权。根据交易方案,标的公司 51％股份交易作价为 40 596 万元,其中现金支付 12 178.80 万元,占比 30％;股份支付 28 417.20 万元,占比 70％。本次发行股份的股票发行价格为 43.85 元/股,这一价格并非随意确定,而是有着严格的定价规则,它不低于定价基准日前 20 个交易日的上市公司股票交易均价的 80％,确保了交易定价在一定程度上的合理性与公正性,保障了股东的利益。

交易完成后,蒯海波、徐军、徐飞、刘世严等原冠鸿智能的股东,作为此次重组中认购华亚智能股份的主体,自本次重组新增股份发行结束之日起 12 个月内不得转让其持有的股份。这一限制条款,从一定程度上保证了交易完成后公司股权结构的相对稳定性,避免因股份短期内频繁变动而对公司经营造成不利影响。

（三）募集配套资金

为了更好地推进此次收购交易,并保障交易完成后公司业务的协同发展与整合,华亚智能还计划向不超过 35 名符合条件的特定投资者发行股票募集配套资金。根据计划,募集配套资金总额不超过 2.84 亿元。这些募集而来的资金有着明确的用途规划,主要用于支付本次交易的现金对价,减轻公司一次性支付大额现金的压力,确保资金流的稳定;同时,部分资金用于补充上市公司流动资金,为公司后续业务拓展、研发投入、市场开拓等方面提供必要的资金支持,助力公司在完成收购后能够迅速整合资源,实现协同发展。

本次向特定投资者发行股份募集配套资金所发行的股份,自发行结束之日起 6 个月内不得转让。这一规定在保证投资者一定锁定期的同时,也维护了公司股价的平稳,避免因短期内大量股份流入市场而引发股价波动,影响公司的市场形象与投资者信心。

（四）较高估值合理性

以 2023 年 6 月 30 日为评估基准日,经专业评估机构采用收益法进行评估,本次交易所涉标的公司冠鸿智能股东全部权益评估值为 80 600 万元。对比标的公司所有者权益账面净资产,增值 75 461.23 万元,增值率高达 1 468.47%。如此高的评估增值率,引发了市场的广泛关注与深交所的深入问询。

深交所要求华亚智能就冠鸿智能的高估值合理性进行详细说明,包括是否存在突击签订订单并做高评估作价的情形、是否存在延长验收周期做高本次评估值的情形等。华亚智能回应称,从冠鸿智能在手订单和新中标或签约金额来看,对 2023 年至 2025 年预测收入覆盖率达 98%,截至 2023 年 6 月 30 日,其在手订单金额为 11.38 亿元,其中 1 000 万元以上的订单合计金额为 9.28 亿元,占总金额的 81.56%,共涉及 35 个客户,多数客户虽不属于报告期内前五大客户,但从历史订单签约情况分析,2021 年至 2023 年,冠鸿智能签约金额(不含税)分别为 3.08 亿元、6.86 亿元、3.97 亿元,2023 年签约额较 2022 年高点有所回落,受部分锂电客户大幅扩产影响,2022 年公司签约金额(含税)较高,2023年签约额不存在显著异常,且报告期各期新增主要合同客户数量及签约金额、报告期内销售费用变化情况,与标的公司客户取得方式及客户开拓情况匹配,不存在突击签订订单并做高评估作价的情形。

四、案例评论

（一）华亚勇敢"破圈"，先抱冠鸿"大腿"

在市场竞争日益激烈的当下，华亚智能所处的半导体设备精密金属制造领域，行业饱和度逐渐增加，单一业务模式的弊端愈发明显。华亚智能的发展轨迹宛如一名在单行道上奋力奔跑的运动员，随着前行道路愈发拥挤，其发展空间也随之受限。与之形成鲜明对比的是，冠鸿智能凭借在智能装备领域的独特优势，开辟出一条充满潜力的新赛道。

从市场需求来看，随着智能制造浪潮的兴起，智能装备市场呈现出爆发式增长。冠鸿智能在动力和储能电池制造等领域的业务布局，正贴合了新能源产业的发展趋势。华亚智能若想在未来市场中占据一席之地，实现业务多元化是必然选择。通过收购冠鸿智能，华亚智能可以迅速踏入智能装备领域，分食这块快速增长的市场蛋糕，避免在半导体行业周期性波动时陷入被动。

再从产业链协同角度分析，华亚智能作为精密金属结构件供应商，与冠鸿智能存在上下游关系。收购冠鸿智能后，华亚智能能够打通产业链，实现从金属零部件制造到智能装备生产的一体化布局，降低采购成本，提高生产效率，增强自身在产业链中的话语权。

（二）收购路上"披荆斩棘"，华亚迅速成长通关

华亚智能在收购苏州冠鸿智能装备有限公司的过程中，可谓是困难重重，仿佛置身于一场惊险刺激的冒险之旅。深交所的多次问询，就像一个个强大的"关卡BOSS"。2023—2024年初，深交所针对收购的合理性、协同性以及财务数据等方面提出诸多疑问。面对这些难题，华亚智能迅速组建了一支"精英战队"，包括财务专家、法律顾问和行业分析师等。他们深入研究每一个问题，如同侦探般挖掘细节，寻找最有力的解答。在回答收购协同性问题时，团队详细分析双方业务流程、技术互补性以及市场拓展潜力，用数据和案例证明收购后的协同效应并非纸上谈兵。

而财务资料过期导致深交所中止审核，更是一场严峻的考验。这就好比在冒险途中突然遭遇了"断路"。但华亚智能没有退缩，紧急组织财务团队和审计机构，争分夺秒地对冠鸿智能的财务数据进行更新和审计。在短短两个月内，完成了大量烦琐的工作，成功更新财务资料，让收购之路重新畅通。这种克服

困难的能力和决心,不仅确保了收购的顺利推进,也展现了华亚智能强大的执行力和应对危机的能力。

(三) 华亚冠鸿"合体",协同效应"大爆发"

在技术协同方面,华亚智能的精密金属制造工艺堪称一绝,能够为冠鸿智能的智能装备提供高精度、高质量的金属零部件。而冠鸿智能在智能装备研发方面的技术,如机器人控制技术、自动化物流系统技术等,也可以为华亚智能在半导体设备制造过程中的自动化和智能化升级提供支持。双方技术团队可以开展合作研发,共同开发新产品和新技术。例如,结合华亚智能的精密制造技术和冠鸿智能的自动化技术,开发出更高效、更智能的半导体设备制造生产线,提升双方产品的技术含量和附加值。

在市场协同方面,华亚智能和冠鸿智能可以共享客户资源。华亚智能在半导体设备制造领域拥有众多优质客户,冠鸿智能可以借助这些客户资源,将自己的智能装备产品推广到半导体设备制造企业的生产环节中。同时,冠鸿智能在动力和储能电池制造等领域的客户,也可以成为华亚智能金属结构件产品的潜在客户。通过交叉营销和市场拓展,双方可以扩大市场覆盖范围,提高市场占有率,实现事半功倍的市场协同效应。

五、市场表现(003043)

华亚智能交易前后股价变动情况如图 30 所示。

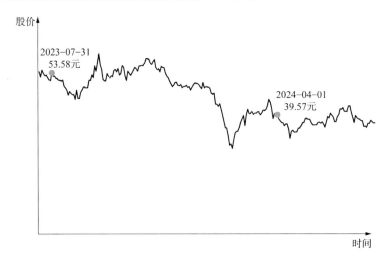

图 30　华亚智能交易前后股价走势

603958

哈森股份：
"吞下"双朗，升级高端制造

一、收购相关方简介

(一) 收购方：哈森商贸(中国)股份有限公司

哈森商贸(中国)股份有限公司(以下简称"哈森股份")成立于 2006 年，总部位于江苏省昆山市，是一家以中高端皮鞋品牌运营为核心的企业。2016 年，哈森股份在上海证券交易所主板上市，凭借强大的品牌影响力和覆盖全国的销售网络，逐步成为国内鞋类行业的重要企业之一。公司主要从事鞋类产品的设计、生产和销售，旗下拥有"哈森""卡迪娜""卡文"等多个自有品牌，并代理"AS""Hush Puppies"等国际品牌，产品涵盖男女皮鞋、休闲鞋及运动鞋等品类。公司通过直营主导的渠道模式强化终端控制力，直营店铺占比超 83%，有利于统一品牌形象、快速响应市场需求并积累消费者行为数据，2020 年线上渠道通过直播、社交媒体等数字化营销实现销售额增长，进一步巩固全渠道优势。从行业竞争环境看，哈森股份的核心壁垒还体现在研发设计与工艺沉淀上。公司长期深耕皮革制品领域，拥有成熟的鞋楦开发、帮面缝制及底材处理技术，例如采用进口头层牛皮与环保橡胶大底提升产品舒适度与耐用性，2024 年研发投入占比达 3.20%，高于行业平均水平。

哈森股份在巩固传统鞋类业务的同时，积极寻求业务多元化发展，通过本次收购，向智能制造和精密制造领域拓展。这一战略转型不仅有助于公司优化业务结构，还为其在工业自动化、消费电子等新兴领域开辟了新的增长点，展现了哈森股份从传统制造向高端制造升级的决心与潜力。

(二) 收购标的:江苏朗迅工业智能装备有限公司、苏州郎克斯精密五金有限公司

1. 江苏朗迅工业智能装备有限公司

江苏朗迅工业智能装备有限公司(以下简称"江苏朗迅")成立于2021年,总部位于江苏省昆山市,是一家专注于非标自动化设备及工装夹治具研发、生产和销售的企业。公司产品主要应用于消费电子、汽车、民用核技术等领域,致力于为客户提供定制化的自动化解决方案。江苏朗迅在工业自动控制系统装置、电子元器件制造等领域具备一定的技术储备,尤其在消费电子行业积累了丰富的客户资源,展现了较强的市场拓展能力。江苏朗迅的突出优势体现在三大维度。其一,江苏朗迅拥有垂直领域的技术沉淀与定制化能力,公司深耕非标自动化设备市场,针对消费电子行业快速迭代的需求,开发出适配iPhone等产品的精密组装设备,例如"IPAD-COVER组装机"和"线圈组装装置",其专利技术解决了5G设备天线集成与微型化组装的行业难题,形成技术护城河。其二,江苏朗迅拥有较强的产业链深度协同与客户黏性,作为苹果供应链的重要参与者,江苏朗迅采用"研发前置"模式,在客户新产品开发阶段即介入设计优化与工艺验证,例如为iPhone新型号提供结构件生产可行性分析,缩短产品上市周期并强化合作黏性。同时,公司通过JIT(准时制)交付与智能仓储系统,确保客户供应链高效运转,2024年其设备交付周期较行业平均缩短20%。其三,江苏朗迅在跨行业技术迁移与政策方面也存在一定红利,公司依托民用核技术领域积累的经验,将辐射加工设备技术迁移至新能源汽车零部件检测领域。通过与哈森股份的整合,江苏朗迅获得了更多资源支持,进一步拓展业务范围,提升在工业自动化和智能制造领域的市场份额,为未来发展注入新的动力。

2. 苏州郎克斯精密五金有限公司

苏州郎克斯精密五金有限公司(以下简称"苏州郎克斯")成立于2018年,注册地位于江苏省苏州市,是一家专注于精密金属结构件研发、生产和销售的高新技术企业。公司主要产品包括手机边框、电子设备结构件等,广泛应用于消费电子、通信设备等领域。凭借先进的生产技术和严格的质量管理体系,苏州郎克斯已成为多家全球知名消费电子品牌的核心供应商,尤其在苹果产业链中占据重要地位。

本次交易前并购三方的股权结构如图31所示。

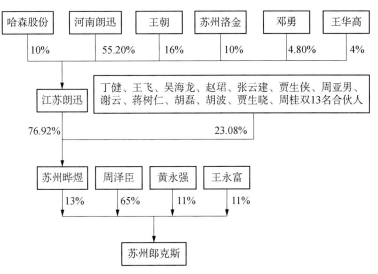

图31 本次交易前并购三方股权结构图

苏州郎克斯的核心业务是为消费电子行业提供高精度金属结构件的受托加工服务,其产品以高精度、高可靠性和定制化能力著称。公司主要客户包括苹果产业链的知名厂商,2022年和2023年,苹果产业链收入分别占公司总收入的96%和89%,显示出其对单一客户的高度依赖。

此外,苏州郎克斯在技术研发和生产工艺上不断创新,致力于为客户提供从设计到量产的一站式解决方案,进一步巩固了其在精密制造领域的竞争优势。随着消费电子行业的快速发展,苏州郎克斯将继续深化在精密金属结构件领域的技术积累,并积极拓展新能源汽车、智能穿戴设备等新兴市场。通过与哈森股份的战略整合,公司有望获得更多资源支持,进一步提升研发能力和市场竞争力,为未来发展注入新的动力。

二、收购事件一览

◉ 2024年1月3日,哈森股份发布关于筹划重大资产重组停牌公告。

◉ 2024年1月16日,哈森股份发布关于重大资产重组一般风险提示暨公司股票复牌公告。

◉ 2024年7月17日,哈森股份发布关于拟调整重大资产重组方案的停牌公告。

● 2024 年 7 月 24 日,哈森股份发布关于披露重大资产重组预案的一般风险提示暨公司股票复牌公告。

● 2024 年 9 月 30 日,2024 年第二次临时股东大会决议通过关于终止发行股份购买资产并募集配套资金暨关联交易事项并变更为现金收购资产的议案。

● 2024 年 10 月 30 日,哈森股份发布关于现金收购苏州郎克斯 45％股权及江苏朗迅 55.20％股权完成的公告。

● 2024 年 11 月 27 日,哈森股份发布关于现金收购资产完成股权交割及工商变更登记的公告。

三、收购方案

本次并购重组方案主要包括四个部分:一是筹划启动与初步方案披露;二是监管问询与方案修订;三是方案调整与股权比例提升;四是转向现金收购与方案终定。

(一)筹划启动与初步方案披露

2024 年 1 月 3 日,哈森股份首次公告筹划重大资产重组,通过发行股份及支付现金相结合的方式收购江苏朗迅 90％股权、苏州郎克斯 45％股权及苏州晔煜 23.08％份额,同时募集配套资金。此次收购旨在通过业务多元化缓解主业增长乏力的问题,标的公司江苏朗迅主营工业自动化设备,苏州郎克斯专注精密金属结构件加工,二者均深度绑定苹果产业链,分别服务于 iPad 组装设备及 iPhone 边框加工业务。公告发布后,公司股票于 1 月 16 日复牌,随即引发股价连续 7 个涨停,市场对"果链"标的的协同效应及业绩提振预期强烈。

(二)监管问询与方案修订

2024 年 1 月 24 日,上交所下发问询函,要求哈森股份说明标的资产业务独立性、苹果产业链依赖风险及交易定价合理性等问题。哈森股份两次延期回复后,于 2 月 29 日披露修订版预案,首次公开标的估值:苏州郎克斯 100％股权评估值为 6.03 亿元,江苏朗迅为 1.60 亿元,并强调标的公司需通过苹果供应商资格认证,存在需求波动风险。此次回复中,公司承认标的业务对苹果产业链的依赖,但强调其技术能力符合苹果标准,且双方合作稳定。

(三)方案调整与股权比例提升

2024 年 7 月 24 日,哈森股份推出第二版方案,将苏州郎克斯收购比例从

45%提升至87%,并改为纯发行股份方式收购江苏朗迅90%股权及苏州晔煜份额,同时募集配套资金。调整后,公司全资控股江苏朗迅、苏州晔煜及苏州郎克斯,发行价定为7.30元/股,较前次方案降低融资成本。此举旨在加速对标的公司的控制权整合,但方案仍因审核周期长、市场环境变化等因素未能推进。

(四) 转向现金收购与方案终定

2024年9月13日,哈森股份公告终止发行股份计划,变更为现金收购,以3.58亿元收购苏州郎克斯45%股权及江苏朗迅55.20%股权,资金来源为自有资金及银行贷款。调整后,公司对苏州郎克斯和江苏朗迅的持股比例分别达55%、65.20%,虽未实现全资控股,但规避了重大资产重组审核程序,缩短了交易周期。交易设置业绩对赌条款:苏州郎克斯2024—2026年净利润承诺不低于5140万元、5692万元、6312万元;江苏朗迅同期净利润承诺为828万元、1040万元、1130万元。9月30日,该方案获股东大会通过,标志着收购进入执行阶段。11月27日,哈森股份宣布完成股权交割,直接持有江苏朗迅65.20%股权,并通过子公司控制苏州郎克斯55%股权。本次交易后,并购三方的股权结构如图32所示。

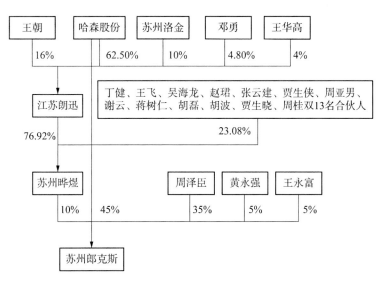

图32 本次交易后并购三方股权结构图

四、案例评论

(一) 战略协同深化产业链控制,技术互补突破进口依赖瓶颈

哈森股份对江苏朗迅与苏州郎克斯的并购,展现了装备制造企业通过垂直整合提升产业链控制力的典型路径。江苏朗迅在特种金属材料领域的研发能力,与苏州郎克斯在精密加工环节的工艺积淀,形成了技术互补的协同基础。并购后构建的"材料-制造-服务"全链条体系,使企业成功突破高端轴承钢依赖进口的技术瓶颈。通过整合,哈森股份试图构建"消费电子设备研发—精密零部件制造"的产业链闭环,分散原有鞋类主业单一的经营风险,并切入高增长的消费电子市场。此外,通过标的公司的苹果供应链资源开拓海外市场,实现国内国际双循环的有机衔接。

(二) 双轨管理平衡集权分权,组织架构创新激活转化效能

在并购整合中,哈森股份采用了独特的"战略-运营"双轨管理模式。总部通过技术委员会、联合采购中心等机制强化战略管控,而标的公司在生产运营层面保持自主决策权。这种设计既避免了并购常见的文化冲突,又通过关键资源集中配置实现了规模效应。实施效果表明,该模式显著提升了研发成果转化效率,例如多项交叉技术专利快速投入量产,反映出组织架构创新对技术融合的促进作用。

风险防控机制的设计体现了并购交易的成熟度。针对技术型标的估值难度大的特点,交易中设置的业绩承诺条款与分期支付机制,有效约束了标的方的道德风险。但管理复杂性的增加也带来挑战,跨公司协作流程的增多导致决策效率有所下降,这为大型并购项目的组织设计提供了重要启示。

(三) 多维价值创造重塑竞争逻辑,风险演化凸显双循环挑战

此次并购的价值创造呈现"技术筑基-市场拓疆-品牌增值"的梯次演进特征。技术层面,通过整合形成6大核心技术群组,使企业入选工业和信息化部"制造业单项冠军"名录;市场层面,构建"长三角研发＋海外制造"布局,成功承接"一带一路"重点工程项目装备供应;品牌层面,获得"中国工业大奖"标志着行业地位的根本性提升。这种多维价值创造路径,打破了传统并购依赖规模扩张的单一模式。

风险演化轨迹具有典型本土特征。技术替代风险集中表现为新材料革命

对传统工艺路线的冲击,如第三代半导体材料应用导致部分专有技术提前折旧;政策风险则体现为国内产能调控政策与海外贸易壁垒的双重压力,特别是重点产品被纳入《中国禁止出口限制出口技术目录》带来的市场调整需求。这些风险形态深刻反映了我国装备制造业在双循环格局下面临的特殊挑战。

五、市场表现(603958)

哈森股份交易前后股价变动情况如图 33 所示。

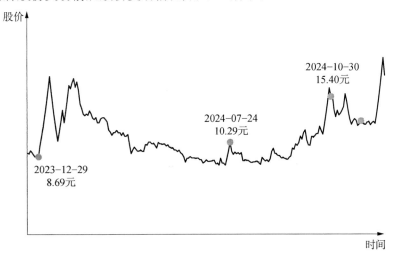

图 33　哈森股份交易前后股价走势

871753

天纺标：
集团内部重组，破解同业竞争

一、收购相关方简介

（一）收购方：天纺标检测认证股份有限公司

2014 年 5 月，天纺标检测认证股份有限公司(以下简称"天纺标")顺应国企改革浪潮在天津成立。2017 年 8 月，公司在全国中小企业股份转让系统(新三板)挂牌，最初为基础层企业。随着业务的持续扩张和行业影响力的提升，天纺标于 2020 年 5 月依据《2020 年第一批市场层级定期调整决定的公告》成功晋升至创新层，进一步增强了资本市场的认可度。2022 年，公司进入北交所上市辅导期，并仅用 5 个月便完成上市准备。2022 年 10 月 31 日，天纺标正式登陆北京证券交易所(证券代码：871753.BJ)，成为天津首家在北交所上市的企业，迈入了资本化、规模化、国际化发展的新阶段。

天纺标的主营业务覆盖消费品、医疗器械及工业品的检测、检验和认证服务，业务范围涉及纺织服装、鞋类、家居用品、电子电器、食品接触材料、医疗器械及高端制造等多个领域。公司凭借雄厚的技术实力，建有"国家针织产品质量监督检验中心""国家服装质量监督检验中心(天津)"两大国家级检测中心，并积极主导或参与国家、行业及团体标准的制定，在行业内享有高度公信力。此外，公司依托天津总部，建立了覆盖上海、深圳、广东等核心业务区域的全国化检测服务网络，为安踏、李宁、爱慕、华歌尔、纳通医疗等国内外知名品牌提供高质量检测服务，并深度融入天猫、抖音、京东等电商平台的质量管理体系。近年来，公司紧跟国家发展战略，积极拓展医疗器械、高端制造等新兴领域，推动业务多元化发展，致力于打造国内领先、国际一流的综合性检测认证集团。目前,天纺标的控股股东为天津天纺投资控股有限公司(以下简称"天纺投资"),持有 60.07％股份,实际控制人为天津市国资委。

(二) 收购标的:天津市乳品食品监测中心有限公司

天津市乳品食品监测中心有限公司(以下简称"乳品监测中心")的历史可追溯至 1987 年,前身为天津市乳品食品监测中心(天津市质量监督检验站第五十八站)。自成立以来,天津市乳品食品监测中心长期承担农业农村部、天津市农业农村委员会、天津市市场监督管理委员会及各区市场监管部门的政府委托检测任务,在食品安全监管领域积累了丰富经验,并在历次食品安全事件中提供了关键的检测数据支持。2020 年 8 月 5 日,乳品监测中心完成事业单位转企改制,正式更名为天津市乳品食品监测中心有限公司,成为一家独立市场化运作的企业。

乳品监测中心专注于食品、农产品及农业投入品的检验检测,提供检验检测技术咨询、计量服务、环境保护监测及相关技术支持。公司具备 CMA(中国计量认证)、CNAS(中国合格评定国家认可委员会)、CATL(农产品质量安全检测机构)等多项专业资质,并于 2020 年 1 月经国家市场监督管理总局、国家卫生健康委和农业农村部批准,成为食品复检机构,具有全国范围内的食品安全复检权威资质。公司主要客户包括食品、农产品及农业投入品行业的生产和流通企业,以及各级市场监管机构。其核心盈利模式为接受企业和政府委托,对样品进行检测并收取检测费用。本次交易前,天津食品集团有限公司(以下简称"食品集团")持有乳品监测中心 100％的股权,为乳品监测中心的控股股东,乳品监测中心实际控制人为天津市国资委。

(三) 关联控股方:天津市泰达实业集团有限公司

2010 年,天津津联投资控股有限公司(以下简称"津联控股")作为天津市跨境国有资本平台和国有制造类企业持股平台成立,主要从事资本市场服务。2020 年 10 月,为进一步落实国企改革三年行动方案,做优做强国有资本,天津市国资委决定将其持有的津联控股 100％股权无偿划转至天津市泰达投资控股有限公司(以下简称"泰达控股")。此次股权划转基于泰达控股和津联控股的资源禀赋和产业优势,对现有业务与资产进行梳理和整合优化,实现优势互补、资源协同。2022 年,津联控股正式更名为天津泰达实业集团有限公司(以下简称"泰达实业")。

本次交易前,泰达实业间接控制乳品监测中心100%股权,系乳品监测中心间接控股股东;同时,泰达实业间接控制上市公司72.36%股权,亦为上市公司间接控股股东,因此本次交易构成关联交易。收购前天纺标、乳品检测中心和泰达实业三者关联关系如图34所示。

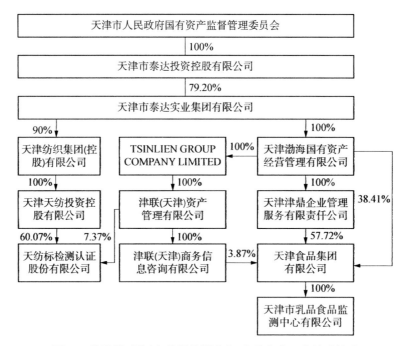

图34 收购前天纺标、乳品检测中心、泰达实业三者关联关系

二、收购事件一览

● 2023年7月14日,天纺标筹划发行股份及支付现金购买资产暨关联交易事项开始停牌。

● 2023年7月21日,天纺标股票继续停牌。

● 2024年7月25日,天纺标第三届董事会第二次会议决议通过《天纺标检测认证股份有限公司发行股份及支付现金购买资产暨关联交易方案的议案》。同日,天纺标发布发行股份及支付现金购买资产暨关联交易预案,天纺标股票复牌。

● 2023年12月22日,天纺标发布关于发行股份及支付现金购买资产暨关联交易的进展公告。

⚬ 2024 年 1 月 15 日,天纺标发布关于终止发行股份及支付现金购买资产暨关联交易事项变更为现金购买资产暨关联交易的公告和购买资产暨关联交易的公告。

⚬ 2024 年 1 月 23 日,天纺标收到北交所下发的《关于对天纺标检测认证股份有限公司的问询函》。

⚬ 2024 年 1 月 31 日,天纺标 2024 年第一次临时股东大会审议通过关于终止发行股份及支付现金购买资产暨关联交易事项变更为现金收购股份的议案。

⚬ 2024 年 2 月 6 日,天纺标发布本次交易过户完成的公告。

三、收购方案

本次并购交易的方案为天纺标收购食品集团持有的乳品监测中心 100％股权。2023 年 7 月,公司原计划采用"发行股份及支付现金"相结合的方式进行收购,但于 2024 年 1 月调整方案,改为全额支付现金收购。交易完成后,乳品监测中心成为天纺标的全资子公司,纳入合并报表。

原方案中,本次交易的股票发行价格为 7.34 元/股,定价基准为交易前二十个交易日的股票交易均价。然而,在交易推进过程中,公司对标的公司进行了更为深入的尽职调查,发现标的公司长期亏损,经审计和评估的资产规模较小,同时,上市公司自有资金充裕,能够全部以现金支付对价。此外,受市场环境变化及政策调整的影响,交易方案在执行过程中存在一定的实施障碍。因此,公司最终决定终止"发行股份及支付现金"方案,并将支付方式变更为全部以现金支付。

截至 2023 年 6 月 30 日,乳品监测中心资产总额 6 549.05 万元,净资产 3 625.08 万元,2023 年 1—6 月营业收入为 1 145.76 万元。在评估基准日 2023 年 6 月 30 日,持续经营前提下,采用资产基础法评估,乳品监测中心的股东全部权益价值评估结果为 4 227.10 万元,评估增值 602.02 万元,增值率为 16.61％。经交易双方协商一致,共同确定标的公司 100％股权的价格为 4 227.10 万元。

四、案例评论

(一) 解决同业竞争,形成协同效应

天纺标此次收购乳品监测中心,有助于优化集团内部资源配置,减少潜在的同业竞争问题。乳品监测中心长期承担政府部门的食品安全监督抽检工作,在行业内具备较高的公信力和品牌影响力,但作为天纺标间接控股股东旗下的企业,与天纺标在业务性质上存在一定程度的重叠。本次收购完成后,乳品监测中心成为天纺标的全资子公司,从而有效整合资源,避免集团内部的市场竞争,同时提升整体运营效率。此外,乳品监测中心的检测业务主要集中在食品安全领域,而天纺标则在纺织品、消费品及医疗器械检测方面占据优势。收购后,双方可以共享实验室、技术资源和客户网络,拓展检测能力,提升整体竞争力。

(二) 拓展业务范围,打造业绩新的增长点

天纺标在 2023 年确立了"一切归零、二次创业"的主基调,着力于强化技术实力和智能化实验室建设,同时借助资本市场平台,通过并购重组加速业务扩展。本次收购乳品监测中心,是公司拓展"衣食住行"检测服务的重要一步。

食品检测行业市场空间广阔,乳品监测中心是农业农村部批准的全国仅有的三家乳及乳制品检测机构之一,并且是天津市唯一一家,在行业中具备明显的稀缺性和竞争壁垒。公司自 1983 年成立以来,长期承担政府食品安全监管检测任务,市场认可度较高。天纺标原主营业务主要涵盖纺织品、医疗器械和工业品检测,虽然在纺织品检测领域具有竞争优势,但业务相对集中,受行业周期性波动影响较大。食品检测市场近年来增长较快,成为新的业务拓展方向。通过此次收购,天纺标不仅能够迅速进入食品检测领域,还能进一步扩展客户群体,提高市场占有率,形成更加稳健的收入结构。此外,在政府不断加强食品安全监管、市场需求持续增长的背景下,天纺标可以利用乳品监测中心的技术积累和市场地位,加快在食品检测行业的布局,为公司带来新的增长点。

(三) 获杠杆资金青睐,市场认可度提升

从资本市场的角度来看,本次收购引发了强烈的市场反应,展现出投资者

对天纺标未来发展的高度认可。2023 年 7 月 25 日晚,天纺标公告拟通过"发行股份及支付现金"的方式,收购天津食品集团有限公司持有的乳品监测中心100％股权。消息发布后,7 月 26 日复牌当天,天纺标股价直线拉升 9.52％,收于 7.94 元/股,显示出市场对这一并购消息的积极反馈。2024 年 1 月 16 日,公司宣布调整方案,改为全额现金收购。新方案公布后,市场进一步给予正面回应,当日北证 50 指数强势翻红,天纺标更是大涨 30％并触及涨停。截至 2024年 1 月 30 日,天纺标当月涨幅高达 63.68％,在中万二级专业服务行业中排名第二,自 1 月 16 日发布收购公告以来,股价累计涨幅已达 129.8％,表现亮眼。此外,融资资金也在加大对天纺标的布局,截至 1 月 30 日,公司融资余额达到252.03 万元,较 2023 年底增长 4.71％,表明杠杆资金对公司未来增长潜力充满信心。在同期的 19 只专业服务行业融资融券标的中,仅 9 只个股获得融资客加仓,而天纺标正是其中之一,且表现远优于行业平均水平。这一走势反映了资本市场对收购标的的认可,同时也表明投资者看好公司借助本次收购拓展业务领域的战略价值。

(四) 高成本收购的隐忧:资金压力与盈利挑战并存

乳品监测中心长期处于亏损状态,2021 年度、2022 年度和 2023 年 1—6月,该标的公司净利润分别为－304.37 万元、－514.65 万元及－390.43 万元,亏损幅度较大,且未能显现明显的扭亏趋势。本次收购采取全额现金支付,总金额达 4 227.10 万元,接近天纺标 2022 年全年经营现金净流量(4 468.29 万元),如此大规模的现金流出,可能对公司的资金流动性带来一定压力。如果未来乳品监测中心未能快速扭亏为盈,天纺标可能需要投入更多的资金支持其运营,影响公司资金使用效率。另一方面,乳品监测中心的市净率仅为 1.17 倍,显著低于同行业上市公司的平均水平(3.67 倍)。从短期来看,这可能是由于乳品监测中心的亏损状态导致估值较低。但从长期来看,如果收购后该公司无法快速改善盈利能力,天纺标的整体估值可能受到拖累。

五、市场表现(871753)

天纺标交易前后股价变动情况如图 35 所示。

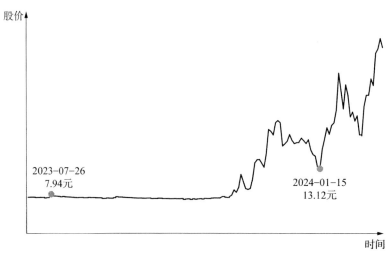

图 35　天纺标交易前后股价走势

603613

国联股份：
关联增资扩股，"产业＋金融"协同

一、收购相关方简介

（一）收购方：北京国联视讯信息技术股份有限公司

北京国联视讯信息技术股份有限公司（以下简称"国联股份"）成立于2002年9月6日，总部位于北京市。公司是一家以工业电子商务和产业互联网为核心业务的企业，致力于通过互联网、大数据、云计算、人工智能等技术与传统产业的深度融合，推动产业数字化转型和降本增效。

国联股份的主营业务包括工业品和原材料的线上商品交易、商业信息服务和数字技术服务。公司通过B2B信息服务平台以"国联资源网"为核心，覆盖冶金、煤炭、电力、机械、医药、化工等100余个工业行业，累计拥有超过300万注册会员企业、1000万黄页数据库及1.50亿条招投标信息资源，为产业链上下游提供行业资讯、供需对接及市场分析服务；通过垂直电商平台，通过"多多"系列平台深耕细分行业，采用自营与第三方结合的商业模式。自营业务以集合采购为核心，通过整合下游零散订单形成规模化需求，向上游争取价格优势，降低客户采购成本。例如，涂多多平台在涂料化工领域通过集合订单实现多式联运，物流成本较传统模式下降显著，同时数字化仓储管理提升库存周转效率。目前，多多平台已拓展至涂料、玻璃、造纸、化肥、粮油、芯片、医疗器械等十余个垂直领域，2020年交易规模达171.58亿元，年均复合增长率超140％；通过数字技术服务平台，依托"国联云"提供工业互联网解决方案，涵盖数字工厂、智慧供应链、工业元宇宙（元企项目）等创新服务。该平台通过云ERP、远程办公、工业大模型等技术，推动企业生产流程数字化，例如为上下游企业提供电子合同、在线支付、智能物流等 SaaS 服务,显著提升供应链协同效率。国联股份以"平台、科技、数据"为战略核心,通过技术创新和资本运作不断拓展业务边界,形成垂直行业深耕与多平台协同效应、技术驱动与数据资产壁垒、轻资产运营与规模效应等核心竞争力。

(二) 收购标的:无锡鸿鹄壹号创业投资基金合伙企业(有限合伙)

无锡鸿鹄壹号创业投资基金合伙企业(有限合伙)(以下简称"鸿鹄壹号")成立于 2021 年 11 月 30 日,注册资本为 1.51 亿元人民币,注册地位于江苏省无锡市。鸿鹄壹号是一家以私募基金形式从事股权投资、投资管理和资产管理活动的企业,主要聚焦于产业互联网、数字科技等领域的投资布局。鸿鹄壹号的核心投资方向包括产业互联网及其上下游领域,重点关注智能制造、工业软件、数字孪生、产业元宇宙等前沿科技领域。其战略定位是通过资本赋能,推动创新企业的业务优化、规模扩展和公司治理完善,助力其成为行业标杆企业。

鸿鹄壹号的管理团队由多位资本市场资深人士组成,其中包括拥有超过 20 年投资银行和股权投资经验的徐海。徐海曾担任高盛高华执行董事、工银国际董事总经理,主导过多个大型企业融资和上市项目,具备丰富的资本运作经验。本次交易前,鸿鹄壹号股权结构如图 36 所示。

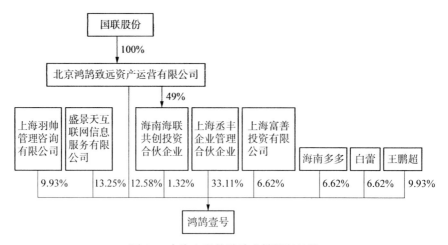

图 36　本次交易前鸿鹄壹号股权结构

该基金的独特定位还体现在其"产融深度绑定"策略上。不同于传统财务型基金,无锡鸿鹄壹号更注重与被投企业的长期协同价值。基金投资的某智能装备企业不仅获得资金注入,2024年通过该模型还成功规避了某新材料项目因原材料涨价导致的潜在亏损。值得注意的是,基金还积极探索创新投资工具,通过数字孪生技术模拟产业链运行,预判技术迭代趋势,在半导体设备、工业元宇宙等领域提前卡位,形成了差异化技术壁垒。

从行业视角看,无锡鸿鹄壹号基金的竞争力还缘于其"区域化深耕＋全球化视野"的战略平衡。无锡作为长三角制造业重镇,拥有完备的产业集群与政策支持,基金迁址后获得地方政府在税收优惠、项目对接等方面的资源倾斜。例如,2024年基金与无锡产业集团联合发起25亿元科创基金,重点投资本地集成电路与生物医药企业,进一步巩固区域产业影响力。2024年基金成功主导了某德国工业传感器企业的跨境并购,将先进技术引入国内云工厂体系,实现了"技术引进—本土化改造—生态整合"的价值链升级。这种兼具深度与广度的布局,使其在工业互联网投资领域形成难以复制的生态优势,为并购方提供了技术协同、市场扩张与财务回报的多重价值标的。

(三)关联控股方:海南多多共赢投资合伙企业(有限合伙)

海南多多共赢投资合伙企业(有限合伙)(以下简称"多多共赢")成立于2021年11月12日,当时正是海南自贸港建设关键阶段,注册资本为1000万元人民币,注册地位于海南省三亚市。依托《海南自由贸易港建设总体方案》赋予的跨境投融资便利化政策优势,构建"产业资本＋地方政府＋专业机构"的混合所有制架构。股东结构呈现多元化特征:海南省属国资平台持股35％、头部私募股权机构联合体持股30％、战略产业龙头企业持股25％、管理层跟投10％,形成"国资引导＋市场运作"的治理机制。

公司差异化竞争壁垒体现在三维价值创造体系:首先,依托自贸港"双15％"税收优惠,创新搭建QFLP(合格境外有限合伙人)架构,成功引入新加坡主权基金GIC、阿布扎比投资局等境外资本,形成"境内项目＋离岸资金"的跨境闭环,单笔跨境投资效率提升40％(相比传统ODI通道);其次,首创"产业路由器"模式,通过控股股东海南金控的政府资源网络,深度绑定海口江东新区、三亚崖州湾科技城等6大重点园区,构建项目储备池(年均接触标的超500个);最后,风控体系引入区块链智能合约技术,在投后管理阶段实施"对赌条款自动化执行"机制,2022年成功触发某生物医药项目的技术里程碑回售权,避免潜在损失1.20亿元,该案例入选中国证券投资基金业协会年度风控示范案例。

二、收购事件一览

　　● 2021年11月26日,国联股份发布关于参与投资设立股权投资基金暨关联交易的公告,鸿鹄壹号正式成立。

　　● 2022年1月29日,国联股份发布关于参与投资设立股权投资基金暨关联交易的进展公告,无锡鸿鹄壹号创业投资基金合伙企业(有限合伙)取得私募投资基金备案证明,完成备案手续。

　　● 2024年1月27日,国联股份发布关于控股子公司增资扩股暨关联交易的公告。

三、收购方案

　　基金的认缴出资总额由人民币151 000 000元变更为人民币251 000 000元,增加募资100 000 000元,如表13所示。

表13　本次追加投资方案配比

出资人	追加出资	认缴出资	出资占比
海南海联共创投资合伙企业(有限合伙)	—	2 000 000	0.80%
北京鸿鹄致远资产运营有限公司	40 000 000	59 000 000	23.51%
海南多多共赢投资合伙企业(有限合伙)	—	10 000 000	3.98%
上海丞丰企业管理合伙企业(有限合伙)	—	50 000 000	19.92%
上海羽帅管理咨询有限公司	—	15 000 000	5.98%
上海富善投资有限公司	—	10 000 000	3.98%
白蕾	—	10 000 000	3.98%
王鹏超	—	15 000 000	5.98%
盛景云(天津)互联网信息服务有限公司	—	20 000 000	7.97%
无锡市象云投资有限公司	50 000 000	50 000 000	19.92%
常州科教城投资发展有限公司	10 000 000	10 000 000	3.98%
合计	100 000 000	251 000 000	100.00%

本次交易后鸿鹄壹号股权结构如图 37 所示。

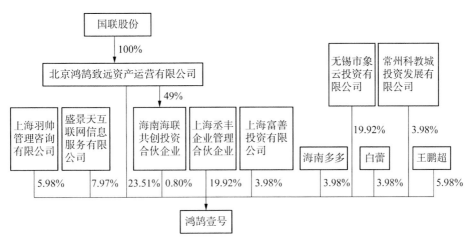

图 37　本次交易后鸿鹄壹号股权结构图

四、案例评论

（一）战略协同效应凸显，强化产业链纵深布局

国联股份通过鸿鹄致远资产运营平台参与鸿鹄壹号基金的投资管理，重点投向智能制造、智慧物流及工业元宇宙领域，体现了其"产业＋资本"双轮驱动的战略意图。鸿鹄壹号领投的华晟智能是智能仓储物流领域的头部企业，其技术能力与国联股份旗下涂多多等平台的供应链数字化需求高度契合，能够通过自动化解决方案优化仓储及物流效率，降低交易成本，从而增强电商平台的综合服务能力。此外，鸿鹄壹号基金布局的数字孪生技术与国联数字云工厂的虚拟建模需求协同，助力其构建从交易到生产的全链条数字化闭环，进一步巩固其在工业互联网生态中的核心地位。这一资本运作逻辑与国联股份 2022 年年报中提出的"产业互联网生态联盟"战略高度契合，通过技术整合延伸服务边界，而非单纯追求财务回报。值得关注的是，基金出资方中引入无锡市象云投资（出资占比 19.92％）及常州科教城投资（出资占比 3.98％），显示其通过绑定地方政府资源获取区域产业协同优势。

这一系列动作表明，国联股份并非单纯追求财务回报，而是通过资本手段补足技术短板、延伸服务边界，构建从交易到生产的全链条数字化闭环。其投资逻辑紧密围绕现有业务场景,既强化了垂直领域的护城河,又为未来开拓跨境供应链与全球化布局埋下伏笔。

(二) 行业整合能力突出,加速资源优化配置

鸿鹄壹号基金的运作模式展现了国联股份在产业资源整合上的高效性。一方面,基金联合中化资本、中金资本等头部机构共同投资,形成"产业龙头＋金融资本"的协同网络,既分散了风险,又借助合作伙伴的专业能力提升标的的筛选与投后管理效率。另一方面,国联股份通过基金投资将外部技术资源快速内化,例如华晟智能的智能仓储系统可直接接入其数字供应链平台,缩短技术落地周期,避免自主研发的高成本与不确定性。

这一策略与国联股份近年来推动的"数智千企"计划一脉相承,即通过资本纽带链接产业链优质企业,形成以自身为核心的生态联盟。工业互联网数字生态联盟的成立,已吸引众多企业参与共建数字云工厂,而鸿鹄壹号的标的公司则成为联盟的技术供应商或服务商,进一步放大协同效应。这种"以投带产"的模式,不仅优化了资源配置效率,还为国联股份在行业洗牌期抢占先机提供了抓手。

(三) 风险管理审慎,但长期价值兑现需持续验证

尽管并购战略具备前瞻性,但潜在风险仍需关注。一方面,技术整合的复杂性可能影响协同效果。微展世(北京)数字科技有限公司的数字孪生技术需与国联现有系统深度兼容,若数据接口标准化不足或团队协作不畅,可能导致应用效果不及预期。另一方面,基金投资的财务压力不容忽视。国联股份近年业绩虽保持高增长,但其净利润率仍偏低,大规模资本投入可能加剧现金流压力,尤其在宏观经济波动下,被投企业的业绩波动或拖累整体盈利。

此外,政策环境的变化亦需纳入考量。新"国九条"虽鼓励券商并购重组,但对跨界资本运作的监管仍存在不确定性。国联股份若未来进一步通过基金涉足金融领域,需平衡创新探索与合规要求,避免政策风险传导至主业。总体而言,鸿鹄壹号的投资成效需长期跟踪,其价值释放依赖于技术落地速度、标的公司成长性及宏观环境的稳定性。

国联股份通过鸿鹄壹号基金实现的并购案例,展现了其在产业资本化路径上的成熟度与战略定力。其核心优势在于将资本工具与主业需求深度融合,形成"内生增长＋外延扩张"的双重动能。然而,高估值标的整合难度、资本回报周期及外部环境变量仍是未来挑战。

五、市场表现(603613)

国联股份交易前后股价变动情况如图 38 所示。

图 38　国联股份交易前后股价走势

第四辑　横向并购

300760

迈瑞医疗：
"大A"收"小A"，实现业务协同

一、收购相关方简介

(一) 收购方:深圳迈瑞生物医疗电子股份有限公司

深圳迈瑞生物医疗电子股份有限公司(以下简称"迈瑞医疗")前身为开曼迈瑞医疗电子(深圳)有限公司(以下简称"迈瑞有限")，成立于1991年。2001年12月，迈瑞有限整体变更设立股份有限公司。2006年9月，迈瑞医疗作为中国首家医械企业登陆纽约证券交易所，全面开启国际化发展新篇章，后于2016年私有化退市。2018年10月16日，迈瑞医疗正式在深圳证券交易所挂牌上市(股票代码:300760.SZ)，刷新当时创业板最高募集资金纪录，并在2020年3月登顶创业板市值第一。

迈瑞医疗主要从事医疗器械的研发、制造、营销及服务，核心业务涵盖生命信息与支持、体外诊断以及医学影像三大业务领域，并逐步扩展至动物医疗、AED、微创外科及骨科耗材四大种子领域，拥有国内同行业中最全的产品线，以安全、高效、易用的"一站式"产品和数智化解决方案满足临床需求。其中，生命信息与支持和体外诊断业务占公司总收入的80％，监护仪、呼吸机、麻醉机等产品市占率长期位列全球前三，血球业务等居于国内市占率第一。同时，迈瑞医疗积极拥抱人工智能，初步完成了"设备＋IT＋AI"的智能医疗生态系统搭建，通过"三瑞"生态与设备融合创新，结合大数据、人工智能为医疗机构提供数智化整体解决方案，真正做到用技术的手段解决临床痛点。历经30余年的沉淀，迈瑞医疗凭借"内生增长＋外延并购"的双引擎稳健发展，已经成为全球领先的医疗器械以及解决方案供应商，产品远销190多个国家及地区，建立起基于全球资源配置的研发创新平台,形成庞大的全球化研发、营销及服务网络。

截至 2023 年底,迈瑞医疗的总资产 4 794 000.31 万元,2023 年度营业收入为 3 493 190.09 万元,归属于母公司股东的净利润为 1 158 222.61 万元,净利润增速持续多年保持在 20% 以上,在 A 股市场中表现卓越,是医疗器械行业的标杆企业。迈瑞医疗计划最晚在 2025 年成功跻身全球医疗器械行业 TOP 20,此次收购深圳惠泰医疗器械股份有限公司,正是迈瑞医疗布局心血管领域、培育新业绩增长极的关键战略举措,旨在进一步完善产品矩阵,提升综合竞争力,加速迈向全球医疗器械行业前列的步伐。

(二) 收购标的:深圳惠泰医疗器械股份有限公司

深圳惠泰医疗器械股份有限公司(以下简称"惠泰医疗")前身为深圳惠泰医疗器械股份有限公司(以下简称"惠泰有限"),成立于 2002 年,注册资本 100 万元。2019 年 11 月,惠泰有限在历经三次股权转让后,整体变更为股份有限公司。2021 年 1 月 7 日,惠泰医疗正式登陆科创板,成功挂牌上市(股票代码:688617.SH)。

惠泰医疗是一家专注于电生理和血管介入医疗器械研发、生产和销售的高新技术企业,掌握了多项核心生产工艺及产品开发技术,通过打造行业领先的自主生产制造平台、电生理系统技术平台及产品结构创新,形成了公司的核心技术优势。已上市的产品包括电生理、冠脉通路、外周血管介入、非血管介入医疗器械,属于高值医用耗材领域,技术含量高,临床价值大。截至 2023 年 12 月 31 日,在国内市场,惠泰医疗心脏电生理产品覆盖医院超过 1 100 家,血管介入类产品覆盖医院 3 600 余家。同时,惠泰医疗积极发展国际化业务,产品远销 90 多个国家和地区。凭借卓越的研发能力、强大的生产质控体系、有规划的产品迭代策略和领先的品牌营销体系,惠泰医疗深耕细作二十余年后,已形成了以完整冠脉通路和心脏电生理医疗器械为主导,外周血管介入医疗器械为重点发展方向的业务布局,在外资品牌垄断的国内心血管市场中脱颖而出,占据了稳固的地位。

凭借在心血管领域的技术优势和产品创新,惠泰医疗的业绩实现了高速增长,截至 2023 年底,惠泰医疗的总资产为 257 298.23 万元,2023 年度营业收入为 165 021.18 万元,归属于母公司股东的净利润为 53 392.42 万元,同比增长 49.13%,是国内心血管领域当之无愧的细分龙头企业。

二、收购事件一览

● 2024 年 1 月 29 日,迈瑞医疗发布《关于收购深圳惠泰医疗器械股份有限公司控制权的公告》,并披露其全资子公司深迈控与转让方一、转让方二签署了股份转让协议,与晨壹红启签署了权益转让协议。

● 2024 年 1 月 29 日,迈瑞医疗召开第八届董事会第五次会议,审议通过了《关于收购深圳惠泰医疗器械股份有限公司的议案》。

● 2024 年 4 月 15 日,迈瑞医疗收到中国证券登记结算有限责任公司出具的《证券过户登记确认书》。

● 2024 年 4 月 29 日,惠泰医疗召开 2024 年第二次临时股东大会、第二届董事会第十五次会议,完成惠泰医疗第二届董事会、监事会改组,迈瑞医疗取得惠泰医疗控制权。

三、收购方案

(一) 交易方案概述

迈瑞医疗通过全资子公司深圳迈瑞科技控股有限责任公司(以下简称"深迈控"),采用协议转让与原实控人放弃表决权相结合的方案,收购科创板公司惠泰医疗,完成本次控制权变更。相关协议转让、表决权放弃事项完成后,惠泰医疗的控股股东变更为迈瑞医疗全资子公司深迈控,实际控制人变更为李西廷和徐航。

(二) 协议转让

2024 年 1 月 28 日,深迈控与成正辉、成灵、戴振华、上海惠深创业投资中心(有限合伙)(以下简称"上海惠深")、上海惠疗企业管理中心(有限合伙)(以下简称"上海惠疗")、苏州工业园区启华三期投资中心(有限合伙)(以下简称"启华三期")、苏州工业园区启明融科股权投资合伙企业(有限合伙)(以下简称"启明融科")、苏州启明融盈创业投资合伙企业(有限合伙)(以下简称"启明融盈")、QM33 LIMITED(以下简称"QM33")(以下合称为"转让方一")签署股份转让协议(以下简称"股份转让协议一"),深迈控通过协议转让方式以 471.12 元/股的价格,受让转让方一持有的惠泰医疗 13 185 240 股股份,占惠泰医疗股本的 19.72%,股份转让价款合计为 621 188.50 万元。

2024 年 1 月 28 日,深迈控与扬州澎旭股权投资合伙企业(有限合伙)(以下简称"扬州澎旭")(以下简称为"转让方二")签署股份转让协议(以下简称"股份转让协议二")(以下与"股份转让协议一"合称为"股份转让协议"),深迈控通过协议转让方式以 471.12 元/股的价格,受让转让方二持有的惠泰医疗 935 070 股股份,占惠泰医疗总股本的 1.40%,股份转让价款合计为 44 053.41 万元。

本次交易价格以参考惠泰医疗股票交易价格确定的惠泰医疗整体估值为基础,并经交易各方充分协商后确定。迈瑞医疗通过全资子公司深迈控,通过协议转让合计收购惠泰医疗 14 120 310 股股份,占惠泰医疗总股本的 21.12%,股份转让价款合计为 66.52 亿元。本次交易转让股份及转让对价具体情况如表 14 所示。

表 14　本次交易转让股份及转让对价

序号	转让方	转让股份数量(股)	占惠泰医疗总股本比例	转让对价(万元)
1	转让方一合计	13 185 240	19.72%	621 188.49
1.1	成正辉	4 173 116	6.24%	196 605.57
1.2	成灵	5 000 442	7.48%	235 582.89
1.3	戴振华	188 695	0.28%	8 889.87
1.4	上海惠深	469 919	0.70%	22 139.01
1.5	上海惠疗	10 000	0.01%	471.12
1.6	启华三期	958 444	1.43%	45 154.61
1.7	启明融科	931 070	1.39%	43 864.95
1.8	启华融盈	293 036	0.44%	13 805.63
1.9	QM33	1 160 518	1.74%	54 674.80
2	扬州澎旭	935 070	1.40%	44 053.41
	合计	14 120 310	21.12%	665 241.90

同时,2024 年 1 月 28 日,深迈控受让晨壹红启(北京)咨询有限公司(以下简称"晨壹红启")持有的珠海彤昇投资合伙企业(有限合伙)(以下简称"珠海彤昇")全部 0.12%的普通合伙权益,珠海彤昇目前持有惠泰医疗 3.49%的股份

（以下简称"珠海彤昇相关交易"，与本次协议转让合称"本次交易"），合伙权益的转让对价为 129.28 万元。

（三）放弃表决权

2024 年 1 月 28 日，惠泰医疗实际控制人成正辉出具《关于深圳惠泰医疗器械股份有限公司之表决权放弃承诺》，承诺根据"股份转让协议一"约定，自收到全部股份转让价款之日起及之后自愿、永久且不可撤销地放弃所持惠泰医疗 10.00% 的股份所享有的表决权。

2024 年 4 月 29 日，深迈控已向惠泰医疗原实际控制人成正辉支付其对应转让股份的全部转让价款，成正辉出具的《关于深圳惠泰医疗器械股份有限公司之表决权放弃承诺》开始生效。

本次交易完成后，成正辉持有惠泰医疗 12 519 349 股股份，占惠泰医疗总股本的 18.72%，持有表决权比例为 8.72%。深迈控直接持有惠泰医疗 14 120 310 股股份，占惠泰医疗总股本的 21.12%，深迈控的一致行动人珠海彤昇直接持有惠泰医疗 2 335 296 股股份，占惠泰医疗总股本的 3.49%，深迈控及其一致行动人珠海彤昇合计持有惠泰医疗 16 455 606 股股份，占惠泰医疗总股本的 24.61%，持有表决权比例为 24.61%。双方表决权差距超过 15%，迈瑞医疗形成了较大比例的表决权优势，且惠泰医疗不存在其他单独或合计控制 5% 以上表决权的股东，最终惠泰医疗控股股东变更为深迈控，实际控制人变更为李西廷和徐航，迈瑞医疗取得惠泰医疗控制权。

（四）股权变动

本次交易前后惠泰医疗股权结构变化如表 15 所示。

表 15　本次交易前后惠泰医疗股权结构变化

股东名称	本次交易之前		本次新增股份数量(股)	本次交易之后	
	持股数量(股)	持股比例		持股数量(股)	持股比例
深迈控	—	—	14 120 310	14 120 310	21.12%
珠海彤昇	2 335 296	3.49%	0	2 335 296	3.49%
成正辉	16 692 465	24.97%	- 4 173 116	12 519 349	18.72%
成灵	5 000 442	7.48%	- 5 000 442	—	—

（续表）

股东名称	本次交易之前		本次新增股份数量(股)	本次交易之后	
	持股数量(股)	持股比例		持股数量(股)	持股比例
戴振华	1 017 617	1.52%	−188 695	828 922	1.24%
上海惠深	1 106 916	1.66%	−469 919	636 997	0.96%
上海惠疗	38 929	0.06%	−10 000	28 929	0.05%
启华三期	1 551 160	2.32%	−958 444	592 716	0.89%
启明融科	1 506 857	2.25%	−931 070	575 787	0.86%
启明融盈	474 253	0.71%	−293 036	181 217	0.27%
QM33	1 878 200	2.81%	−1 160 518	717 682	1.07%
扬州澎旭	935 070	1.40%	−935 070	—	—
控股股东	成正辉			深迈控	

四、案例评论

（一）战略布局心血管领域，切入高值耗材赛道

随着全球人口老龄化程度加剧，心血管疾病发病率不断上升，全球心血管相关手术治疗数量持续增长，全球心血管医疗器械市场规模庞大。Frost & Sullivan 统计数据显示，2023 年全球心血管领域市场规模已达到 560 亿美元，中国市场规模超过 500 亿元人民币，在全球和中国均是仅次于体外诊断的第二大医疗器械市场，且增速显著高于其他领域。从细分产品来看，未来电生理全球市场空间达 100 亿美元；冠脉通路和外周血管介入产品全球市场空间达 200 亿美元，进入心血管领域可以极大地拓宽迈瑞医疗的可及市场空间。

近几年，中国医疗器械行业迎来罕见的政策密集期，促就了明显的国产化导向和潮流，推动行业加速发展。当前中国的心血管领域产品市场规模巨大，但渗透率和国产化率都相对较低，进口市场份额高居不下，因此迈瑞医疗坚定看好电生理等心血管产品未来的市场发展趋势。此次迈瑞医疗并购国产龙头惠泰医疗，正是快速进军心血管领域，切入高值耗材赛道的重要战略举措。

(二)"大A吃小A"强强联手,实现业务协同效应

本次收购标的惠泰医疗,深耕心血管赛道多年,掌握耗材产品从上游原料到成品的研发和供应链能力,目前在电生理、冠脉通路与外周血管介入等领域均取得了市场领先地位,已成为国内心血管领域的细分龙头企业之一。其中在电生理领域拥有多项国内首个获得相关注册证的国产产品,在血管介入领域同样研发多项产品填补国产临床空白。由于医疗器械领域呈现出强者恒强的行业特征,加之细分赛道众多且赛道间技术和渠道协同性有限,因此企业难以在短期内迅速打破不同细分赛道间的壁垒。通过外延式并购优秀标的,是迈瑞医疗实现心血管领域耗材从原料到生产工艺完整覆盖的最短路径,能够快速拓展业务边界,培育新的业绩增长点。

此次"大A吃小A"对被收购方惠泰医疗同样颇有增益。在研发方面,由于心脏电生理领域的设备与耗材强相关,迈瑞医疗在心脏电生理领域设备方面的技术沉淀,能够有效赋能惠泰医疗在耗材方面的研究和探索,帮助其进一步提升产品性能。在市场方面,迈瑞医疗已经构建起覆盖全球的市场营销网络,在欧洲、北美等地区深度搭建了海外市场销售服务体系和不同层级客户资源,惠泰医疗的前沿优质产品可以搭乘这一快车,加速国际市场开拓,提升海外业务占比。

迈瑞医疗和惠泰医疗两大医疗器械上市公司巨头,在医疗设备和医疗耗材领域积累深厚,通过并购整合,在发挥各自优势的基础上实现协同发展。双方携手共建起"迈瑞医疗设备+惠泰医疗耗材"的崭新格局,完成了资源互补产业整合,实现了强强联手所带来的组合竞争优势和性价比优势,成功达到了"1+1>2"的并购效果。

(三)横向拓展完善产品矩阵,提升全球综合竞争力

迈瑞医疗此前已经布局的领域主要为医疗设备和体外诊断,但在高值耗材领域的布局十分有限。在人口老龄化加剧和医疗水平提升的背景下,耗材类产品的临床使用量保持长期快速增长态势。为了实现在2025年跻身全球医疗器械行业TOP 20的目标,迈瑞医疗通过收购惠泰医疗切入心血管领域蓝海赛道,加快电生理及相关耗材的业务发展,为客户提供更全面的医疗器械及解决方案。此次收购是迈瑞医疗迅速开拓第二增长曲线的第一步,也是围绕战略发展方向补强主营业务、探索全新业务、完善产品矩阵的关键举措。

2023 年,惠泰医疗境外营业收入 2.34 亿元,同比增长 72.62%,境外收入仅占总收入 14.26%,海外业务占比较低但保持高速增长,拥有较强的"出海"潜力。相比之下,迈瑞医疗持续开拓海外市场,通过并购的方式快速整合全球范围内的全产业链前沿技术,提升现有业务在高端市场的综合竞争力。目前迈瑞医疗已经构建了成熟的全球市场营销网络,深入了解海外当地市场的客户需求,产品远销至 190 多个国家和地区。2023 年,迈瑞医疗境外营业收入 135.50 亿元,同比增长 15.83%,境外收入占总收入 38.79%。通过此次收购,迈瑞医疗充分利用全球市场的资源优势完善惠泰医疗的全球化布局,更快触达全球更多客户,在海外市场采购需求基本复苏的背景下,从心血管赛道出发为国产医疗器械打开新的出口市场,极大地提升迈瑞医疗在全球市场的综合竞争力。

五、市场表现(300760)

迈瑞医疗交易前后股价变动情况如图 39 所示。

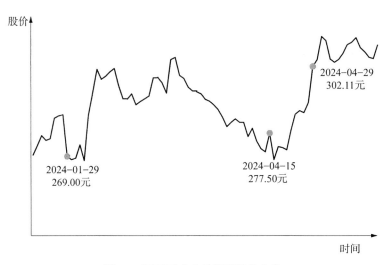

图39　迈瑞医疗交易前后股价走势

301297

富乐德：
分期付款并购,小资金撬动大未来

一、收购相关方简介

(一) 收购方:安徽富乐德科技发展股份有限公司

2017 年 12 月 26 日,安徽富乐德科技发展股份有限公司(以下简称"富乐德")在安徽省铜陵市金桥经济开发区成立,生产基地覆盖天津、大连、内江、铜陵、上海等地,并正在建设广州基地,服务网络辐射全国泛半导体产业聚集区。2022 年 12 月 30 日,富乐德(股票代码:301297.SZ)在深交所创业板上市,发行价 8.48 元,主承销商为光大证券。

富乐德公司在泛半导体领域设备精密洗净服务方面处于领先地位,其核心业务包括精密洗净服务、增值服务、维修翻新与检测分析等。此外,公司还涉足电子技术研究、新材料开发、电子器件制造、设备修理以及进出口贸易等领域。富乐德为半导体企业(如晶圆代工厂)和显示面板制造商提供设备污染控制解决方案,覆盖 PVD(物理气相沉积)设备清洗的整个流程,其技术标准与国际接轨。

公司的主要客户群体涵盖了中芯国际、台积电、京东方、华星光电等行业领军企业。在增值服务方面,富乐德通过陶瓷熔射技术延长设备腔体的使用寿命,并通过阳极氧化处理提升设备表面的耐腐蚀性。公司还提供半导体设备翻新服务(包括二手设备再生)及精密检测,单台设备的清洗服务费用超过 50 万元,毛利率达到 45%。

凭借技术优势和客户资源,富乐德已成为国内泛半导体设备洗净领域的隐形冠军。然而,公司也面临着客户集中度高和技术快速迭代等潜在风险。未来,富乐德的增长将依赖于在新能源和第三代半导体领域的拓展。

(二) 收购标的:杭州之芯半导体有限公司

杭州之芯半导体有限公司(简称"杭州之芯")成立于 2019 年 9 月 11 日,注册地位于浙江省杭州市钱塘新区,注册资本为 3 699.69 万元人民币,法定代表人贺贤汉。公司原为杭州大和江东新材料科技有限公司(外资企业)全资控股,2024 年 7 月被安徽富乐德公司以 6 800 万元现金收购其 100％股权,成为富乐德的全资子公司,并纳入合并报表范围。

杭州之芯专注于半导体设备及精密零部件的研发、生产与维修,主要业务包括半导体精密零部件制造[如真空腔体加热器、半导体静电吸盘(ESC)、特种陶瓷部件等];设备维修与翻新[包括晶圆基座修复、ALN(氮化铝)加热器翻新等];技术增值服务(提供相关产品的技术咨询及检测分析服务),其业务与母公司富乐德的半导体设备精密洗净服务形成协同,共同构建"清洗＋维修＋制造"的一站式解决方案。

杭州之芯在 ALN 加热器翻新和静电吸盘制造领域具备技术积累,其 ALN 加热器翻新业务属于半导体设备维修的高附加值环节,与富乐德的精密洗净业务形成互补。尽管具体专利信息未公开,但公司通过技术衍生服务(如陶瓷部件加工)提升客户黏性,未来计划拓展至第三代半导体材料(如碳化硅、氮化镓)相关业务。

(三) 关联控股方:江东新材料科技有限公司

江东新材料科技有限公司(以下简称"江东新材料")于 2014 年 7 月 18 日在浙江省杭州大江东产业集聚区成立。

截至本次并购交易公告日,日本磁性技术控股股份有限公司(以下简称"日本公司")100％持股上海申和投资有限公司(以下简称"上海申和"),为上海申和的控股股东;上海申和持有富乐德公司 50.24％股权,是其控股股东。同时,日本公司 100％持股江东新材料,为江东新材料的控股股东,因此江东新材料与富乐德之间存在关联关系。

从股权结构来看,江东新材料受日本公司全资控制。该公司在半导体产业链中占据一定位置,其控股的杭州之芯在半导体设备及其关键零部件维修领域开展相应业务,如 ALN 加热器翻新与新品制作、静电吸盘的研发、生产和销售等。在此次富乐德收购杭州之芯 100％股权的交易中,江东新材料作为出让方,因与富乐德同属日本公司间接控制,使得此次收购构成关联交易,如图 40 所示。

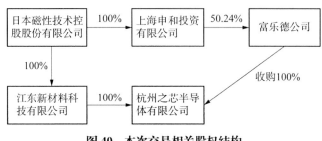

图 40　本次交易相关股权结构

二、收购事件一览

● 2024 年 6 月 7 日,富乐德召开第二届董事会第八次会议,审议通过了关于收购杭州之芯半导体有限公司 100% 股权暨关联交易的议案。该日,富乐德与杭州大和江东新材料科技有限公司在安徽铜陵签订附条件生效的股权转让协议。

● 2024 年 6 月 8 日,富乐德刊登关于收购杭州之芯半导体有限公司 100% 股权暨关联交易的公告,该议案经富乐德 2024 年第一次临时股东大会审议通过。

● 2024 年 7 月 10 日,杭州之芯完成工商变更登记手续,取得杭州市钱塘区市场监督管理局核发的营业执照,富乐德持有杭州之芯 100% 股权,杭州之芯成为富乐德的全资子公司。

三、收购方案

本次并购重组方案主要包括四个部分:一是创新性股权收购架构与价值洞察;二是富乐德与杭州之芯签订激励性业绩承诺;三是收购完成后的深度融合式整合与战略拓展;四是审慎且高效的决策路径。

(一) 并购过程

本次交易中,富乐德拟以现金方式收购江东新材料持有的杭州之芯 100% 股权。经双方协商,本次交易金额确定为人民币 6 800 万元,采用现金分期支付的方式完成交易对价支付。杭州之芯主要从事半导体设备及其关键零部件的维修业务,在行业内具有较强的技术优势和市场口碑。本次收购是富乐德布局半导体设备维修领域的重要战略举措,有利于扩大公司业务规模,增强市场竞争力。

(二) 交易定价依据

本次交易以 2023 年 12 月 31 日为评估基准日,采用收益法对标的公司进行评估。根据评估结果,杭州之芯的评估价值为 6 892 万元,增值率达 105.16％。评估机构充分考虑了标的公司的行业地位、技术能力、客户资源、未来成长性等因素,并对其未来收益进行了合理预测。在此评估结果基础上,交易双方经过充分协商,综合考虑标的公司的经营状况、发展前景及协同效应,最终确定交易价格为 6 800 万元,定价公允合理。

(三) 业绩承诺与补偿机制

为保障上市公司及中小股东利益,江东新材料对杭州之芯 2024 年至 2026 年的业绩作出承诺,承诺杭州之芯在 2024 年、2025 年、2026 年实现的扣除非经常性损益后归属于母公司股东的净利润分别不低于 790 万元、940 万元、1 070 万元。若杭州之芯在承诺期内未能实现承诺业绩,江东新材料将以现金方式进行补偿,补偿金额按照“(截至当期期末累积承诺净利润数－截至当期期末累积实现净利润数)÷业绩承诺期内各年的承诺净利润数总和×交易对价－累积已补偿金额”计算。业绩承诺期内,杭州之芯将通过开拓新客户、提升服务能力、加强成本管控等措施,确保业绩承诺的实现。同时,交易双方约定每季度对业绩完成情况进行跟踪评估,及时发现和解决潜在问题。

(四) 交易审批程序

本次交易已经富乐德第二届董事会第八次会议审议通过,独立董事已就本次交易发表同意的独立意见。交易尚需提交公司 2024 年第一次临时股东大会审议。公司聘请的独立财务顾问、法律顾问、审计机构和评估机构等中介机构已就本次交易出具相关专业报告。本次交易将严格按照相关法律法规的规定履行必要的审批或备案程序,确保交易合法合规。富乐德将持续跟进审批进展情况,及时履行信息披露义务。

(五) 交割安排

本次交易将在股东大会审议通过后 30 个工作日内完成工商变更登记。关于交易对价支付,采用分期支付方式:首期款项将于合同签订后 10 个工作日内支付交易总额的 50%,即 3 400 万元;剩余款项将在股权交割完成后支付,以确保交易顺利进行。交易双方将密切配合,确保各项交割工作有序推进。同时,双方将组建专门的交接工作组,负责资产、资料、证照等的交接工作,制定详细的交接清单和时间表,确保交割工作规范有序。

(六) 过渡期安排

在本次交易的过渡期内,杭州之芯产生的收益或亏损均由江东新材料承担。江东新材料需确保杭州之芯在过渡期内正常经营,维持现有的经营状态,不得实施任何影响标的公司价值的重大行为。具体而言,未经富乐德书面同意,杭州之芯不得进行利润分配、对外投资、资产处置、债务重组、对外担保等重大事项。同时,江东新材料应保持杭州之芯核心管理团队和技术人员的稳定性,维护与重要客户的良好合作关系。富乐德将指派相关人员对杭州之芯过渡期内的经营管理实施必要的监督,确保标的公司的平稳过渡。

四、案例评论

(一) 关联交易战略考量,市场政策前瞻性决策

富乐德与杭州之芯同属日本磁性技术控股股份有限公司间接控制,这种关联关系使得收购过程更加高效,能够快速整合内部资源,实现生产和经营的协同效应。在关联交易中,可以显著降低收购的运营成本,也能够增强公司在市场波动和外部经济环境变化中的抗风险能力。通过关联交易,富乐德能够更好地利用控股股东的资源和技术优势,加速自身在半导体领域的战略布局。从行业的视角来看,2024 年,半导体企业估值逐步回调,行业行情开始复苏。在这个背景下,富乐德通过收购杭州之芯,能够抓住半导体市场复苏的机遇,同时积极响应证监会发布的《关于深化上市公司并购重组市场改革的意见》,该意见强调支持上市公司围绕战略性新兴产业进行并购重组。富乐德的战略考量和并购决策符合市场趋势,同时为公司在半导体领域的长期发展提供了政策上的支持。

(二) 产业链协同创新布局,技术与业务双重拓展

富乐德收购杭州之芯的案例中,最突出的特色之一是其在产业链协同方面的创新布局。杭州之芯作为国内首家专注于 ALN 加热器陶瓷部件高精密修复及加热器部件代加工/ESC 制造的企业,其业务与富乐德的精密洗净衍生增值

业务高度协同。通过此次收购,富乐德不仅拓展了在半导体设备及其关键零部件维修领域的业务,还实现了从清洗服务到高附加值零部件修复及制造的产业链延伸,为客户提供一站式的综合服务。这种协同效应不仅提升了公司的综合竞争力,也为未来业务的协同发展奠定了坚实基础。

　　杭州之芯在 ALN 加热器翻新和陶瓷钎焊业务方面的技术优势,为富乐德带来了技术与业务的双重拓展。ALN 加热器是半导体芯片制造过程中的关键设备,其高精密修复技术具有较高的技术壁垒。通过此次收购,富乐德不仅获得了这一核心技术,还拓展了其在半导体设备维修领域的业务范围。此外,陶瓷钎焊业务的加入也为富乐德在医疗、航天、核能等领域的业务拓展提供了新的契机。这种技术与业务的双重拓展,进一步巩固了富乐德在半导体设备服务领域的领先地位。

（三）业绩承诺精细化设计,风险承担机制创新

　　富乐德与杭州之芯达成的业绩承诺协议中对支付方式进行了精细化设计。具体而言:富乐德将根据杭州之芯每年的业绩完成情况,分阶段支付股权收购款。例如,若杭州之芯完成 2024 年度的业绩承诺,富乐德需在审计报告出具后 15 个工作日内支付 15% 的转让价款,即 1 020 万元。业绩挂钩支付方面:若杭州之芯未能完成相应年度业绩承诺的 50%,富乐德暂不支付该年度的转让价款。这种分阶段且与业绩挂钩的支付方式,有效降低了富乐德支付高额对价后标的公司业绩不达标的风险。

　　此次收购的风险共担机制具有创新性,主要体现在现金补偿条款和业绩未达标时的股权回购选项上。若杭州之芯 2024 年至 2026 年合计的经审计扣非净利润低于 2 800 万元,转让方江东新材料需对富乐德进行现金补偿。具体补偿方式包括:若合计扣非净利润超过 0 万元,补偿金额为 6 800 万元与 2026 年末净资产的差额;若合计扣非净利润小于 0 万元,富乐德有权选择以原价将标的公司 100% 股权出售给江东新材料,或由江东新材料进行现金补偿。若杭州之芯未能完成业绩承诺,富乐德不仅可以选择现金补偿,还可以选择将标的公司股权以原价出售给江东新材料。这种机制为富乐德提供了额外的保障,进一步降低了收购风险。

（四）风险提示

　　半导体行业具有明显的周期性特征,本次交易面临多重外部风险因素。首先是宏观经济波动风险,全球经济增长放缓、地缘政治冲突等因素可能影响半导体行业整体景气度,进而影响标的公司的业务发展。其次是行业周期波动风险,半导体行业投资规模、产能扩张等均呈现较强的周期性,设备维修服务需求也会随之波动。再次是市场竞争加剧风险,随着本土企业的快速发展和国际巨头的持续布局,行业竞争将更加激烈,可能导致市场份额和盈利能力下降。此外,技术迭代风险也不容忽视,半导体制造工艺的快速进步对设备维修服务提出了更高要求,如果未能及时跟进技术发展,将面临市场竞争力下降的风险。最后,国际贸易环境变化、产业政策调整等外部因素的不确定性,也可能对企业经营产生重要影响。

并购后的内部整合同样面临诸多挑战。首先是整合管理风险,虽然交易双方同属日本磁控体系,但在企业文化、管理体系、业务流程等方面仍存在差异,如何实现有效整合是关键课题。其次是人才流失风险,杭州之芯的核心竞争力很大程度上依赖于技术团队,如果并购后核心人员发生较大流失,将直接影响业务发展。此外,标的公司的公司治理风险也需关注,包括内控体系的完善性、规范运作的有效性等。同时,业绩承诺实现的风险也不容忽视,考虑到行业环境变化和公司发展的不确定性,未来三年累计2800万元的业绩承诺能否如期实现存在挑战。

五、市场表现(301297)

富乐德交易前后股价变动情况如图41所示。

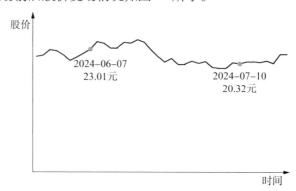

图41　富乐德交易前后股价走势

600699

均胜电子：
多渠道增持控股，打造双赢局面

一、收购相关方简介

(一) 收购方：宁波均胜电子股份有限公司

宁波均胜电子股份有限公司(以下简称"均胜电子")前身为辽源得亨股份有限公司(以下简称"得亨股份")，于1992年8月7日经吉林省经济体制改革委员会批准设立，并于1993年12月6日在上海证券交易所挂牌上市(股票代码：600699.SH)。2011年11月，中国证券监督管理委员会核准了得亨股份向均胜集团有限公司(以下简称"均胜集团")及其一致行动人发行股份购买资产事宜。2012年3月，辽源得亨股份有限公司名称变更为"辽源均胜电子股份有限公司"，2014年1月，再次更名为"宁波均胜电子股份有限公司"。后经数次定向增发、资本公积转增股本及股权结构变更，均胜电子的控制权未曾发生变化，控股股东仍为均胜集团。

均胜电子面向全球整车厂提供智能电动汽车关键技术领域的一站式解决方案，其业务分为汽车电子和汽车安全两大板块。汽车电子业务主要包括智能座舱、智能网联、智能驾驶、新能源管理等，汽车安全业务主要包括安全带、安全气囊、智能方向盘和集成式安全解决方案相关产品。在汽车行业从传统燃油车向智能电动汽车转型的历史性变革中，均胜电子凭借行业领先的核心技术与自主研发能力，持续引领汽车电子和汽车安全行业向"更安全，更智能，更环保"方向发展，是全球各大知名汽车品牌的长期合作伙伴，也是全球汽车电子和汽车安全领域的顶级供应商。

(二) 收购标的:广东香山衡器集团股份有限公司

广东香山衡器集团股份有限公司(以下简称"香山股份")成立于1999年6月22日,是由中山市香山衡器集团有限公司(以下简称"香山衡器有限")全体股东作为发起人,以香山衡器有限整体变更方式设立的股份有限公司。2017年5月,香山股份首次公开发行人民币普通股,于深圳证券交易所上市(股票代码:002870.SZ)。在本次交易实施前,赵玉昆持有香山股份18.85%股权,为公司第一大股东。

香山股份主要经营衡器业务和汽车零部件业务。衡器业务是香山股份的传统核心业务,主要向家庭用户提供创新的健康智能产品,同时为商业用户提供优质的称重计量产品及专业技术解决方案。据中国衡器协会统计,2006年至2022年间,香山股份家用衡器产品的销售量、销售额和出口创汇总额均连续17年位居行业第一,是国内家用衡器行业的龙头企业。2020年12月,香山股份收购均胜电子持有的宁波均胜群英汽车系统股份有限公司(以下简称"均胜群英")51%股份,向先进制造业、智能产品方向转型升级,拓展了汽车零部件业务领域。汽车零部件业务主要产品包括空气管理系统、豪华智能饰件和新能源充配电系统等。近年来香山股份汽车零部件业务发展迅猛,以智能座舱和新能源充配电产品为主线,紧跟电动化、智能化发展趋势,产品竞争力日渐提升,单车价值量稳步上涨。

二、收购事件一览

● 2023年7月17日,均胜电子召开第十一届董事会第五次会议,审议通过《关于协议受让广东香山衡器集团股份有限公司部分股份的议案》,并与交易对方签署股权转让协议,交易完成后,均胜电子直接持有香山股份8.03%股份。

● 2023年9月4日,均胜电子召开第十一届董事会第八次会议,审议通过《关于增持广东香山衡器集团股份有限公司股票的议案》。

● 2023年12月14日,均胜电子召开第十一届董事会第十次会议,审议通过《关于增持广东香山衡器集团股份有限公司股票的议案》。

● 2024年7月23日,均胜电子召开第十一届董事会第十八次会议,审议通过《关于增持广东香山衡器集团股份有限公司股票暨后续增持计划的议案》。

- 2024 年 8 月 26 日,均胜电子召开第十一届董事会第二十一次会议,审议通过《关于广东香山衡器集团股份有限公司股票增持计划的议案》。

- 2024 年 10 月 11 日,均胜电子召开第十一届董事会第二十三次会议,审议通过《关于调整广东香山衡器集团股份有限公司股票增持计划暨增加增持金额的议案》。

- 2024 年 10 月 18 日,均胜电子召开第十一届董事会第二十四次会议,审议通过《关于增持广东香山衡器集团股份有限公司股份并拟最终取得控制权的议案》,截至会议决议公告日,均胜电子持有香山股份 20％股权,为香山股份第一大股东。

- 2024 年 11 月 23 日,均胜电子发布收到国家市场监督管理总局《经营者集中反垄断审查不实施进一步审查决定书》的公告,对均胜电子收购香山股份股权案不实施进一步审查。

- 2024 年 11 月 28 日,香山股份原控股股东、实际控制人与其一致行动人签署"一致行动关系解除协议",同时出具了《关于不谋求控制权的承诺函》。均胜电子向香山股份发出《关于要求提前改组董事会以确认控制权变更的通知函》,通过提名并决定半数以上董事会成员选任来确认均胜电子对香山股份的控制地位并成为其控股股东。

- 2024 年 12 月 19 日,均胜电子发布《宁波均胜电子股份有限公司关于取得香山股份控制权的公告》。香山股份第七届董事会、监事会改组工作已经完成,均胜电子已通过对香山股份董事会的控制取得香山股份控制权,成为其控股股东。

三、收购方案

(一) 股份增持

基于对香山股份长期投资价值的认可及未来发展前景的信心,自 2023 年 7 月至 2024 年 11 月,均胜电子以自有资金通过协议转让、集中竞价、大宗交易方式已累计增持香山股份 31 787 000 股,占其总股本比例为 24.07％,累计投资金额约 9.80 亿元人民币,为香山股份第一大股东。

(二) 签署"一致行动关系解除协议"并出具《关于不谋求控制权的承诺函》

在本次交易前,香山股份控股股东、实际控制人为赵玉昆,陈博和王咸车为赵玉昆的一致行动人。2024 年 11 月 28 日,赵玉昆、陈博及王咸车经过友好协商,共同签署了"一致行动关系解除协议",解除上述一致行动协议并终止一致行动关系,但各方持股数量和持股比例不变,赵玉昆、陈博和王咸车分别持有香山股份 18.85%、6.28% 和 3.14% 股权。

同日,赵玉昆和陈博分别出具《关于不谋求控制权的承诺函》,充分认可并尊重均胜电子对香山股份的控制地位,协助维护均胜电子对香山股份的控制权。若均胜电子对香山股份董事进行调整,赵玉昆和陈博承诺出席香山股份召开的股东(大)会,并在审议上述选举均胜电子或其授权代表提名或推荐的董事候选人相关议案时投赞成票。

(三) 改组董事会以确认控制权变更

2024 年 11 月 28 日,均胜电子向香山股份发出《关于要求提前改组董事会以确认控制权变更的通知函》,要求香山股份对董事会、监事会进行提前换届选举。均胜电子通过提名并决定半数以上董事会成员选任来确认公司对香山股份的控制地位并成为其控股股东。香山股份董事会由 9 名董事组成,其中非独立董事 6 名,独立董事 3 名,监事会由 3 名监事组成。为了保持香山股份经营管理的完整性和持续性,本次均胜电子提名 3 名非独立董事候选人、3 名独立董事候选人及 1 名非职工监事候选人,上述候选人均为香山股份原任董事、监事。

2024 年 12 月 18 日,香山股份召开 2024 年第三次临时股东大会,审议并通过了其董事会、监事会提前换届选举的相关议案,其中涉及均胜电子向香山股份提名的董事、监事候选人的相关议案均获得香山股份 2024 年第三次临时股东大会审议通过。香山股份第七届董事会、监事会改组工作完成后,其第七届董事会由 9 名董事组成,均胜电子提名的 6 名董事均当选为第七届董事会成员,且均胜电子提名的刘玉达当选为香山股份董事长、总裁,均胜电子已通过对香山股份董事会的控制取得香山股份控制权,成为香山股份控股股东。

四、案例评论

（一）横向收购同业资产，实现战略协同效应

自 2020 年香山股份收购均胜群英以来，其汽车零部件业务发展迅猛，收入规模持续扩大，成为香山股份的支柱业务，为其带来主要利润。2023 年香山股份汽车零部件业务收入占全年营业收入的比重达 87.64％。均胜群英作为香山股份的核心资产，主要生产智能座舱部件和新能源充配电系统，是多个国内外知名整车制造商的全球一级配套商。均胜电子聚焦于汽车电子和汽车安全业务板块，作为全球头部汽车零部件公司，产品线覆盖智能座舱、智能驾驶、新能源管理、车联网以及汽车主被动安全解决方案等领域，客户几乎覆盖全球所有主流车企，研发与制造中心也已在全球完成布局。

经过此次交易，均胜电子获取了香山股份控制权，二者在客户、布局和业务等方面的战略协同效应进一步加强。在客户资源方面，双方客户群体存在一定互补性，均胜电子可借助香山股份旗下均胜群英在国内自主品牌车企中的良好口碑，进一步拓展国内市场份额；而香山股份也能依托均胜电子的国际影响力，打开国际高端车企市场的大门。在业务布局上，均胜电子通过整合香山股份的业务，能够加快推进自身在新能源汽车产业链和智能座舱领域的整体战略布局。均胜群英在智能座舱部件和新能源充配电系统方面的优势，可与均胜电子现有的业务形成协同，优化其现有资产结构，丰富智能电动汽车产品矩阵，提升均胜电子在新能源汽车领域的综合竞争力，更好地满足市场对智能化、电动化汽车零部件的需求，在激烈的市场竞争中抢占先机。

（二）累计增持实现控制，携手打造双赢局面

自 2023 年 7 月起，基于对香山股份长期投资价值的认可及未来发展前景的信心，均胜电子不断增持香山股份股票并成为其第一大股东。2024 年 11 月，均胜电子通过提名并决定半数以上董事会成员选任，正式确认其对香山股份的控制地位，顺利成为其控股股东。均胜电子通过分步收购的方式获取香山股份控制权，一方面避免了短期内集中大量的资金支出，由于每次资金投入相对较小，均胜电子能够在不影响自身正常运营资金需求的前提下实现对香山股份的收购，有效降低因资金短缺导致收购失败或自身财务困境的风险。另一方面也给予均胜电子充分的时间和空间评估收购进程中的各种因素，若在收购过程中

香山股份的业务发展、市场环境或自身战略发生变化，均胜电子可以及时调整收购策略，有效缓冲市场波动对收购成本的影响。

反观香山股份，由于衡器行业市场容量增长逐渐趋于饱和，且市场竞争愈发激烈，寻求行业转型迫在眉睫。香山股份凭借在先进制造、智能产品行业领域多年积累的产业优势，紧密结合当下经济社会发展的最新态势以及未来行业发展趋势，精准选择先进制造业、智能产品作为公司转型升级的战略方向。此次交易一方面有助于香山股份进一步加强对核心汽车零部件业务的控制权，巩固在汽车零部件领域的地位；另一方面还能赋能香山股份在客户资源、管理经验、研发创新、资产结构等方面实现高质量发展。对均胜体系来说，重获优质资产的实控权，进一步完善了自身在汽车零部件领域的业务布局，增强了市场竞争力。通过整合双方资源，均胜电子能够在技术研发、生产制造、市场拓展等方面实现协同发展，提升整体运营效率。

（三）成功实现反客为主，重拾售出公司股权

2020年，由于均胜电子刚刚完成对汽车安全公司高田资产的收购，整合所需要的费用叠加公共卫生事件对全球供应链的影响，均胜电子对资金需求迫切，在这种双重压力下，均胜电子做出了以20.40亿元向香山股份出售均胜群英51%股权的艰难决策，这一举动在当时被市场普遍视为"卖子求生"的无奈之举。2023年，均胜电子业绩实现企稳回升，整体经营质量大幅提升。2023年7月，均胜电子敏锐地捕捉到了新的发展机遇，启动对香山股份的收购计划，首先通过协议受让的方式，获得了香山股份8.03%的股份，正式拉开收购序幕，此后通过协议转让、集中竞价、大宗交易等方式累计增持香山股份，最终取得香山股份控制权，成功实现反客为主。

均胜电子在此次交易过程中累计投入约9.80亿元人民币，与出售均胜群英时的20.40亿元相比，均胜电子以较低的成本实现逆转，完成"反向收购"。此次收购交易完成后，均胜电子不仅获取了香山股份的控制权，还使得数年前出售的均胜群英再度回归均胜电子体系，重新对均胜群英实现控制，堪称资本运作的经典范例。

五、市场表现（600699）

均胜电子交易前后股价变动情况如图42所示。

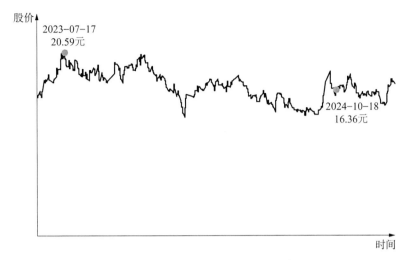

图 42　均胜电子交易前后股价走势

002736

国信证券：
同业整合，券商做大做强

一、收购相关方简介

（一）收购方：国信证券股份有限公司

1994年4月30日，中国人民银行出具《关于成立深圳国投证券有限公司的批复》(银复〔1994〕162号)，组建深圳国投证券有限公司(以下简称"深国投")。1997年12月5日，中国人民银行出具《关于核准深圳国投证券有限公司增资扩股、更名的批复》(银复〔1997〕482号)，将深国投更名为"国信证券有限公司"(以下简称"国信证券")。2008年3月25日，国信证券整体变更为股份有限公司，并于2014年首次公开发行股票并上市(股票代码：002736.SZ)。

国信证券行业分类为证券市场服务业，为拥有内地及中国香港市场证券业务全牌照的大型综合类证券公司，通过总部下设机构以及下属分公司、营业部从事财富管理、投资银行、投资与交易、资产管理等业务；通过全资子公司国信弘盛私募基金管理有限公司、国信期货有限责任公司、国信资本有限责任公司、国信证券(香港)金融控股有限公司分别开展私募基金管理、期货、另类投资和境外金融服务等业务。具体而言，国信证券财富管理及机构业务自2023年以来，持续秉持"以客户为中心"的发展理念，全力推进全价值链财富管理转型，通过搭建分层分类的综合服务体系，推动客户规模增长和结构优化。投资银行业务在注册制改革全面落地的环境中，不断强化服务实体经济发展的工作，大力支持科技创新，为区域经济发展、国资国企改革等国家重点领域提供金融支持，打造"投研＋投行＋投资"三位一体的协同模式，提升战略客户综合服务水平。此外，投资与交易业务秉持稳健投资理念，围绕中低风险业务稳步扩大投资规模,积极把握交易机会,确保收益的稳健性和可持续性;资产管理业务持续聚焦主动管理,丰富投资策略,积极运用公募 REITs 和 ABS 等资本市场工具,助力实体企业盘活存量资产,为实体经济高质量发展提供专业支持。

截至收购日,深圳市投资控股有限公司(以下简称"深投控")直接持有国信证券 33.53％的股权,并持有国信证券第二大股东华润深国投信托有限公司49％的股权,为国信证券控股股东;深圳市国资委直接持有深投控 100％股权,为国信证券实际控制人。

(二) 收购标的:万和证券股份有限公司

2002 年 1 月 18 日,深圳市财政金融服务中心、成都市财盛资产管理中心和海口市财政办公用品服务公司(以下分别简称为"深圳财金中心、成都财盛中心、海口财政服务公司")共同创立万和证券经纪有限公司(以下简称"万和经纪")。2006 年 1 月 26 日,深圳财金中心将持有的万和经纪 48.52％的股权划转至深投控全资企业深圳市亿鑫投资有限公司(以下简称"亿鑫投资")。2010年 3 月 26 日,亿鑫投资将持有的万和经纪 48.52％的股权无偿划转至深业集团有限公司,成都财盛中心将持有的万和经纪 35.52％的股权划转至成都投资控股集团有限公司。2011 年 1 月 14 日,万和经纪名称变更为"万和证券有限责任公司"。2016 年 7 月 27 日,海南省工商行政管理局核准万和有限整体变更设立为股份有限公司。后经历数次增资及股权无偿划转,截至目前,深圳市资本运营集团有限公司(以下简称"深圳资本")控制万和证券 53.09％的股权,为万和证券控股股东。

作为深圳市人民政府国有资产监督管理委员会(以下简称"深圳国资委")旗下券商,万和证券坚持贯彻落实深圳市国资委产业发展战略。依托深圳国资国企资源优势,万和证券积极参与深圳市属国资系统企业的并购重组和政府引导基金的设立等,提供财务顾问、保荐、承销、资产证券化、私募股权融资等服务;同时,万和证券积极拓展各类优质大型国有企业客户,为客户提供多样化的债券融资服务,已拥有一批高质量、高评级的稳定客户群体。截至目前,万和证券在全国共有 50 家分支机构,包括 27 家分公司和 23 家营业部,分布在全国 18个省份及直辖市,其中约三分之一位于粤港澳大湾区,约三分之一位于长三角及北京、成都等国家重点发展区域,网点布局较为全面,客户基础优良,业务渠道广泛。此外,万和证券除为客户提供传统的经纪业务服务外,还为客户提供证券投资顾问业务和代销金融产品业务等服务,满足客户多样化的投融资需求。

(三) 关联控股方:深业集团有限公司、深圳市创新投资集团有限公司

1. 深业集团有限公司

1997年6月,深圳市国有资产管理办公室设立深圳市深业投资开发有限公司,设立时产权控制关系结构如表16所示。2005年1月,股东变更为深圳市国资委;2008年4月,深圳市深业投资开发有限公司更名为深业集团有限公司(以下简称"深业集团")。此后经过多次增资及股权转让,截至本次并购交易公告日,深业集团的控股股东、实际控制人为深圳市国资委。

表16　深业集团设立时的股权结构

股东	认缴出资(万元)	持股比例
深圳市国有资产管理办公室	10 000	100%
合计	10 000	100%

深业集团主营业务为资产经营、投资兴办实业,经营涉及地产业务、园区业务及幸福业务(居家社区养老、机构养老、医疗康养、托育等业务板块)、运营业务及资本业务。截至本次并购交易公告日,国信证券控股股东深投控的董事田钧在过去十二个月内曾担任深业集团的董事,因此国信证券与深业集团之间存在关联关系。

2. 深圳市创新投资集团有限公司

1999年8月,深圳市投资管理公司、深圳市高速公路开发公司等共同出资设立深圳市创新科技投资有限公司,设立时其产权控制关系结构如表17所示。2002年9月,深圳市创新科技投资有限公司名称变更为深圳市创新投资集团有限公司(以下简称"深创投")。经过多次增资及股权转让,截至本次并购交易公告日,深创投的控股股东、实际控制人为深圳市国资委。

表17　深创投设立时的股权结构

股东	认缴出资(万元)	持股比例
深圳市投资管理公司	50 000	71.43%

（续表）

股东	认缴出资(万元)	持股比例
深圳市高速公路开发公司	5 000	7.14%
深圳市深宝实业股份有限公司	3 500	5.00%
深圳市机场股份有限公司	3 000	4.29%
广深铁路股份有限公司	3 000	4.29%
深圳能源投资股份有限公司	3 000	4.29%
深圳市公共交通(集团)有限公司	2 000	2.86%
深圳市中兴通讯股份有限公司	500	0.71%
合计	70 000	100.00%

深创投主营业务为创业股权投资,主要包括直接股权投资业务和私募股权投资基金管理业务。截至本次并购交易公告日,国信证券控股股东深投控的董事田钧现担任深创投的董事,同时深投控的监事谢健现担任深创投的董事、财务总监,因此国信证券与深创投之间存在关联关系。

二、收购事件一览

- 2024 年 8 月 22 日,国信证券筹划发行股份购买资产事项开始停牌。
- 2024 年 9 月 4 日,国信证券第五届董事会第三十一次会议(临时)审议通过发行股份购买资产暨关联交易预案议案。
- 2024 年 12 月 6 日,国信证券第五届董事会第三十六次会议(临时)审议通过发行股份购买资产暨关联交易报告书(草案)议案。
- 2024 年 12 月 20 日,国信证券收到《深圳市国资委关于国信证券发行股份收购万和证券有关事项的批复》(深国资委函〔2024〕413 号)。
- 2024 年 12 月 23 日,国信证券 2024 年第四次临时股东大会逐项审议通过关于发行股份购买资产暨关联交易方案(更新后)的议案。

三、收购方案

本次并购重组方案主要为国信证券通过发行 A 股股份的方式向 7 名交易

对方购买其合计持有的万和证券96.08%的股份。

（一）吸收合并方案概述

2024年12月6日,国信证券和深圳市资本运营集团有限公司、深圳市鲲鹏股权投资有限公司、深业集团有限公司、深圳市创新投资集团有限公司、深圳远致富海十号投资企业(有限合伙)、成都交子金融控股集团有限公司和海口市金融控股集团有限公司(以下分别简称为"深圳资本、鲲鹏投资、深业集团、深创投、远致富海十号、成都交子、海口金控")7名交易对方签署发行股份购买资产协议。国信证券通过发行A股股份的方式向深圳资本、鲲鹏投资、深业集团、深创投、远致富海十号、成都交子、海口金控购买其合计持有的万和证券96.08%的股份,同时设定锁定期要求,在本次发行股份购买资产中以标的资产认购的公司股份,自本次发行股份购买资产新增股份发行结束之日起12个月内不得转让。本次收购不涉及募集配套资金,在收购完成后,万和证券成为国信证券的控股子公司,国信证券的控股股东和实际控制人不会发生变化,仍为深投控和深圳市国资委。

（二）交易价格

根据评估报告,本次交易万和证券以2024年6月30日为评估基准日,分别采用资产基础法和收益法进行评估。而万和证券作为小型券商,各项业务规模较小,受到市场波动影响较大,未来的收益预测存在一定的不确定性,采用收益法相对风险更大;资产基础法从资产构建角度客观地反映了企业净资产的市场价值,相对稳健和客观。因此,本次评估以资产基础法的评估结果作为最终评估结论,万和证券股东全部权益的市场价值为540 370.69万元。进而根据深圳资本、鲲鹏投资、深业集团、深创投、远致富海十号、成都交子、海口金控持有的万和证券股份比例,由交易各方充分协商后确定具体金额为519 183.79万元。

本次发行的定价基准日为国信证券首次审议本次交易的第五届董事会第三十一次会议(临时)决议公告之日,即2024年9月6日。经本次交易各方协商后最终确定,本次发行的发行价格为8.60元/股,不低于定价基准日前60个交易日股票交易均价的80.00%,且不低于上市公司最近一个会计年度(即2023年12月31日)经审计的归属于上市公司股东的每股净资产8.37元。按照8.60元/股的发行价格计算,国信证券本次向交易对方发行股份的数量合计为 603 702 080 股。此外,锁定期约定在本次发行股份购买资产中以标的资产认购的国信证券股份,自本次发行股份购买资产新增股份发行结束之日起 12 个月内不得转让,但是在适用法律许可前提下的转让不受此限。

(三) 股权变动

本次交易前后上市公司的股本结构变化如表 18 所示。

表 18 本次交易前后上市公司股权结构变化

股东名称	本次交易前		本次交易后	
	持股数量(股)	比例	持股数量(股)	比例
原上市公司股东				
深控股	3 223 114 384	33.53%	3 223 114 384	31.55%
华润深国投信托有限公司	2 136 997 867	22.23%	2 136 997 867	20.92%
云南合和(集团)股份有限公司	1 611 627 813	16.77%	1 611 627 813	15.78%
全国社会保障基金理事会	456 690 209	4.75%	456 690 209	4.47%
北京城建投资发展股份有限公司	260 140 200	2.71%	260 140 200	2.55%
香港中央结算有限公司	120 971 462	1.26%	120 971 462	1.18%
一汽股权投资(天津)有限公司	113 656 956	1.18%	113 656 956	1.11%
中国证券金融股份有限公司	75 086 423	0.78%	75 086 423	0.73%
中国建设银行股份有限公司—国泰中证全指证券公司交易型开放式指数证券投资基金	53 963 800	0.56%	53 963 800	0.53%
中国工商银行股份有限公司—华泰柏瑞沪深 300 交易型开放式指数证券投资基金	53 412 600	0.56%	53 412 600	0.52%
其他股东	1 506 767 663	15.68%	1 506 767 663	14.75%
小计	9 612 429 377	100.00%	9 612 429 377	94.09%

（续表）

股东名称	本次交易前		本次交易后	
	持股数量（股）	比例	持股数量（股）	比例
本次交易对方				
深圳资本	—	—	333 579 571	3.27%
鲲鹏投资	—	—	150 801 122	1.48%
深业集团	—	—	47 615 717	0.47%
深创投	—	—	21 606 216	0.21%
远致富海十号	—	—	20 761 234	0.20%
成都交子	—	—	20 241 098	0.20%
海口金控	—	—	9 097 122	0.09%
小计	—	—	603 702 080	5.91%
合计	9 612 429 377	100.00%	10 216 131 457	100.00%

四、案例评论

（一）形成业务发展合力，促进金融高质量发展

当下我国证券行业规模持续壮大，然而行业内存在产品与业务高度同质化的问题，各公司之间缺乏显著的差异化优势。为引导证券行业迈向高质量发展道路，2023年10月，中央金融工作会议提出"培育一流投资银行和投资机构"，"支持国有大型金融机构做优做强"；2024年9月，中共中央政治局会议强调"支持上市公司并购重组"，鼓励上市公司加强产业整合，借力资本市场通过并购重组合理提升产业集中度，为行业发展指明方向。在政策的推动下，国信证券迎来新的发展契机。本次交易既是为了贯彻落实中央金融工作会议的决策部署，培育一流投资银行和投资机构，助力国有大型金融机构做优做强，亦是为了推动深圳市国有经济布局优化和结构调整，加快市属国有金融资产战略性重组和专业化整合，提高市属国企资产证券化率及国有资本配置效率，实现国有资产保值增值。

（二）拓展海南自由贸易港及国际化布局，推动创新业务发展

在国际化大背景下，包含国信证券在内的证券公司作为连接实体经济和资

本市场的桥梁,需要全面提升跨境金融服务能力,持续探索跨境金融创新,在跨境投资渠道、投资产品供给、风险管理等方面不断优化与拓展,提升跨境业务的竞争力,应对国际竞争。因此,在资本市场双向开放、资本配置国际化进程加速以及客户跨境投融资需求增强等多方面因素推动下,国信证券正逐渐从以境内为主转向境内外联动发展。

万和证券注册地位于海南,海南自由贸易港是国家在海南岛全岛设立的自由贸易港,具有推动金融改革创新、金融业开放政策率先落地等一系列制度优势。本次收购后,国信证券可充分利用当地的政策优势及双方现有业务资源,将万和证券打造成海南自由贸易港在跨境资产管理等特定业务领域具备行业领先地位的区域特色券商,实现国际业务与金融创新业务的快速发展,充分利用海南自由贸易港的政策优势全面推动国际化战略。

(三) 落实发展战略,实现非有机增长

国信证券提出实施"1、2、6、8 工程"计划,即坚持以客户为中心,全力实施"一个打造、两翼驱动、六大推进、八大支撑"工程,并在业务发展方面提出适时通过兼并收购方式实现业务扩张,推动外延式发展。在本次收购中,国信证券作为深圳国资委旗下券商,长期扎根、成长和服务于深圳;万和证券同属深圳国资体系,依托深圳国资国企资源优势,网点布局以珠三角为核心区域、以长三角为重点区域辐射全国,持续为深圳市属国有企业提供类型多样的金融服务,积累了一批高质量、高评级的客户群体。因此,本次收购有助于国信证券利用行业整合机遇及规模优势,通过外延并购实现提质增效。

交易完成后,国信证券凭借自身在管理能力、市场声誉、综合化业务能力等方面的优势,加快对万和证券营业网点和渠道资源的整合,通过优化网点区域布局、加速传统经纪业务向财富管理业务的转型等手段措施创造增量价值;同时,借助两家企业分支机构主要分布在粤港澳大湾区、长三角、北京、成都等国家重点发展区域的优势,有助于进一步提升国信证券服务粤港澳大湾区、长三角、京津冀、成渝地区双城经济圈等国家区域发展战略的能力,进一步提升国信证券综合竞争力,助力非有机增长目标的完成。

五、市场表现(002736)

国信证券交易前后股价变动情况如图 43 所示。

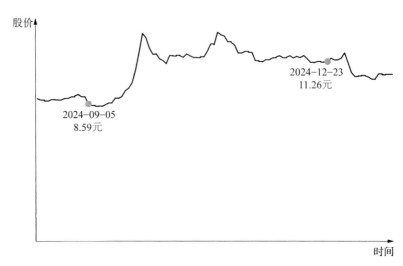

图 43　国信证券交易前后股价走势

002612

朗姿股份：
产业基金并购，布局泛时尚产业

一、收购相关方简介

（一）收购方：朗姿股份有限公司

2006 年，朗姿股份有限公司（以下简称"朗姿股份"）成立，2011 年朗姿股份在深圳交易所上市（股票代码：002612.SZ）。通过"自主创立""代理运营"和"品牌收购"等模式进行多品牌布局，朗姿股份自成立以来一直专注于高端女装的设计、生产与销售，具备成熟完整的产业链和品牌优势，旗下拥有朗姿、莱茵、莫佐、子苞米等多个高端女装品牌。2014 年以来，朗姿股份紧紧把握国际时尚发展趋势，依托在国内中高端女装领域多年来积累的客户、品牌、设计、渠道、供应链、运营管理经验、数字化运营和营销推广能力等方面的行业领先优势，孵化和运营时尚品牌，从衣美到颜美，建立多层次、多阶段需求的时尚业务方阵，目前已形成以时尚女装、医疗美容、绿色婴童三大业务为主的多产业互联、协同发展的泛时尚业务生态圈。

2021 年 1 月和 2021 年 7 月，朗姿股份为抓住行业发展的良好机遇，加快医美业务的区域化布局，进一步推进构建泛时尚产业互联生态圈的战略部署，参与投资了韩亚资管设立的医美产业基金博辰五号和博辰九号。秉持以"安全医美、品质医美、口碑医美"为经营理念，为顾客提供领先的医疗技术和优质服务，截至 2024 年 6 月，朗姿股份已拥有 38 家医疗美容机构，其中综合性医院 9 家，门诊部、诊所 29 家，目前在运营的有"米兰柏羽""韩辰医美""晶肤医美"等国内医美品牌。目前朗姿股份在成都、西安、昆明、武汉等城市已初步实现区域头部医美品牌的阶段目标，并辐射华南、华中和其他西南部区域，正在朝布局全国医美的战略版图迈进。本次借助产业基金投研团队进行收购,有利于加快朗姿股份医美业务的全国布局,有效提升朗姿股份在行业的竞争力和收入规模、经营绩效。

(二) 收购标的:北京米兰柏羽丽都医疗美容医院有限公司、湖南雅美医疗美容医院有限公司

1. 北京米兰柏羽丽都医疗美容医院有限公司

2010 年 9 月,北京中德嘉华国际投资有限公司(以下简称"中德嘉华")、江苏五丰投资有限公司(以下简称"江苏五丰")共同出资成立北京米兰柏羽丽都医疗美容医院有限公司(以下简称"北京丽都")。北京丽都是北京较早成立的大型综合医疗美容机构。2011 年 11 月,中德嘉华、江苏五丰分别将其持有的北京丽都股份转让给无锡瑞丽整形美容医院有限公司(2015 年 8 月已更名为丽都整形美容医院股份有限公司,以下简称"丽都股份")。2015 年 6 月和 2020 年 12 月,丽都股份对北京丽都进行了增资,并于 2021 年 1 月将其持有的北京丽都80%股权转让给芜湖扬讯信息科技有限公司(以下简称"芜湖扬讯")。随后2021 年 2 月,芜湖扬讯将其持有的北京丽都 80%股权转让给博辰五号。截至目前,博辰五号、丽都股份分别持有北京丽都 80%和 20%股权。

北京丽都设有美容微整科、美容皮肤科、美容外科及美容口腔科等科室,凭借专业的医疗团队、高质量的医疗水平和高品质的客户服务等优势,近年来业务规模稳步提升。在医疗品质方面,北京丽都始终坚持"品质医美、正向医美、价值医美、时尚医美"的发展理念,长期深耕医美领域,守正初心,并在 2023 年荣获 5A 级医疗美容医院称号,成为"德国莱茵 TÜV‐SQS+5A"行业规范 & 国际标准双认证的医疗美容医院。未来,北京丽都将继续秉承其独特的经营理念和发展目标,通过提升老客复购率、大量拓客纳新,充分挖掘客户价值,为医美行业树立新的标杆。

2. 湖南雅美医疗美容医院有限公司

湖南雅美医疗美容医院有限公司(以下简称"湖南雅美")是一家专业从事医疗美容服务的专科医疗机构,于 2010 年 10 月由肖征刚、赵玉、王如波共同出资成立。经过多次股权变更后,2021 年 9 月芜湖博辰九号股权投资合伙企业(有限合伙)(以下简称"博辰九号")以及芜湖成中电子科技有限公司(以下简称"芜湖成中")分别受让湖南雅美 63%、7%的股权。2024 年 6 月,芜湖成中将其持有的湖南雅美7%股权转让给博辰九号。截至目前,博辰九号、肖钦元、赵玉、王如波分别持有湖南雅美70%、11%、10%、9%的股权。

湖南雅美营业范围包括整形外科、微创美容科、美容皮肤科,近年来业务规模稳步提升,先后获得"2023年度长沙市医疗美容协会先进集体、2023年度长沙市医疗美容协会星城口碑医美机构、2024年度湖南省化妆品经营行业协会卓越贡献奖"等荣誉,是湖南省第二届医疗整形美容协会副会长单位及长沙市医疗美容协会会长单位。未来,湖南雅美将继续秉承安全医美、品质医美、口碑医美的经营理念,为爱美人士提供高质量、全方位、精细化的医美服务。

(三)关联控股方:芜湖博辰五号股权投资合伙企业(有限合伙)、芜湖博辰九号股权投资合伙企业(有限合伙)

1. 芜湖博辰五号股权投资合伙企业(有限合伙)

芜湖博辰五号股权投资合伙企业(有限合伙)(以下简称"博辰五号")于2020年9月成立,主营业务为企业投资、项目投资、股权投资。截至公告日,经工商登记的出资人情况如表19所示。

表19 博辰五号截至公告日的出资人情况

合伙人	合伙人类型	认缴出资额(万元)	持股比例
韩亚资管	普通合伙人	100	0.25%
朗姿股份	有限合伙人	20 000	49.88%
红正均方投资有限公司	有限合伙人	7 010	17.48%
芜湖元祐投资管理有限公司	有限合伙人	5 130	12.79%
东吴创新资本管理有限责任公司	有限合伙人	3 000	7.48%
国元创新投资有限公司	有限合伙人	2 900	7.23%
北海太元创业投资有限公司	有限合伙人	1 960	4.89%

截至本次并购交易公告日,朗姿股份实际控制人申东日和申今花所控制的韩亚资管担任博辰五号执行事务合伙人及基金管理人,且朗姿股份作为有限合伙人之一持有博辰五号50%的实缴出资份额。根据《深圳证券交易所股票上市

规则》有关规定,博辰五号与朗姿股份之间存在关联关系。

2. 芜湖博辰九号股权投资合伙企业(有限合伙)

芜湖博辰九号股权投资合伙企业(有限合伙)(以下简称"博辰九号")于2021年7月成立,主营业务为以自有资金从事投资活动。截至公告日,经工商登记的出资人情况如表20所示。

表20　博辰九号截至公告日的出资人情况

合伙人	合伙人类型	出资额(万元)	持股比例
韩亚资管	普通合伙人	100	0.20%
朗姿股份	有限合伙人	25 000	49.90%
北海光和创业投资有限公司	有限合伙人	14 556	29.05%
芜湖扬讯信息科技有限公司	有限合伙人	4 500	8.98%
芜湖君之捷投资管理合伙企业(有限合伙)	有限合伙人	3 000	5.99%
芜湖元祐投资管理有限公司	有限合伙人	2 944	5.88%

截至本次并购交易公告日,朗姿股份实际控制人申东日和申今花所控制的韩亚资管担任博辰九号执行事务合伙人及基金管理人,且朗姿股份作为有限合伙人之一持有博辰九号50%的实缴出资份额。根据《深圳证券交易所股票上市规则》有关规定,博辰九号与朗姿股份之间存在关联关系。

二、收购事件一览

● 2024年8月27日,朗姿股份召开2024年第四次独立董事专门会议,审议通过《关于现金收购北京丽都全部股权和湖南雅美控股权暨关联交易的议案》。

● 2024年8月27日,朗姿股份召开第五届董事会第十五次会议,审议通过《关于现金收购北京丽都全部股权和湖南雅美控股权暨关联交易的议案》。

● 2024年8月27日,朗姿股份和博辰五号、博辰九号的共同实际控制人申东日向朗姿股份出具《控股股东关于博辰五号、博辰九号承诺业绩补偿义务的履约保证承诺函》。

● 2024 年 9 月 25 日,朗姿股份召开 2024 年第三次临时股东大会,决议通过《关于现金收购北京丽都全部股权和湖南雅美控股权暨关联交易的议案》。

三、收购方案

本次收购采用"体外培育＋成熟后收购"的收购模式,先通过参与设立医美产业基金,充分利用医美产业基金的专业化投研团队进行筛选和孵化收购标的,并在标的管理规范和具有持续性盈利能力后上市公司再向医美产业基金进行收购。

(一) 收购模式及方案介绍

近年内,医美行业的成长性被诸多企业看好,收购市场竞争较为激烈。为提前锁定有成长潜力的医美机构,2021 年 1 月和 2021 年 7 月,朗姿股份参与投资韩亚资管设立的医美产业基金博辰五号和博辰九号。博辰五号和博辰九号主要通过股权投资的形式投资于医疗美容领域及其相关产业的未上市公司股权,包括本次收购标的北京丽都和湖南雅美。

借助控股股东控制的医美产业基金,可将朗姿股份较为成熟的管控模式和业务流程体系导入由基金收购的医美标的,减少投资的不确定性。经过一段时期的培育,相关医美标的在业务规模、经营管理、内控建设等方面均达到较高水平,盈利能力得到一定释放,此时收购该医美标的,可以有效降低前期尽调风险、企业整合风险等,扩大朗姿股份在医美领域的产业布局,提升市场占有率和品牌影响力,从而提升整体盈利能力。

(二) 交易价格

北京丽都、湖南雅美通过多年的线下经营沉淀与优质的服务质量,在客户心中树立了良好的企业形象,在不断提升顾客满意度的同时提高客户留存率,积累了深厚的客户资源。同时,通过举办各种回馈客户活动和贴心的售后服务,促进老顾客带新顾客,给企业带来直观收益。资产基础法从静态的角度确定企业价值,医美行业属于轻资产行业,医疗专家团队、营销团队、客户资源等在资产基础法中都无法量化;而收益法从企业获利的角度来阐释企业价值,不仅考虑了已列示在企业资产负债表上的所有有形资产、无形资产和负债的价值,同时也考虑了上述条件。综合考虑上述因素,采用收益法的结果更能反映出目标公司的真实企业价值,因此本次评估以收益法评估结果作为交易价值参考依据。

根据评估报告,截至评估基准日 2024 年 6 月 30 日,北京丽都全部权益的评估结果为 33 000 万元,湖南雅美全部权益的评估结果为 36 000 万元。参考前述评估结果并经双方友好协商,朗姿股份下属全资子公司北京朗姿医疗管理有限公司(以下简称"北京朗姿医管")与博辰五号、丽都股份和博辰九号分别签署了股权转让协议,以现金方式分别收购北京丽都 100% 股权(交易对价为 33 000 万元)及湖南雅美 70% 股权(交易对价为 25 200 万元)。

(三)业绩承诺及补偿

为了进一步保障预期业绩实现与降低朗姿股份的收购风险,朗姿股份与交易对手方分别签订业绩协议。根据朗姿股份与博辰五号、丽都股份签署的股权转让协议,北京丽都 2024 年度、2025 年度、2026 年度的净利润分别不低于 1 999 万元、2 146 万元及 2 475 万元,累计不低于 6 620 万元;根据与博辰九号签署的股权转让协议,湖南雅美 2024 年度、2025 年度、2026 年度的净利润分别不低于 1 723 万元、2 447 万元及 3 109 万元,累计不低于 7 279 万元。此外,针对本次交易业绩承诺不能达标的风险,朗姿股份和博辰五号、博辰九号的共同实际控制人申东日于 2024 年 8 月 27 日向朗姿股份出具《控股股东关于博辰五号、博辰九号承诺业绩补偿义务的履约保证承诺函》,承诺"如出现博辰五号、博辰九号应当向北京朗姿医管履行业绩补偿义务的情形且博辰五号、博辰九号在协议约定支付期限内向上市公司支付的补偿款不足约定补偿金额的,差额部分由本人按照同等方式在协议约定支付期限届满后 30 日内补足"。

(四)股权变动

本次交易前后北京丽都及湖南亚美的股权架构如表 21 和表 22 所示。

表 21　本次交易前后北京丽都股权结构变化

交易前			交易后		
股东	持股比例	出资额(万元)	股东	持股比例	出资额(万元)
博辰五号	80%	3 222.71	北京朗姿医管	100%	4 028.39
丽都股份	20%	805.69			
合计	100%	4 028.39	合计	100%	4 028.39

表 22　本次交易前后湖南雅美股权结构变化

交易前			交易后		
股东	持股比例	出资额(万元)	股东	持股比例	出资额(万元)
博辰九号	70%	700	北京朗姿医管	70%	700
肖钦元	11%	110	肖钦元	11%	110
赵玉	10%	100	赵玉	10%	100
王如波	9%	90	王如波	9%	90
合计	100%	1 000	合计	100%	1 000

四、案例评论

(一) 产业基金并购模式,以低风险收购优质标的

近年来,"体外培育＋成熟后收购"模式已被包括爱尔眼科在内的相关行业上市公司所普遍接受。朗姿股份相较于爱尔眼科而言,其收购模式主要区别在于并购基金受朗姿股份实际控制人最终控制并构成公司关联方,该特殊性质给朗姿股份带来额外优势。首先,借助控股股东控制的医美产业基金,朗姿股份可以将其成熟的管控模式和业务流程体系导入由基金收购的医美标的,提高对基金收购标的可控性。该模式相比从独立第三方控制的基金处进行收购,收购成功的不确定性大大降低。其次,朗姿股份在投资设立的博辰五号和博辰九号医美产业基金中均为 A 类有限合伙人,具备优先分配权,可在最大限度上保障投资资金安全的同时,利用基金的融资功能撬动一定社会资本参与医美并购基金的投资,放大投资能力,从而有机会锁定更多优质医美标的。最后,根据朗姿股份与医美产业基金的协议约定,在同等条件下,朗姿股份有权优先收购基金拟退出的投资项目,从而保障朗姿股份能够通过医美产业基金储备更多的优质标的。

综上所述,随着城镇居民可消费能力的日益提升和新消费模式的逐步升级,国内医美行业处于上升发展期,朗姿股份借助产业基金投研团队在国内筛选培育优质标的,是顺应行业发展趋势的行为,有助于实现核心竞争力的进一步提升和业务规模的稳定增长。本次收购北京丽都、湖南雅美符合朗姿股份的

发展战略,有利于加快朗姿股份医美业务的全国布局,有效提升朗姿股份在行业的竞争力、收入规模和经营绩效。

(二) 医疗美容行业发展迅速,未来可期

医疗美容行业是兼具医疗与消费双重属性的新兴行业。近年来,随着经济条件不断改善、人均可支配收入不断增长、医疗技术发展成熟与医疗美容的社会接受度持续提升,医疗美容行业发展迅速。根据德勤及艾尔建《中国医美行业2024年度洞悉报告》预测,2024年服务型消费修复,预计整体医美市场增速可达10%左右;2024—2027年预计市场将保持10%—15%的年均复合增长。

因此,本次收购北京丽都100%股权、湖南雅美70%股权,不仅是在"内生+外延"的双重驱动下加快朗姿股份泛时尚产业布局速度,更是紧跟医疗美容行业迅速发展势头,以不断提升医美业务的规模化和行业竞争力水平,加快推动朗姿股份美容业务的全国布局并力争成为行业领先者。本次交易完成后,北京丽都、湖南雅美成为朗姿股份全资子公司和控股子公司,朗姿股份医美业务的盈利能力有望得到进一步优化与改善,进而推动总体资产规模、收入规模和利润规模持续增长。

(三) 搭建多层次时尚品牌方阵,实现核心竞争力积累

朗姿股份从高端女装起家,逐渐搭建起包含"女装、医美、婴童"的时尚品牌方阵。在女装领域,朗姿、莱茵等品牌定位精准,满足不同风格与消费层次的女性需求;在婴童板块,"Ettoi 爱多娃"发力高端童装市场。在此次收购北京丽都、湖南雅美前,朗姿股份医美板块已有米兰柏羽、晶肤医美等品牌,覆盖高端与轻医美领域,收购后,医美业务布局进一步完善,搭建起满足多层次、多阶段需求的时尚品牌方阵。具体来看,朗姿股份此前旗下虽有米兰柏羽、晶肤医美等医美品牌,但北京丽都和湖南雅美作为综合医美机构,能提供更全面、更丰富的医美服务项目,满足消费者从基础皮肤护理到复杂整形手术等不同层次的医美需求,与现有医美品牌形成互补,丰富服务层次。此外,从业务拓展阶段看,朗姿股份此前已在华南、华中和其他西南部区域实现布局,而此次收购北京丽都和湖南雅美将业务拓展至华北和湖南区域,进一步完善了不同区域、不同发展阶段的医美业务布局,构建起更全面的时尚品牌方阵。

综上所述,本次并购使朗姿股份在医美领域的竞争力显著增强,进一步夯实了其时尚品牌方阵的构建,在时尚产业中的影响力持续提升。

五、市场表现(002612)

朗姿股份交易前后股价变动情况如图 44 所示。

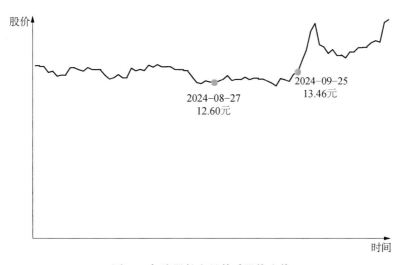

图 44　朗姿股份交易前后股价走势

603979

金诚信：
承债式并购创新,1 美元撬动亿万元利润

一、收购相关方简介

(一) 收购方:金诚信矿业管理股份有限公司

金诚信矿业管理股份有限公司(以下简称"金诚信")成立于 1997 年,总部位于北京市密云区,是一家专注于矿山开发服务的专业性管理服务企业。公司于 2015 年 6 月 30 日在上海证券交易所主板挂牌上市。金诚信的主营业务涵盖有色金属矿山、黑色金属矿山和化工矿山的工程建设、采矿运营管理、矿山设计与技术研发等领域。公司通过多年的发展,在矿山开发服务领域确立了领先地位,是国内少数能够提供矿山全产业链服务的企业之一。近年来,金诚信积极进军矿山资源开发领域,通过收购或参股等方式获取了多个矿山项目的权益。例如,公司已拥有贵州两岔河矿业磷矿采矿权、刚果(金)Dikulushi 铜矿采矿权、刚果(金)Lonshi 铜矿采矿权及其周边 7 个探矿权等。此外,公司还参股了加拿大 Cordoba 矿业(该公司主要资产为哥伦比亚的 San Matias 铜金银矿),进一步拓展了其资源版图。

金诚信是国内较早"走出去"的矿山开发服务商之一,自 2003 年承接赞比亚 Chambishi 项目矿山开发业务以来,至今已有二十余年的海外项目经验。公司在全球范围内参与了多个矿山项目的建设和运营,积累了丰富的国际化运营经验。此次收购 Lubambe 铜矿也是公司深化国际矿业合作的重要举措之一。金诚信积极拓展国际市场,在境内外设有 30 余家分子公司及 1 家省级研发中心,业务覆盖亚洲、非洲、南美洲等多个地区。公司通过并购和参股方式,逐步向矿山资源开发领域延伸,先后收购了两岔河磷矿、刚果(金)Dikulushi 铜矿、

刚果(金)Lonshi 铜矿等资源项目,并参股哥伦比亚 San Matias 铜金银矿。2024 年,金诚信预计实现净利润 15.30 亿元至 16.20 亿元,同比增长 48.37% 至 57.09%,主要得益于矿山资源开发业务的提产增效。

(二) 收购标的:Lubambe Copper Mine Limited

Lubambe Copper Mine Limited(以下简称"LCML")成立于 1996 年 11 月 11 日,是一家注册于赞比亚共和国的私营股份有限公司。LCML 由 Lubambe Copper Holdings Limited(以下简称"LCHL")通过 Konnoco (B) Inc. (以下简称"KBI")持有 80%的权益。LCHL 是一家注册于开曼群岛的实体,而 KBI 则注册于巴巴多斯共和国。LCML 的股东 EMR Capital 是一家专注于矿山资源的私募股权公司,管理资产规模约 50 亿美元。

公司核心资产为位于赞比亚铜带省 Chililabombwe 地区的 Lubambe 铜矿,主要从事铜矿的地下开采及选矿业务,主要产品为铜精粉。Lubambe 铜矿位于赞比亚铜带省孔科拉盆地,周边有金森达、谦比希等 30 多个铜矿,地理位置优越。矿权面积达 5 813.04 公顷,采矿权有效期至 2033 年 4 月 28 日。根据资源模型,截至 2023 年 9 月 30 日,Lubambe 铜矿的资源量(探明+控制+推断)为 8 660 万吨,铜品位为 1.95%,酸溶铜品位为 0.35%。

Lubambe 铜矿设计规模为 250 万吨/年,但由于多方面原因,矿山一直未能达产。2019 年至 2023 年期间,矿石年产量在 87 万吨至 169 万吨之间波动,远低于设计产能。截至 2023 年 9 月底,LCML 净资产为-1 515 万美元,2023 年前三季度营收约为 8 957 万美元,净亏损 6 032 万美元,财务状况较差。本次交易后,Lubambe 铜矿股份的股权结构如图 45 所示。

二、收购事件一览

◈ 2024 年 1 月 22 日,金诚信发布《金诚信关于收购 Lubambe 铜矿的公告》。

◈ 2024 年 2 月 7 日,金诚信第五届董事会第七次会议及 2024 年第一次临时股东大会审议通过了《关于收购 Lubambe 铜矿的议案》。

◈ 2024 年 6 月 20 日,金诚信发布《关于收购 Lubambe 铜矿的进展公告》,达成贷款条件并任命管理层。

◈ 2024 年 7 月 13 日,金诚信发布《关于 Lubambe 铜矿完成交割的公告》,

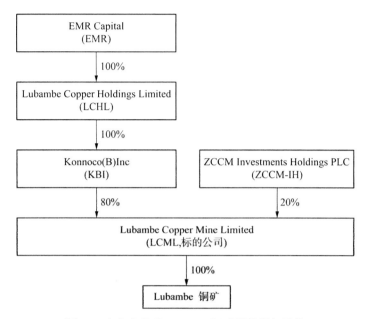

图45　本次交易后 Lubambe 铜矿股份股权结构

宣布已完成 LCML 80％股权的交割手续,正式取得 Lubambe 铜矿 80％的权益。

● 2024 年 8 月 27 日,金诚信发布《金诚信关于拟转让 Lubambe 铜矿 10％股权的公告》,对价为 1 美元。

三、收购方案

(一) 购买价格

金诚信通过自有资金及银行贷款等方式筹集资金,用于支付买方贷款及后续运营投入。以 1 美元收购 KBI 持有的 LCML 之 80％股权,并以 1 美元收购 LCHL 向 LCML 提供的 857 116 770 美元贷款所形成的债权。

(二) 买方贷款

在部分约定的先决条件满足的前提下,LCHL 向买方提供 4 050 万美元贷款,该笔资金由买方通过贷款的方式提供至 LCML,用于偿还 LCML 已有的第三方优先级商业贷款。该项贷款根据买方和卖方所签署的还款协议约定进行偿还,若还款协议约定的还款义务未触发,则买方无需向卖方归还本项贷款。

（三）卖方贷款

买方首次 2 000 万美元贷款于卖方贷款完成付款后支付，该笔贷款较 LCML 其他股东贷款享有优先受偿权。该笔资金与卖方贷款一并用于偿还 LCML 现有的第三方优先级商业贷款，如有剩余资金，则用于 LCML 的日常运营。

自买方向 LCML 提供首次 2 000 万美元贷款之日起，买方有权任命目标公司董事及高管，并就 Lubambe 铜矿的运营和管理直接作出决定，LCML 日常运营中如有合理的资金需求，由买方以贷款的方式提供。

四、案例评论

（一）战略资源禀赋转化，技术协同与区域市场纵深构建

LCML 是赞比亚铜带省 Lubambe 铜矿的运营主体，拥有丰富的铜矿资源，但由于运营不善，长期处于亏损状态（设计产能 250 万吨/年，实际仅 87 万至 169 万吨/年）。金诚信作为国内领先的矿山开发服务企业，近年来积极拓展海外资源开发业务，收购 LCML 是其国际化战略的重要一步。从战略契合度来看，此次收购与金诚信的长期发展规划高度一致。LCML 的核心资产是位于赞比亚的 Lubambe 铜矿，该矿资源量达 8 660 万吨，铜品位为 1.95％，具备较大的开发潜力。金诚信自 2017 年起即为该矿提供矿山服务，对其资源禀赋和运营情况有深入了解，这为其后续技改和运营提供了技术和管理基础。

通过收购 LCML，金诚信获得了 Lubambe 铜矿 80％的权益，进一步扩大了其在全球铜矿资源领域的布局，尤其是在非洲铜带省的战略地位。金诚信在矿山开发、运营管理及技术研发方面具有丰富经验，能够通过技术改造和优化管理提升 Lubambe 铜矿的生产效率和盈利能力。收购 LCML 符合金诚信"走出去"战略，有助于其进一步拓展海外资源布局，提升在全球矿业市场的影响力。

（二）承债式交易结构创新，资源整合与运营重构协同增效

在业务协同方面，金诚信的矿山服务经验与 LCML 的资源开发需求高度匹配。通过技改优化，金诚信有望提升 Lubambe 铜矿的生产效率，实现年均铜精矿产量 7.75 万吨的目标。金诚信以 1 美元收购 LCML 80％的股权，并以 1 美

元收购 LCHL 向 LCML 提供的 8.57 亿美元贷款债权。交易完成后,金诚信承担了 LCML 的债务重组及运营优化责任,并通过提供 2 000 万美元买方贷款和 LCHL 提供的 4 050 万美元卖方贷款,解决了 LCML 的短期资金需求。名义对价仅为 2 美元,但实际对价包括买方贷款和卖方贷款,整体交易成本较低,同时保留了未来收益的弹性。Lubambe 铜矿资源丰富,预计优化后年均铜精矿产量可达 7.75 万吨,铜精矿含铜金属量为 3.25 万吨,未来有望成为金诚信的重要利润增长点。因此,市场协同效应也不容忽视,LCML 的铜矿资源为金诚信提供了稳定的原材料供应,有助于其进一步拓展铜矿资源开发业务。

(三) 资源卡位成本重构,多维风险缓释体系构建

在全球矿业竞争格局重构的背景下,主要参与者包括必和必拓、力拓等国际矿业巨头,以及宁德时代等新能源企业。金诚信通过承债式收购 LCML 实现轻资产突围,其吨铜资源获取成本仅 0.12 美元(按承接债务 8.57 亿美元对应 71.50 万吨金属量计算),显著低于行业绿地项目平均吨铜资本支出 8 500 美元。这一交易深度绑定新能源产业需求扩张逻辑——国际铜业研究组织(ICSG)预测 2030 年全球铜需求缺口将达 870 万吨,而 Lubambe 铜矿技改后 3.25 万吨/年的产能可产生 3 250 万美元/千美元的价格弹性,战略价值显著。

在风险管控层面,金诚信构建了多层次对冲机制,运营端通过 1.20 亿美元巷道修复工程,将采矿效率从 1.80 吨/工班提升至 2.50 吨/工班,结合浮选回收率从 82% 优化至 87.50% 的技术改造(SRK 报告),实现吨铜现金成本下降 18%;市场端采用铜价挂钩的偿债条款,当铜价低于 7 500 美元/吨时可触发债务展期,有效规避价格波动风险;政策端则通过参与赞比亚矿业协会政策协商,将资源税率锁定为应税利润的 10%,形成稳定的政策预期框架。

五、市场表现(603979)

金诚信交易前后股价变动情况如图 46 所示。

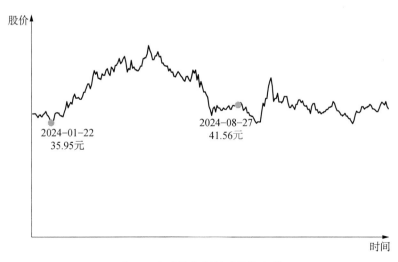

图 46　金诚信交易前后股价走势

000791

甘肃能源:
受益"并购六条",逆势深耕火电

一、收购相关方简介

(一) 收购方:甘肃电投能源发展股份有限公司

甘肃电投能源发展股份有限公司(以下简称"甘肃能源")前身为西北永新化工股份有限公司,1997年10月14日在深圳证券交易所上市(股票代码:000791.SZ),彼时甘肃能源以化工业务为主,后经一系列资产重组实现向能源领域转型。甘肃能源控股股东为甘肃省电力投资集团有限责任公司(以下简称"电投集团"),持股比例为49.08%,实际控制人为甘肃省人民政府国有资产监督管理委员会。从性质上看,电投集团属于国有企业,甘肃能源这种国有控股的模式使得公司在战略规划上紧密贴合国家及地方能源发展政策导向。从财务状况上看,甘肃能源转型能源领域后,财务结构逐步优化,近三年营业收入呈现稳中有升的态势,营业收入额从2021年的201 283.33万元升至2023年的264 092.80万元。本次交易前,甘肃能源营业务聚焦于清洁能源发电领域,专注于投资、开发、建设和运营水力、风力、光伏发电项目,将水能、风能、太阳能转化为电能并输送至电网,通过对清洁能源项目的精细化管理,深度挖掘甘肃当地丰富的水能、风能、太阳能资源,在黄河、洮河等流域布局水电项目,在风能优质区域建设风电场,在光照充足地区开发光伏电站。凭借成熟的控制、维护、检修体系,保障各类发电站稳定运行,将多种清洁能源高效转化为电能供应市场,在区域清洁能源供应方面占据重要地位。

为充分适应未来战略定位的调整及实际发展需求,甘肃能源以水、风、光等清洁能源发电为基础,积极拓展火电业务,尤其是作为调峰火电项目的投资、建设与运营管理。甘肃能源此次通过收购甘肃电投常乐发电有限责任公司 66％ 的股权,整合资源优化电源结构,实现"风光水火"协同发展,增强电力供应稳定 性,提升市场竞争力,致力于成为综合性能源电力上市公司。

(二) 收购标的:甘肃电投常乐发电有限责任公司

甘肃电投常乐发电有限责任公司(以下简称"常乐公司")成立于 2016 年 5 月 12 日,所属行业为火力发电,主营业务主要为火电能源的开发、建设、经营管 理以及与火电相关的煤炭、高新技术、环保产品、副产品的开发与经营,常乐公 司由电投集团与华润电力投资有限公司共同持股,持股比例分别为 66％和 34％,在电力能源领域占据重要地位,并购前的股权结构如图 47 所示。作为祁 韶±800 千伏特高压直流外送调峰电源项目,常乐公司具有显著优势。一方面, 其就近利用新疆哈密丰富的煤炭资源,有效降低了燃料成本,保障了燃料的稳 定供应;另一方面,常乐公司对千万千瓦级风电及光电的外送发挥着良好的调 峰和补偿作用,是甘肃省河西走廊 750 千伏电网的主要支撑电源,有力保障了 电网的安全稳定运行和可靠供电。在技术创新方面,常乐公司与中国科学院兰 州化学物理研究所合作,成功将纳米高熵陶瓷涂层技术应用于国内在建规模最 大的 6×1000 MW 超超临界机组,这也是中国西北地区最大的调峰机组。该成 果得到了西安热工研究院有限公司现场检测的认可,也获得了行业权威专家的 高度评价。

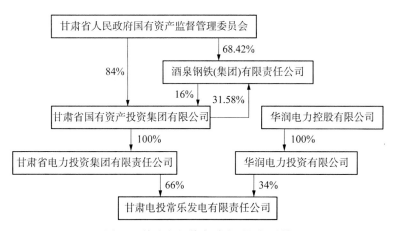

图 47　并购交易前常乐公司股权结构

二、收购事件一览

● 2024年3月6日,甘肃能源筹划重大事项开始停牌。

● 2024年3月18日,甘肃能源召开第八届董事会第十二次会议决议,审议通过《关于公司符合发行股份及支付现金购买资产并募集配套资金暨关联交易相关法律法规规定条件的议案》。

● 2024年3月19日,甘肃能源披露《发行股份及支付现金购买资产并募集配套资金暨关联交易预案》。

● 2024年6月1日,甘肃能源披露《发行股份及支付现金购买资产并募集配套资金暨关联交易报告书(草案)》。

● 2024年6月12日,甘肃能源控股股东甘肃省电力投资集团有限责任公司收到甘肃省人民政府国有资产监督管理委员会《省政府国资委关于甘肃电投能源发展股份有限公司重大资产重组方案的批复》,批复同意本次方案。

● 2024年8月8日,甘肃能源收到深圳证券交易所《关于甘肃电投能源发展股份有限公司发行股份购买资产并募集配套资金申请的审核问询函》的回复。

● 2024年10月14日,甘肃能源重大资产重组项目经深圳证券交易所并购重组审核委员会审核通过。

● 2024年11月22日,甘肃能源发布收到中国证券监督管理委员会《关于同意甘肃电投能源发展股份有限公司发行股份购买资产并募集配套资金注册的批复》的公告。

● 2024年11月23日,甘肃能源完成重大资产重组,常乐公司66％股权完成过户手续及相关工商变更登记,常乐公司成为甘肃能源控股子公司。

三、收购方案

甘肃能源通过发行股份及支付现金的方式购买电投集团持有的常乐公司66％股权,同时向不超过35名(含)符合条件的特定对象发行股份募集配套资金,本次交易构成关联交易,构成重大资产重组。

(一) 发行股份购买标的资产

甘肃能源通过发行股份及支付现金的方式,向电投集团购买其持有的常乐公司 66％股权,常乐公司主要经营火电能源相关业务。此次交易中,常乐公司 66％股权作价 762 792.90 万元,其中现金对价 110 000 万元,股份对价 652 792.90 万元。所发行股份为人民币 A 股普通股,每股面值 1 元,在深交所上市,定价基准日为 2024 年 3 月 19 日,原发行价 5.10 元/股,因 2023 年度利润分配调整为 4.99 元/股,发行数量为 1 308 202 206 股,占发行后总股本约 44.97％。电投集团取得的股份有明确锁定期规定,且交易前持有的甘肃能源股份在交易完成后 18 个月内不得转让。过渡期间,标的资产损益按规定分别由甘肃能源和电投集团承担或享有,甘肃能源此前的滚存未分配利润由新老股东共享。业绩承诺期为交易实施完成后的连续三个会计年度,电投集团若需补偿,优先以股份补偿,不足部分用现金补偿。

(二) 发行股份募集配套资金

甘肃能源本次募集配套资金,发行的股票为境内上市人民币普通股(A股),每股面值 1 元,在深交所上市,采用询价方式向不超过 35 名(含)符合条件的特定对象发行。定价基准日是募集配套资金发行期首日,发行价格有严格规定,需不低于定价基准日前 20 个交易日公司股票均价的 80％,同时不低于最近一期末经审计的归属于母公司普通股股东的每股净资产值(除权除息后)。发行对象认购的股份自发行结束之日起 6 个月内禁止转让,募集资金总额上限为 190 000 万元,计划用于支付本次交易现金对价 110 000 万元以及常乐公司 2×1000 兆瓦燃煤机组扩建项目 80 000 万元。这种安排不仅解决了并购资金的问题,还为常乐公司的后续发展提供了资金支持,有助于提升常乐公司的盈利能力和市场竞争力,实现并购后的协同效应。在资金管理方面,配套募集资金将按照上市公司制定的《募集资金使用管理办法》执行。

表 23　配套募集资金安排

序号	项目名称	使用募集资金金额(万元)	使用金额占全部募集配套资金金额的比例
1	支付本次交易现金对价	110 000	57.89％
2	常乐公司 2×1000 兆瓦燃煤机组扩建项目	80 000	42.11％
合计		190 000	100.00％

（三）标的资产评估作价情况

据天健兴业出具的评估报告,以 2024 年 3 月 31 日为评估基准日,采用收益法核算下的常乐公司股东全部权益价值为 1 155 746.82 万元,经双方友好协商,本次出售常乐公司 66％股权的交易作价为 762 792.90 万元,以股份及现金方式支付,其中现金支付对价为 110 000 万元,股份对价为 652 792.90 万元。

四、案例评论

（一）政策奠定基调,资本加速前行

在资本市场的复杂生态体系中,甘肃能源所实施的并购重组活动,无疑占据了具有标志性意义的重要位置,堪称该领域发展历程中的一座里程碑。此案例巧妙地顺应政策导向,在资本运作层面展现出卓越的实践智慧与创新能力。证监会"并购六条"政策一经颁布,甘肃能源凭借敏锐的市场洞察力与前瞻性的战略眼光,迅速做出响应,成功成为 A 股市场首个通过审核的并购重组项目。这一成果不仅彰显了甘肃能源在时间维度上的领先优势,更深刻反映出其对政策内涵的深度理解以及精准把握。甘肃能源以此次并购重组为契机,将企业战略与国家宏观战略深度融合,为资本市场如何积极响应并服务于国家战略提供了极具价值的实践范例。此案例充分表明,政策绝非抽象的指导性原则,而是企业实现可持续发展的有力驱动因素,关键在于企业能否精准洞察政策导向,并果断付诸行动。

此外,在注册制审核的制度框架下,甘肃能源成功达成全国能源行业及甘肃省范围内金额最大且审核速度最快的发行股份购买资产项目。在这一卓越成就背后,是其高效的运作机制与创新的资本操作模式。在传统观念中,大型并购活动通常伴随着烦琐冗长的流程以及复杂的审批程序。然而,甘肃能源突破常规,通过精心优化方案设计、积极加强与监管部门的沟通协作等一系列有效举措,实现了资本运作效率的显著提升。这一实践成果不仅为甘肃能源自身的发展赢得了先机,更为其他企业在资本运作领域树立了全新的标杆。甘肃能源向市场清晰地展示了,在严格遵循合规要求的前提下,资本能够实现高效的流动与整合,从而为企业的转型升级注入强大动力。甘肃能源的此次并购实践,堪称政策引领与资本创新完美结合的典范,为整个行业的未来发展提供了极具借鉴意义的方向指引。

（二）逆势深耕火电，筑牢"风光水火"根基

在全球能源转型的大浪潮下，多数电力企业纷纷将战略重心锚定在清洁能源领域，积极向风能、太阳能、水能等方向布局转型。然而，甘肃能源却另辟蹊径，通过收购常乐公司，大力挺进火电领域，构建起"风光水火"并济的电源结构，这种独特的能源布局思路在行业内独树一帜，具有深远的战略意义与实践价值。从电力系统运行的角度来看，"风光水火"并济的电源结构极大地增强了电力供应的稳定性与可靠性。常乐公司的加入，就如同为甘肃能源的电力供应体系注入了一剂"稳定针"，确保电力供应在各种复杂工况下都能满足社会需求。从产业发展战略角度而言，"风光水火"并济的电源结构为甘肃能源带来了协同发展的机遇，有助于推动能源产业的转型升级。不同能源类型的发电项目在技术研发、人才培养以及基础设施建设等方面存在诸多共性与互补之处。这种协同发展模式有利于甘肃能源整合内部资源，形成技术创新合力，推动整个能源产业向绿色、高效、智能化方向转型升级，提升甘肃能源在能源市场的核心竞争力与可持续发展能力。

（三）注入盈利强心针，提升国资证券化

甘肃能源收购常乐公司股权，在增强盈利能力及提升国有资产证券化率等方面意义重大。首先，常乐公司强大的盈利能力为甘肃能源注入强心针。2022—2023年，甘肃能源营业收入从361 683.09万元增至432 718.52万元，净利润分别达64 728.07万元与98 610.40万元，且承诺2024—2027年净利润均超11亿元。这不仅为甘肃能源输送了源源不断的稳定现金流，更为其在资本市场构筑了坚实的财务基石。通过规模经济与协同效应的深度发挥，甘肃能源能够对成本结构进行精细化优化，实现降本增效，进一步提升盈利水平，从而显著增强在资本市场的吸引力与竞争力，彰显其稳健的投资价值与发展潜力。

在国有资产证券化方面，甘肃能源作为电投集团唯一控股的上市平台，此次收购是集团落实党的二十届三中全会精神、培育新质生产力的关键举措。通过将优质火电资产注入甘肃能源，实现资源优化配置，提升国有资产证券化率。这一举措有助于甘肃省对国有产业布局进行系统性调整，引导国有资本向关键领域与优势企业集聚，极大提高国有资产的配置效率与运营效率，进而全方位增强国有经济的影响力与控制力，为区域经济的繁荣发展筑牢坚实支撑，引领区域经济迈向更高质量的发展轨道。

五、市场表现(000791)

甘肃能源交易前后股价变动情况如图48所示。

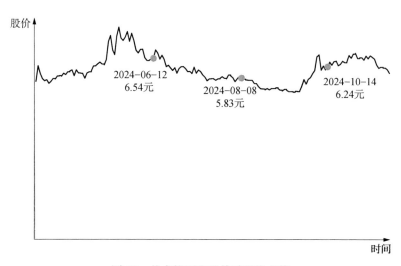

图 48　甘肃能源交易前后股价走势

600768

宁波富邦：
关联并购,困中求变

一、收购相关方简介

(一) 收购方:宁波富邦精业集团股份有限公司

宁波富邦精业集团股份有限公司(以下简称"宁波富邦")成立于 1981 年 12 月,其前身是宁波市华通运输股份有限公司,于 1992 年 11 月经宁波市经济体制改革办公室核准,由宁波市第三运输公司作为主体发起人,采用定向募集方式设立。1996 年 6 月,因扩大业务规模,宁波市华通运输股份有限公司名称变更为"宁波市华通股份有限公司",并于 1996 年 11 月在上海证券交易所上市(股票代码:600768.SH),2002 年 9 月更名为"宁波富邦精业集团股份有限公司"。2002 年 10 月,宁波富邦控股集团有限公司(以下简称:"富邦控股")与原宁波富邦第一大股东宁波市第三运输公司签署"企业合并合同",由富邦控股吸收合并宁波市第三运输公司,成为宁波富邦控股股东。

宁波富邦主要从事铝型材加工以及铝铸棒贸易业务,属于有色金属压延加工行业。宁波富邦的子公司宁波富邦精业铝型材有限公司年生产能力 1 万吨以上,拥有全套熔炼、挤压、氧化生产线,共四条挤压生产线。公司的产品规格品种超过 4 000 种,主要包括汽车配件型材、手电筒系列型材、幕墙型材、电动工具系列型材等。宁波富邦传统的铝型材加工和贸易业务市场竞争充分,铝制品行业内企业间竞争日趋激烈,受限于自身组织结构和技术实力的困扰,预计现有产业的发展瓶颈和规模一时难以突破,且面临业务不断萎缩的市场风险,亟待提升新质生产力,优化业务结构。

(二) 收购标的:宁波电工合金材料有限公司

宁波电工合金材料有限公司(以下简称"电工合金")成立于1990年4月,前身系宁波电工合金材料厂,2003年1月,宁波市国资委批复确认将宁波电工合金材料厂改制为有限责任公司,宁波新乐电器有限公司(以下简称"新乐电器")受让其51%股权。2003年3月,宁波电工合金材料厂更名为"宁波电工合金材料有限公司"。2014年7月,新乐电器股东会作出决议,同意新乐电器采用派生分立的形式分立成新乐电器及宁波新乐控股集团有限公司(以下简称"新乐控股"),电工合金51%的股权由新乐控股承继。2014年10月,电工合金控股股东变更为新乐控股,截至本次并购交易前,电工合金控股股东未再发生变更。

电工合金是电接触产品系统解决方案提供商,主要从事电接触产品的研发、生产和销售,产品主要包括电触点、电接触元件、丝材等,在继电器、交流接触器和温控器等低压电器中主要发挥接通、断开电路的作用,继而实现电器控制和电路控制,是控制低压电器通断的核心部件,可广泛应用于家电、工业控制、5G、汽车、光伏等多个领域。电工合金为高新技术企业、国家级"专精特新"小巨人企业,已形成了多项核心技术及工艺,同时也是我国电工行业标准制定者之一。经过多年发展,电工合金与下游低压电器行业知名企业建立了联系,积累了优质的客户资源。

(三) 关联控股方:宁波新乐控股集团有限公司

新乐控股成立于2014年9月,由新乐电器派生分立而成,主要从事洗衣机的研发、生产和销售。新乐控股经两次股权转让后,富邦控股持有新乐控股36%股权,为其控股股东。

截至并购公告发布日,宁波富邦控股股东为富邦控股,新乐控股的控股股东同样为富邦控股,具体股权结构如图49所示。因此,宁波富邦与新乐控股之间存在关联关系。

二、收购事件一览

● 2024年8月8日,宁波富邦发布关于筹划重大资产重组暨签署股权收购意向协议的提示性公告。

● 2024年11月14日,宁波富邦召开十届董事会第八次会议及十届监事会

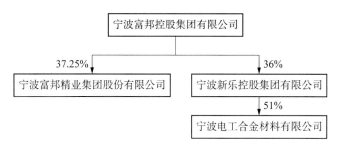

图 49　本次交易前关联双方股权结构

第七次会议,审议通过关于本次重大资产重组方案的议案等与本次交易相关的议案。新乐控与电工合金召开股东会会议,审议通过了本次交易相关方案。自然人交易对方同意并签署资产购买协议。

　　● 2024 年 11 月 15 日,宁波富邦披露《宁波富邦精业集团股份有限公司重大资产购买暨关联交易报告书(草案)》等相关公告。

　　● 2024 年 11 月 28 日,宁波富邦收到上海证券交易所下发的《关于宁波富邦精业集团股份有限公司重组草案信息披露的问询函》。

　　● 2024 年 12 月 10 日,宁波富邦在收到问询函后组织相关人员认真讨论分析,并对上海证券交易所的问询函进行了回复。同日,宁波富邦披露《宁波富邦精业集团股份有限公司重大资产购买暨关联交易报告书(草案)(修订稿)》。

　　● 2024 年 12 月 25 日,宁波富邦召开 2024 年第一次临时股东大会审议通过了关于本次重大资产重组方案的议案。

　　● 2024 年 12 月 27 日,宁波富邦发布关于重大资产重组之标的资产过户完成的公告。

三、收购方案

　　本次并购交易的方案主要为宁波富邦以现金支付的方式购买交易对方持有的电工合金 55％的股权,本次交易完成后,宁波富邦直接持有电工合金 55％的股权,取得其控股权,电工合金成为宁波富邦控股子公司,并被纳入宁波富邦合并范围。本次交易构成关联交易和重大资产重组。根据浙江银信出具的资产评估报告,本次评估采取资产基础法和市场法两种方法进行,最终采用资产基础法评估结果作为本次交易标的资产的最终评估结果。经资产基础法评估,电工合金100％股权的评估价值为16 656.03万元。经交易双方友好协商一致，电工合金55％股权需支付的交易对价为9 185万元。

本次交易以分期支付现金的方式支付标的股权收购价款：

(1) 第一期支付时间：宁波富邦于资产购买协议生效之日起15个工作日内按比例向交易对方支付50％的交易价款，总计人民币4 592.50万元。

(2) 第二期支付时间：宁波富邦于标的资产交割日后30个工作日内按比例向各交易对方支付剩余交易价款。

四、案例评论

(一) 盈利水平持续低迷，业务版图横向延伸

宁波富邦所从事的铝型材加工和铝铸棒贸易业务市场竞争充分，铝制品行业内企业间竞争日趋激烈，宁波富邦盈利水平持续处于低位，面临较大的经营压力。从2015年到2023年，宁波富邦的营业收入规模从8.15亿元下降至3.29亿元，营业收入规模下降幅度超过50％，并且其扣除非经常性损益后净利润连亏9年，合计亏损金额超过1.90亿元。在传统业务市场空间有限，利润空间不断压缩的经营环境下，宁波富邦亟需优化业务结构，寻求新的利润增长点，提高持续经营能力。

宁波富邦与电工合金的主要产品虽然在具体金属品种上有所不同，但均属于对有色金属的加工。围绕有色金属加工业务，宁波富邦通过此次交易能够完善并丰富现有业务布局，在原有铝制品加工与贸易业务基础上新增以银和铜等为基础材料的电接触产品深加工业务，通过积极整合有色金属加工产业链资产，实现业务横向拓展，有助于提升宁波富邦产业链优势。电工合金作为高新技术企业和国家级专精特新"小巨人"企业，已形成了多项核心技术及工艺，并取得了35项专利授权，其深厚的行业地位和技术实力，也为宁波富邦带来了新的发展动能，从而有效解决了现阶段面临的持续发展压力。

(二) 优质资产注入，经营绩效改善

本次交易完成后，电工合金的财务报表纳入宁波富邦的合并范围。电工合金隶属于宁波富邦之控股股东富邦集团旗下的宁波新乐控股公司，目前已取得市场、技术、经营效率等突出优势，在加入上市公司体系后，可充分利用宁波富邦的融资平台和综合资源，在资金端、管理端获得支持，推动扩大业务规模、提

高经营业绩,做大做强市场。在完成对电工合金的收购后,宁波富邦的资产规模、收入规模、归属母公司股东的净利润以及基本每股收益均有所上升。本次交易有利于提高宁波富邦的资产质量,增强宁波富邦持续经营能力、盈利能力和抗风险能力。

此外,电工合金也统一纳入宁波富邦的战略发展规划中。按照既定发展战略,宁波富邦的业务布局从单一铝制品加工与贸易业务,扩展至以银和铜等为基础材料的电接触产品深加工业务,现有业务布局得到了完善和丰富。在拓展业务布局的同时,宁波富邦努力推动原有业务与新业务的协同发展,充分发挥本次重组在有色金属原材料采购、生产管理、市场拓展等方面的协同效应,有效实现资源共享和优势互补。重组后的协同效益不仅提升了企业的运营效率,而且显著改善了盈利能力,使得宁波富邦在激烈的市场竞争中脱颖而出,为未来的长远发展注入强大动力。

(三) 股价表现一波三折,市场预期稳中向好

2024 年 8 月 7 日晚间,宁波富邦披露拟以支付现金方式收购电工合金不低于 51% 股权,次日宁波富邦股价呈现涨停的强劲态势。市场对此次收购表现出乐观情绪。从基本面来看,在此次交易前,宁波富邦产品相对单一,在激烈的市场竞争中面临较大压力。而电工合金在电接触产品领域拥有先进的技术、成熟的市场渠道以及稳定的客户群体。此次收购意味着宁波富邦能够快速切入电接触产品深加工业务,实现业务多元化拓展,打开新的利润增长空间。这种对公司未来业绩增长的强烈预期,吸引了大量投资者纷纷买入股票,推动股价大幅上涨。

2024 年 11 月 15 日,宁波富邦股价高开低走,11 月 18 日,股价再次下跌 3%。由此看出,业务整合难度是投资者担忧的重点之一。宁波富邦和电工合金虽然同属有色金属加工行业,但在产品特性、生产流程、技术研发方向等方面存在差异。如何将二者的业务进行有效整合,实现协同发展,是一个巨大的挑战。如果在整合过程中出现技术融合困难、生产流程不顺畅等问题,不仅无法实现预期的协同效应,还可能导致成本增加、效率降低,进而影响公司业绩。

随着时间的推移,市场对收购后的发展前景逐渐恢复信心,宁波富邦股价逐渐企稳回升。从公司层面来看,宁波富邦在收购后积极推进整合工作,取得了一定的进展。充分发挥本次重组在有色金属原材料采购、生产管理、市场拓展等方面的协同效应,有效实现资源共享和优势互补,提高上市公司综合竞争力的发展战略也在一定程度上提升了投资者信心。

五、市场表现(600768)

宁波富邦交易前后股价变动情况如图 50 所示。

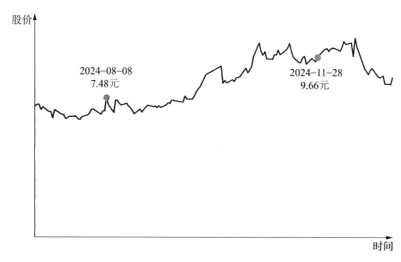

图 50　宁波富邦交易前后股价走势

002475

立讯精密：
"鲸吞"海外巨头，协同与业绩双赢

一、收购相关方简介

(一) 收购方：立讯精密工业股份有限公司

立讯精密工业股份有限公司(以下简称"立讯精密")成立于 2004 年 5 月 24 日，2010 年 9 月在深交所上市(股票代码：002475.SZ)。立讯精密最初围绕连接器产品起步，通过承接富士康订单逐步发展壮大。2011 年，立讯精密通过收购昆山联滔电子有限公司切入苹果产业链，随后不断开展并购活动拓展业务版图，涉足汽车线束、通信、声学组件等多个领域，实现了全方位的业务布局。

立讯精密主营业务涵盖消费电子、汽车、通信等领域。在消费电子领域，作为苹果的重要供应商，立讯精密深度参与 iPhone、AppleWatch 等产品的制造，为智能手机、可穿戴设备等提供核心零部件与系统组装服务。在汽车领域，立讯精密持续深耕，产品包含汽车线束、连接器等。在通信领域，立讯精密的高速互联、光模块等产品不断发展，已进入数据中心客户项目。在行业中，立讯精密拥有突出的地位，并凭借强大的研发投入与创新能力不断巩固自身优势，持续引领行业发展。

2021 年，立讯精密基于其自身发展需求提出"三个五年计划"，旨在全面拓展包括汽车在内的多个业务领域，立志在"三个五年"内成为全球汽车零部件 Tier1 领导厂商。本次收购交易是其"五年计划"实施中的一项重点，收购完成后，立讯精密持有 Leoni AG 的 50.1％股权及 Leoni AG 之全资子公司 Leoni Kabel GmbH(以下简称"Leoni K")的 100％股权，有助于并购双方在产品、市场等多方面资源互通、优势互补，快速形成全球汽车线束领域竞争优势；同时，立讯精密还能凭借自身能力优势,为 Leoni AG 提供多方面优化与赋能,助力 Leoni AG 提升业绩。

(二) 收购标的:Leoni AG、Leoni Kabel GmbH

Leoni AG 成立于 1917 年,由 L2-Beteiligungs GmbH 全资设立并于 1923 年上市(股票代码:LEO)。1993 年,Leoni AG 在中国成立了第一家子公司。多年来,Leoni AG 在全球不断拓展业务,在德国、中国、美国、英国、法国、意大利等 30 多个国家和地区设立了 100 余家分公司,形成了庞大的全球资源网络,能够快速响应全球客户的需求,在全球市场上具有较强的竞争力。然而,在疫情使汽车行业收缩的背景下,俄乌冲突爆发使 Leoni AG 在乌克兰和俄罗斯的工厂受到影响,叠加管理层混乱、长期持续亏损、供应瓶颈、能源成本上升等问题,2022 年 Leoni AG 计划出售汽车电缆解决方案业务偿还债务失败,资金缺口难以弥补,于 2023 年 8 月 18 日从法兰克福交易所退市。

Leoni AG 是全球头部的电缆、电线和线束系统解决方案供应商,2024 年在全球汽车线束市场位居第四,与梅赛德斯-奔驰等众多国际知名汽车制造商有长期合作。Leoni AG 产品包括标准化电缆、特种电缆以及定制开发的线束系统与相关组件,还开展与能源和数据管理相关的信息技术活动及提供配套服务,广泛应用于汽车制造、通信、医疗器械等领域。从组织架构角度,Leoni AG 旗下包含两大核心业务,分别是 Automotive Cable Solutions Division 汽车电缆事业部(以下简称"ACS 业务")和 Wiring System Division 线束系统事业部(以下简称"WSD 业务"),Leoni AG 股权结构如图 51 所示。其中,ACS 业务的主要运营主体为 Leoni K,WSD 业务的主要运营主体为 Leoni AG 的另一全资子公司 Leoni BordnetzeSysteme(以下简称"Leoni B")。Leoni B 旗下拥有 4 家运营 ACS 业务的全资子公司 Leonische Holding, Inc.、Leoni Cable, Inc.、Leoni Cable S. A. de C. V. 和 Leoni Cable de Chihuahua S. A.。在本次收购交易中,Leoni AG 出售自身 50.10% 的股权及下属子公司 Leoni K 100% 的股权。

二、收购事件一览

- 2024 年 9 月 13 日,立讯精密召开第六届董事会第三次临时会议,审议通过《关于收购 Leoni AG 及其下属全资子公司股权的议案》。
- 2024 年 9 月 14 日,立讯精密发布《关于收购 Leoni AG 及其下属全资子

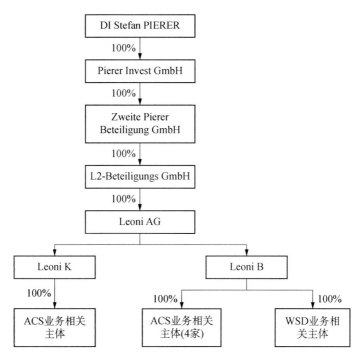

图 51 本次交易前 Leoni AG 股权结构

公司股权的公告》。

· 2024 年 12 月 27 日,国家市场监管总局公示立讯精密收购 Leoni AG 股份有限公司股权案获无条件批准。

三、收购方案

本次并购交易中,立讯精密与 L2-Beteiligungs、Leoni AG 其他交易相关方分别就 ACS 业务、WSD 业务相关交易事项签订 SHARE PURCHASE GREEMENT(分别简称为"SPA ACS"与"SPA WSD",统称"SPA 协议")。

(一) SPA ACS 协议

立讯精密全资子公司 Luxshare Precision Limited(以下简称"香港立讯")与公司下属控股子公司 Time Interconnect Technology Limited(以下简称"汇聚科技")共同设立 Time Interconnect Singapore Pte. Ltd. (以下简称"新加坡汇聚"),注册资本 40 万美元,其中香港立讯持有新加坡汇聚 51%股权,汇聚科技持有新加坡汇聚 49%股权。新加坡汇聚成立后,以 32 000 万欧元的交易对价收购 Leoni AG

持有的 Leoni K 100％股权,交易对价是立讯精密综合考虑其行业影响力、经验技术积累、业务发展情况以及与业务协同性,经交易双方友好协商后确定的。

(二) SPA WSD 协议

立讯精密全资子公司 Luxshare Precision Singapore Pte. Ltd. (以下简称"新加坡立讯")以 20541 万欧元的交易对价收购 L2-Beteiligungs 持有的 Leoni AG 50.10％股权,对应股份数量 2505 万股,交易对价是立讯精密综合考虑其行业影响力、经验技术积累、业务发展情况以及与业务协同性,经交易双方友好协商后确定的。Leoni AG 剩余 49.90％股权继续由 L2-Beteiligungs 持有。

(三) 股权变动

本次交易后,Leoni AG 及 Leoni K 的股权结构如图 52 所示。

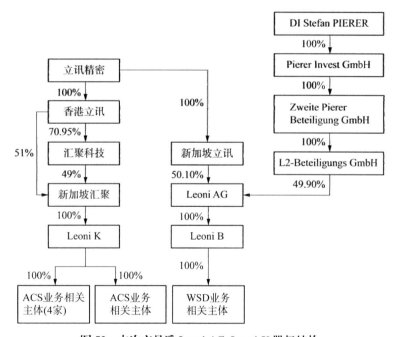

图 52　本次交易后 Leoni AG、Leoni K 股权结构

四、案例评论

(一) 拓展汽车业务版图,加速行业变革进程

从立讯精密的发展历程来看,其在汽车领域的布局离不开一系列收购。

2008 年,立讯精密以 Tier2 的身份入局汽车线束;2012 年,立讯精密以 9 800 万元收购福建源光电装 55% 股权,布局汽车电子装置及零部件的制造;2014 年,立讯精密收购德国 SUK 公司,进入汽车配件领域;2018 年,立讯精密大股东收购德国采埃孚车身控制事业部,借此涉足智能汽车领域;2021 年,立讯精密携手速腾聚创,研制激光雷达,并与广汽设立合资公司——立昇科技,布局智能座舱、自动驾驶域控制器等;2022 年 2 月,立讯精密与奇瑞签署战略合作框架协议,组建合资公司,专业从事新能源汽车的整车研发及制造。

可见立讯精密不断通过收购活动拓展其汽车业务版图,而此次并购是立讯精密在汽车领域的又一次重大布局。Leoni AG 公司是全球头部的电缆、电线和线束系统解决方案供应商,立讯精密收购 Leoni AG 可进一步完善在汽车领域从线束、连接器到智能座舱等的全面布局。此外,当前市场需求的变化也对汽车线束领域带来更多生机,如新能源汽车的兴起、自动驾驶技术的普及等对线束行业提出了新的要求,未来对高压线束、电池管理系统线束等需求将持续增长。因此,本次收购有望推动汽车线束行业的技术创新和产业升级,加速行业的整合与变革,提升整个行业的效率和竞争力。

(二)战略协同与盈利改善,实现双向优化与赋能

Leoni AG 历经百年发展与全球业务拓展,已形成庞大的全球资源网络,能够快速响应全球客户的需求,在全球市场上具有较强的竞争力。而立讯精密作为全球知名的电子设备制造商,随着 AI 技术向各领域渗透,汽车行业的智能化和网联化、通信行业的高速发展等,都预示着立讯精密未来良好的发展机遇。

在此次并购中,立讯精密可借助 Leoni AG 在汽车电缆和线束领域的技术和经验,与自身在消费电子领域积累的快速迭代能力和成本控制意识相结合,在产品开发、市场拓展、客户准入、产能布局、物料采购等方面实现资源互通、优势互补和战略协同,形成全球汽车线束领域的差异化竞争优势。而近年来 Leoni AG 经历销售增长停滞、持续亏损、能源成本增加及管理层变动等多重问题,Leoni AG 近年持续处于亏损状态,2023 年 Leoni AG 和 Leoni K 的净利润分别为 -1.28 亿欧元和 -0.13 亿欧元。通过本次收购交易,Leoni AG 一方面获得了立讯精密的资金支持和资源注入,有助于解决财务危机,稳定企业运营。另一方面借助立讯精密在连接器和电子产品制造方面丰富的经验和强大的研发实力,能助力 Leoni AG 增强综合解决方案的能力,拓展新的市场和客户群体,在技术创新和业务发展上获得新的机遇。

(三) 国内外布局优化,加速全球化战略进程

本次收购有助于立讯精密快速切入汽车线束的全球市场,完善在汽车领域从线束、连接器到智能座舱等的全面布局,进一步推动汽车业务的全球化进程,加速实现"成为全球汽车零部件 Tier1 领导厂商"的目标。具体而言,Leoni AG 在东欧、北非和美洲地区运营优势明显,与欧美汽车行业联系紧密;而立讯精密在中国及亚洲市场有强大影响力和丰富客户资源,收购完成后立讯精密可与 Leoni AG 在欧美市场的业务形成互补,发挥 Leoni AG、Leoni K 在汽车线束领域积累的设计研发与海外产能布局优势,在提高自身运营效率与研发创新能力的同时,快速形成在全球汽车线束领域的差异化竞争优势,为中国车企"出海"以及海外传统车企提供更加便捷、高效的垂直一体化服务构建更广泛的全球市场布局。

五、市场表现(002475)

立讯精密交易前后股价变动情况如图 53 所示。

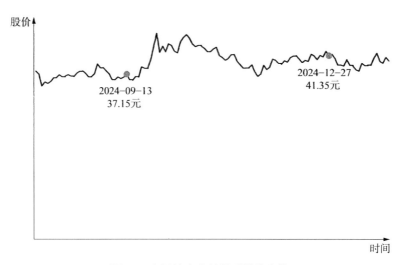

图 53　立讯精密交易前后股价走势

600062

华润双鹤：
集团内并购，"兄弟"成"父子"

一、收购相关方简介

(一) 收购方：华润双鹤药业股份有限公司

华润双鹤药业股份有限公司(以下简称"华润双鹤"，股票代码：600062. SH)成立于 1997 年，前身为北京制药厂，2000 年在上交所上市，是华润医药集团旗下核心化学药平台。公司业务涵盖化学药、中成药及生物药的研发、生产与销售，核心聚焦心脑血管、抗感染、呼吸系统、代谢疾病四大领域，拥有"压氏达"(苯磺酸氨氯地平片)、"冠爽"(匹伐他汀钙片)等多个年销售额超 10 亿元的明星产品。截至 2023 年底，华润双鹤总资产达 385 亿元，年营业收入 162 亿元，净利润 19.30 亿元，净利率稳定在 12% 左右，研发投入占比约 5%，累计拥有药品批文超 600 个，其中通过一致性评价品种 47 个，位列行业前列。

作为华润医药集团"十四五"战略中"慢性病全产业链"的核心载体，华润双鹤在全国布局了 12 个生产基地，涵盖原料药、制剂全流程生产，产能利用率长期保持在 75% 以上。公司渠道网络覆盖全国超 5 000 家二级以上医院及 10 万家零售终端，并与国药控股、上海医药等流通巨头建立深度合作。近年来，公司加速向创新药转型，通过自研与并购双轮驱动，布局 GLP-1 受体激动剂(糖尿病)、PD-1 单抗(肿瘤)等前沿领域。本次收购华润紫竹药业有限公司是其专科药战略的关键一步，旨在通过整合妇科、儿科等细分领域资源，形成"慢性病＋专科药"双轮驱动的业务格局，进一步提升在集采压力下的抗风险能力。

(二) 收购标的：华润紫竹药业有限公司

华润紫竹药业有限公司(以下简称"华润紫竹")成立于 1980 年，前身为北京第三制药厂,2010年成为北京医药集团全资子公司,实际控制人为中国华润有限公司。公司专注于女性健康、儿科、眼科、口腔及糖尿病等专科领域,核心产品包括紧急避孕药"毓婷"系列(市占率超60%)、眼科用药"润洁"滴眼液、口腔溃疡贴片"意可贴"等,其中"毓婷"年销售额超10亿元,连续20年稳居国内避孕药市场第一。此外,华润紫竹在原料药领域具备优势,其生产的左炔诺孕酮原料药供应全球市场,是联合国人口基金会(UNFPA)的长期供应商。

财务方面,华润紫竹2023年1—8月实现营业收入7.06亿元,净利润2.82亿元,净利率高达39.90%,显著高于行业平均水平。截至2023年8月底,公司总资产26.94亿元,净资产10.54亿元,负债率61%,主要负债为关联方资金归集(12.27亿元),交割后将解除。研发层面,公司拥有15项国际专利,8个在研创新药进入临床阶段,包括第三代可降解心脏支架(预计2025年上市)及CAR-T细胞治疗技术平台。渠道方面,其零售终端覆盖全国30万家药店,并与阿里健康、京东健康达成电商直供合作,线上销售占比逐年提升至15%。本次交易后,华润紫竹成为华润双鹤专科药板块的核心资产,其国际化资质(如WHO预认证),也为华润双鹤开拓东南亚、非洲市场提供跳板。

(三) 关联控股方:北京医药集团有限责任公司

北京医药集团有限责任公司(以下简称"北药集团")成立于1987年3月,注册资本23.20亿元,是华润医药集团旗下核心医药资产运营平台,实际控制人为中国华润有限公司,本次收购前北药集团、华润双鹤、华润紫竹三者的股权关系如图54所示。作为华润医药在华北地区的重要布局,北药集团业务涵盖医药工业、商业流通、研发及投资四大板块,旗下控股华润双鹤(600062.SH)、华润紫竹药业等多家企业,形成"化学药+专科药+流通服务"的产业链协同体系。截至2023年底,北药集团总资产超500亿元,年营收规模突破300亿元,净利润约25亿元,综合实力位列中国医药工业百强前20位。

北药集团的核心职能在于整合华润医药内部资源,推动专业化分工。在医药工业领域,其通过华润双鹤聚焦慢性病化学药(如降压药、降糖药),通过华润紫竹深耕专科药(如女性健康、眼科用药);在商业流通领域,公司依托华润医药商业公司的全国网络(覆盖31个省级行政区),实现药品配送、零售终端及电商渠道的全覆盖。近年来,北药集团重点推进创新转型,旗下企业累计获得药品批文超800个,其中创新药及首仿药占比达15%,并通过一致性评价品种62

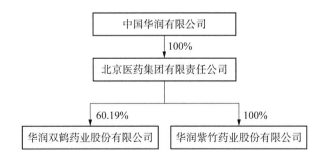

图 54　收购前北药集团、华润双鹤、华润紫竹三者的股权关系

个,显著高于行业平均水平。

二、收购事件一览

● 2024 年 2 月 22 日,第九届董事会第三十六次会议审议通过《关于收购华润紫竹药业有限公司 100％股权暨关联交易的议案》。

● 2024 年 3 月 22 日,华润双鹤药业股份有限公司与北京医药集团有限责任公司签署关于华润紫竹药业有限公司之股权转让协议。

三、收购方案

(一) 股权收购

本次收购方案为华润双鹤以现金方式向北药集团收购其持有的华润紫竹 100％股权,交易作价为 311 545.31 万元。本次交易资金来源为华润双鹤自有或自筹资金。收购完成后,华润紫竹成为华润双鹤全资子公司,纳入合并报表范围,其全部资产、负债、业务、人员及其他权利与义务由华润双鹤承接。

(二) 交易价格

根据评估报告,以 2023 年 8 月 31 日为评估基准日,采用收益法评估,华润紫竹股东全部权益评估值为 311 545.31 万元,较其单体财务报表净资产账面价值 115 214.58 万元增值 196 330.73 万元,增值率 170.40％。收益法基于企业未来预期收益及成长性,综合考虑华润紫竹的客户资源、研发能力及市场竞争力。采用资产基础法评估时,华润紫竹股东全部权益评估值为 228 561.32 万元,增值率 98.38％。因收益法更能反映企业整体价值及潜在盈利能力,最终采用收益法评估结果作为定价依据。交易价格经双方协商确定,符合国有资产交易监管要求及行业定价规律。

四、案例评论

（一）专科领域补强，抢占细分市场

华润紫竹的核心竞争力在于其在女性健康领域近 40 年的深耕，尤其是其主导产品"毓婷"系列（左炔诺孕酮片）长期占据中国紧急避孕药市场超 60％的份额，年销售额稳定在 10 亿元以上。这一市场地位得益于其品牌认知度高、渠道覆盖广（覆盖全国超 30 万家零售终端）及持续的产品迭代能力（如推出"金毓婷"等差异化产品）。此外，华润紫竹在眼科用药（如人工泪液）、口腔用药（如口腔溃疡贴片）及糖尿病用药领域均有成熟产品线，其中糖尿病药物"紫竹唐宁"已通过一致性评价，具备替代进口药的潜力。

本次收购的战略意义在于，华润双鹤可借助华润紫竹的专科药资源，填补其在妇科、儿科等细分市场的空白，形成"慢性病（心脑血管、糖尿病）＋专科用药（女性健康、儿科）"的双轮驱动模式。根据米内网数据，中国女性健康用药市场规模预计 2025 年将突破 500 亿元，年均复合增长率达 12％；儿科用药市场受"三孩政策"推动，未来五年增速有望维持在 8％—10％。华润双鹤通过整合华润紫竹的专科产品线，可直接切入高增长赛道，规避传统化学药领域的集采压力。

更深层次的战略协同体现在渠道与终端的整合上。华润双鹤的医院渠道覆盖全国超 5 000 家二级以上医院，而华润紫竹在零售药店和基层医疗市场具有优势。双方渠道互补后，可推动"毓婷"等产品向医院市场渗透，同时将华润双鹤的慢性病药物导入零售终端，实现"医院＋零售"双线放量。此外，华润紫竹的国际化布局（如联合国人口基金会供应商资质）为华润双鹤开拓东南亚、非洲等海外市场提供了跳板，契合国家"一带一路"医药出口战略。

（二）资产规模与盈利双升

从财务数据看，华润紫竹 2023 年 1—8 月净利润达 2.82 亿元，同比增长 18％，净利率高达 39.90％，显著高于华润双鹤同期净利率（11.90％）。收购完成后，华润双鹤净利润规模直接增厚约 15％，若考虑协同效应带来的成本优化（如营销费用降低 15％），净利润增幅可能进一步扩大至 20％。根据收益法评估，华润紫竹 2024—2028 年预测净利润年均复合增长率达 12％，主要驱动力为

"毓婷"系列渠道下沉、眼科及糖尿病新药上市。

资产端,华润紫竹的注入使华润双鹤总资产从385亿元增至420亿元(＋9.10％),其中无形资产(如"毓婷"品牌价值、专利)增值约11.30亿元,占评估增值的58％。尽管交易对价较账面净资产溢价170％,但与同行业并购案例(如华润三九收购昆药集团溢价率213％)相比,该估值仍属合理。值得关注的是,华润紫竹负债率较高(2023年8月底为61％),主要缘于关联方资金归集(12.27亿元),但公告明确交割前将解除资金归集,后续负债压力可控。

长期来看,华润紫竹的研发管线为华润双鹤提供了增长弹性。目前华润紫竹有8个创新药处于临床阶段,包括PD－1单抗(预计2026年上市)及第三代可降解心脏支架。若这些产品成功商业化,华润双鹤的毛利率有望从当前的58％提升至65％以上,推动净利润突破30亿元。不过,需警惕研发失败风险及创新药市场竞争加剧对收益的潜在冲击。

(三) 集团协同:资源整合提速

华润医药集团内部资源整合是本次交易的核心逻辑之一。通过并入华润紫竹,华润双鹤可深度协同集团三大优势资源。

一是研发协同。华润医药研究院拥有超500人的研发团队,年均研发投入超10亿元。华润紫竹的专科药管线(如妇科创新药)可与研究院的慢性病研发平台(如降糖药)形成互补,缩短新药研发周期。例如,华润双鹤可利用研究院的AI药物筛选技术,加速华润紫竹在研的CAR－T细胞治疗药物优化,预计研发周期缩短20％。

二是生产协同。华润双鹤在全国拥有12个生产基地,产能利用率约75％,而华润紫竹受限于北京生产基地的环保限制,产能扩张困难。收购后,华润紫竹的口服固体制剂可转移至华润双鹤的湖北、浙江基地生产,预计降低单位成本10％—15％,年节约成本超1亿元。

三是销售协同。华润双鹤的慢性病药物销售团队(约3 000人)与华润紫竹的零售终端团队(约800人)合并后,可推行"一揽子"学术推广策略。例如,在妇科科室推广"毓婷"时,捆绑推广华润双鹤的降压药,提升单客户贡献值。此外,华润医药商业公司的物流网络(覆盖全国98％的三甲医院)可降低两家公司物流成本约8％。

更深层次的协同在于战略定位升级。交易完成后,华润双鹤从"化学药制造商"转型为"专科药＋慢性病全产业链平台",这一定位更符合华润医药集团"创新驱动、专科突破"的"十四五"战略目标。未来,华润双鹤有望成为集团内创新药资产的优先注入平台,进一步吸引资本市场关注。

五、市场表现(600062)

华润双鹤交易前后股价变动情况如图 55 所示。

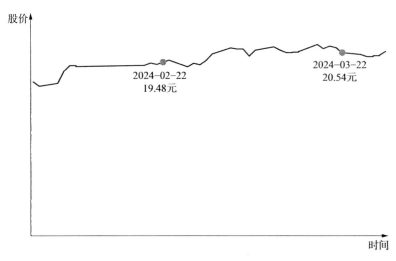

图 55　华润双鹤交易前后股价走势

第五辑　借壳上市

300096

ST 易联众：
跨界拍卖借壳，城发协同民生

一、收购相关方简介

(一) 收购方:周口城发智能科技有限公司

周口城发智能科技有限公司(以下简称"城发科技")于2021年7月28日正式成立。城发科技坐落于周口市川汇区,法定代表人为豆志强。其成立的初衷是为了顺应智慧城市建设和数字化转型的浪潮,在当地政府的支持下,致力于整合区域内的科技资源,推动城市智能化发展。城发科技的经营范围极为广泛,在许可项目方面,涵盖了建筑智能化系统设计、建筑智能化工程施工以及发电输电供电业务等,这些业务的开展需要公司具备较高的技术资质和专业能力;在一般项目中,涉及技术服务、技术开发、技术咨询、技术交流、技术转让、技术推广,以及各类智能设备、电子产品、计算机软硬件及辅助设备的销售等,体现了城发科技在技术研发和产品销售方面的多元化布局。

城发科技的股权结构较为集中,周口周城股权投资管理合伙企业(有限合伙)持有96.67%的股权,认缴出资29 000万元,该合伙企业的股东构成较为复杂,穿透后涉及常凯、王慧、张银磊等自然人;周口城建投资管理有限公司持股3.33%,认缴出资1 000万元,穿透后最终受益人为周口市财政局(周口市国资委)。城发科技自成立以来积极参与各类项目,已对外投资1家企业,参与招投标项目6次,获得行政许可1个。尽管城发科技人员规模少于50人,但凭借在智慧城市建设相关领域的持续投入和创新,在区域市场中逐渐崭露头角,为当地的城市智能化升级提供了关键的技术支持和解决方案。

（二）收购标的：易联众信息技术股份有限公司

易联众信息技术股份有限公司(以下简称"ST易联众")成立于2000年7月14日,作为国内民生信息服务领域的先驱企业,易联众于2010年成功在深交所创业板上市,成为该领域第一家上市企业。易联众在成立初期,专注于为政府部门提供人力资源和社会保障信息化解决方案,凭借其先进的技术和优质的服务,迅速在行业内积累了良好的口碑和丰富的客户资源。随着业务的拓展,易联众逐渐将业务范围延伸至医保信息化、医疗健康信息化等多个民生领域,构建了以大数据为核心,涵盖软件开发、系统集成、运营服务等全方位的业务体系。

在行业发展的黄金时期,易联众凭借其先发优势和技术实力,为众多地方政府部门提供了高效的信息系统建设和运维服务。在医保信息化领域,易联众系统覆盖了多个省市,为医保业务的高效办理和监管提供了有力支持;在人力资源和社会保障信息化方面,易联众帮助政府部门实现了社保业务的数字化管理,提高了服务效率和管理水平。然而近年来,随着市场竞争的日益激烈,行业内新兴企业不断涌现,易联众面临着巨大的竞争压力。同时,易联众自身在业务调整过程中,出现了战略决策失误、造成资金链紧张等问题,导致经营业绩下滑,被实施退市风险警示,变为"ST易联众"。尽管如此,易联众多年来积累的技术研发能力、庞大的客户资源以及深厚的行业经验,仍然使其在民生信息服务领域具备一定的价值。

二、收购事件一览

● 2023年11月17日,因张曦所持ST易联众部分股份涉及质押式证券回购纠纷,东吴证券向苏州中院提请司法裁定强制执行。

● 2023年11月27日,ST易联众发布公告,自查发现公司存在未履行任何内控审批/董事会/股东大会审议决策程序,为张曦及其关联方提供违规担保,以及张曦以公司名义签署违规借款的情形。

● 2023年12月29日,公司因违规担保违规借款等事宜,被实施其他风险警示而停牌一天。

● 2024年1月2日,股票简称由"易联众"正式变更为"ST易联众",这一变更直观地反映了公司当前的经营困境和风险状况。

● 2024 年 3 月 25 日,司法拍卖股份正式完成过户,周口城发智能科技有限公司成为公司控股股东,城发科技实际控制人周口市财政局成为公司实际控制人。同日,公司发布业绩修正预告,因违规借款事项中所涉诉讼案件[(2023)浙0109 民初 17652 号]一审败诉,公司拟上诉同时仍全额计提预计负债 5 882.33 万元,这进一步显示了公司在财务方面面临的巨大压力。

● 2024 年 5 月 8 日,ST 易联众发布公告,收到证监会下发的立案告知书,因涉嫌未按规定披露为关联方提供担保等信息违法违规,中国证监会决定对公司立案。

三、收购方案

(一) 收购背景

ST 易联众原控股股东、实际控制人张曦深陷财务困境。2018 年 6 月,张曦控制的京发置业与张立云签订借款协议后未能按期还款,资金流动性紧张问题初现。随后,张曦以 ST 易联众名义提供担保,构成违规。在 2018—2021 年间,类似违规担保、借款事件频发,如 2018 年张曦以公司名义向苏州诺金投资借款6 000 万元,仅还款 3 000 万元;2021 年 2 月,易联众、张曦、张华芳向高彩娥借款5 000 万元后未偿还。因涉及借款纠纷以及质押式证券回购纠纷,张曦持有 ST 易联众的 6 968.16 万股公司股份(占公司总股本 16.21%)全部被司法冻结或轮候冻结。相关债权人向法院提请司法裁定强制执行,这些股份被置于淘宝网司法拍卖网络平台进行公开拍卖,为城发科技的介入创造了契机。

(二) 司法拍卖与竞购

本次法拍缘于张曦所持 ST 易联众部分股份涉及质押式证券回购纠纷,东吴证券向苏州中院提请司法裁定强制执行。2023 年 11 月 17 日,在淘宝网司法拍卖网络平台上,这场备受瞩目的股权拍卖正式拉开帷幕。

参与此次竞拍的主体众多,竞争十分激烈。城发科技在竞拍前期,对 ST 易联众的价值进行了深入评估,分析了公司的业务前景、技术实力以及市场潜力。在竞拍过程中,城发科技密切关注竞争对手的出价动态,凭借对市场的精准判断和充足的资金准备,采取了灵活的竞拍策略。

经过多轮激烈出价,城发科技最终以 2.88 亿元的价格竞得张曦持有的 ST 易联众 69 606 749 股股份,折合每股约 4.14 元。这一价格是城发科技在综合考虑公司财务状况、行业前景以及自身战略规划后给出的合理报价。从财务角度看,虽然 ST 易联众存在违规担保和借款等问题,但城发科技在民生信息服务领域的技术和客户资源具有一定价值,未来若能有效整合,有望带来盈利增长。从行业前景分析,民生信息服务行业市场潜力巨大,与城发科技在智慧城市建设等业务存在协同空间。

(三) 股权结构变更

本次收购完成后,张曦持有 ST 易联众 74 900 股股份,占公司总股本的 0.02%,不再是公司控股股东、实际控制人;城发科技持有 ST 易联众 69 606 749 股股份,占公司总股本的 16.19%,成为公司控股股东。公司控股股东由张曦变更为城发科技,实际控制人由张曦变更为周口市财政局。ST 易联众在本次收购中的股权结构变更如表 24 所示。

表 24　ST 易联众股权结构变更表

股东名称	股权变更前		股权变更后	
	持股数量(股)	占总股本比例	持股数量(股)	占总股本比例
张曦	69 681 649	16.21%	74 900	0.02%
城发科技	0	0.00%	69 606 749	16.19%

四、案例评论

(一) "八方来援",城发科技股东结构尽显优势

在资本市场的博弈中,城发科技成功上演以小博大的经典案例。城发科技斥资 2.88 亿元,一举拿下 ST 易联众 16.19% 的股权,在这场收购的背后,其独特的股东结构成为关键支撑,展现出无可比拟的资源整合优势。在城发科技股东架构里,周口周城股权投资管理合伙企业(有限合伙)充当"主力军"。其通过合伙人出资和合法募资双管齐下,为本次收购注入了强劲的资金动力。周口周城股权投资管理合伙企业认缴出资高达 29 000 万元,占比 96.67%,在收购资金的筹备中一骑绝尘,是推动收购进程的核心力量。周口城建投资管理有限公司虽出资额相对较小,但同样不可或缺。该公司认缴出资 1 000 万元,占比 3.33%,其资金来源或涉及财政支持、投资收益等。这笔资金虽体量有限,却为

收购资金链的完整性添砖加瓦,发挥着必要的补充作用。除了股东的大力支持,城发科技自身的"造血"能力同样不容忽视。在过往经营历程中,城发科技凭借技术服务、项目合作等业务,持续积累自有资金。此次收购,公司将这些沉淀的资金投入其中,进一步夯实了收购资金的基础,确保收购行动顺利落地。城发科技此番通过多元且互补的资金来源,实现对 ST 易联众的成功收购,充分彰显了其股东结构在资金募集与资源调配方面的卓越优势,也为资本市场提供了一个值得借鉴的收购样本。

(二) 机遇与风险并存,城发科技谨慎中前行

在风云变幻的资本市场,每一项重大决策都如履薄冰,既潜藏着无限机遇,又伴随着诸多风险。在决定收购 ST 易联众之前,周口城发智能科技有限公司组建了一支专业的尽职调查团队,团队成员包括财务专家、行业分析师、法律顾问等。他们对 ST 易联众进行了全面深入的调查,不仅对公司的财务状况进行详细的审计和分析,还对其市场竞争力、技术水平、业务模式、内部管理等方面进行了综合评估。在财务状况调查中,发现公司存在严重的违规担保和违规借款问题,这给收购带来了潜在的财务风险;在市场竞争力评估中,了解到公司虽然在民生信息服务领域拥有一定的技术和客户资源,但面临着激烈的市场竞争和业务下滑的困境。基于这些调研结果,城发科技结合自身的战略发展需求,经过反复的研究和论证,认为尽管收购 ST 易联众存在风险,但从长远来看,机遇大于挑战。通过收购,城发科技可以顺利切入民生信息服务领域,与现有业务形成协同效应,实现业务的多元化发展。借助 ST 易联众在民生信息服务领域的技术和客户资源,城发科技能够进一步提升自身在智慧城市建设中的综合竞争力,为公司开拓更广阔的市场空间。城发科技最终做出了收购 ST 易联众的决策。这一决策不仅体现了城发科技对市场机遇的敏锐洞察力,更彰显了公司在面对风险时的冷静判断与果断决策。

(三) 2.88 亿元收购背后,城发科技面临巨大压力

从财务风险角度分析,此次收购对城发科技来说是一把双刃剑。一方面,收购需要支付巨额的资金,这对城发科技的资金流动性提出了很高的要求。如果城发科技在后续的经营中无法有效整合 ST 易联众的业务,并实现盈利提升,那么这笔巨额的收购资金可能会成为城发科技的沉重负担,导致城发科技资金链紧张,甚至面临财务危机。另一方面,ST 易联众存在的违规担保和借款问题,可能会给城发科技带来潜在的债务风险。虽然在收购时可能已经对这些风险进行了评估和考虑,但实际情况可能会更加复杂,一旦这些问题无法得到妥善解决,将会对城发科技的财务状况产生严重的影响。然而,如果收购能够成功整合,ST 易联众能够扭亏为盈,那么将为城发科技带来新的盈利增长点,提升公司的整体财务实力,实现财务风险的有效控制和转化。

(四) 跨界收购,城发科技"玩转"民生信息服务

在战略布局上,此次收购对城发科技具有重要的战略意义。通过收购 ST 易联众,公司成功进入民生信息服务领域,这一领域与城发科技原有的智慧城市建设、信息技术服务等业务具有很强的关联性和互补性。城发科技可以整合双方的资源,实现业务的协同发展,拓展业务范围,提升市场竞争力。在智慧城市建设中,公司可以将 ST 易联众的民生信息服务产品融入其中,为城市居民提供更加全面、便捷的服务;在信息技术服务方面,公司可以利用 ST 易联众在民生领域的技术和经验,开发出更加符合市场需求的信息化产品。对于 ST 易联众来说,新的控股股东带来了新的战略方向和资源支持,有助于易联众摆脱当前的困境,实现业务的转型和升级。易联众可以借助城发科技的资源和平台,拓展市场渠道,提升技术创新能力,重新找回在民生信息服务领域的竞争优势。

(五) 收购消息刷屏,股价"上蹿下跳"

从市场反应来看,此次收购消息公布后,ST 易联众的股价出现了较大的波动。在收购初期,由于市场对收购的预期和对公司未来发展的期待,股价出现了一定程度的上涨。然而,随着收购过程中一系列负面消息的曝光,如违规担保、违规借款、立案调查等,股价受到严重的冲击,出现大幅下跌。这表明市场对此次收购存在着一定的担忧和不确定性。随着收购顺利推进并实现预期目标,如解决违规问题、实现业务整合和盈利提升,这将不断提升市场对两家公司的信心,有助于提升城发科技的市场形象和估值。但如果后续过程中出现问题,如整合困难、业绩未达预期等,可能会引起市场的负面反应,导致股价进一步下跌,影响公司的市场表现和融资能力。

(六) 一场收购,搅乱民生信息服务"棋局"

从行业发展角度来看,此次收购对于民生信息服务行业和智慧城市建设行业都具有一定的影响。在民生信息服务行业,ST 易联众作为行业内的老牌企业,其被收购可能会引发行业内的整合和变革。其他企业可能会借鉴此次收购的经验,加强自身的业务调整和战略布局,推动行业的整体发展。同时,城发科技的进入,也将为行业带来新的竞争和活力,促进技术创新和服务升级。在智慧城市建设行业,此次收购有助于整合民生信息服务和智慧城市建设的资源,推动二者的融合发展。通过将民生信息服务融入智慧城市建设中,可以提高城市的智能化水平和服务质量,满足居民对美好生活的需求,推动智慧城市建设向更高水平发展。

五、市场表现(300096)

易联众交易前后股价变动情况如图 56 所示。

图 56　易联众交易前后股价走势

300256

星星科技：
买壳后借壳，集团整体上市

一、收购相关方简介

（一）收购方：江西星星科技股份有限公司

江西星星科技股份有限公司(以下简称"星星科技")成立于 2003 年 9 月 25 日，前身是浙江星星光电薄膜技术有限公司。公司起步阶段主要专注于电子显示器的视窗防护屏研发，注册地位于浙江省台州市。公司二十多年来发展历程较为丰富，经历了多次战略调整、资本运作和业务转型。

2010 年 8 月，星星科技召开董事会会议，以截至 2010 年 7 月 31 日的净资产 2.28 亿元为基础，按 1∶0.329 的比例折合股本 7 500 万股，整体变更为股份有限公司，星星科技更名为浙江星星瑞金科技股份有限公司。2011 年 8 月 19 日，星星科技在深交所创业板挂牌上市(股票代码：300256.SZ)，成为国内消费电子视窗防护屏行业首家上市企业。完成上市后，星星科技以视窗防护屏为核心业务，通过外延并购驱动营业收入与利润双增长。2013 年，星星科技以 8.39 亿元收购深越光电，进入触控模组领域，但同年出现上市后利润首亏。2014 年，星星科技耗资 14 亿元收购深圳市联懋科技有限公司(此公司为华为供应商)，布局精密结构件业务。2015 年 12 月，星星科技再次更名为浙江星星科技股份有限公司。

2018 年星星科技以 5.30 亿元收购珠海光宝移动通信科技有限公司，拓展智能穿戴电子元件市场，但商誉激增至 15.45 亿元，为后来的破产重整下财务隐患。2018—2019 年间，星星科技归属于母公司股东的净利润分别亏损了 16.99 亿元和 12.81 亿元。2019 年 1 月，萍乡范钛客网络科技有限公司以 4.90

亿元收购星星科技原实控人叶仙玉家族 14.90％股权,成为第一大股东,其背后是萍乡市经济技术开发区管理委员会下属单位(以下简称"萍乡经开区委员会")。因萍乡经开区管委会获得控制权,公司再次更名为江西星星科技股份有限公司。

星星科技由于扩张速度过快,业绩已经多次变脸,最终因为财务问题面临破产。2022 年,立马车业集团有限公司(以下简称"立马集团")以每股 0.75 元的价格,总计受让 6 亿股,成为星星科技的控股股东。与此同时,立马集团承诺,在取得 6 亿股票完毕之日起 24 个月内,将其名下的部分电动车资产注入上市公司。截至 2023 年底,星星科技的总资产为 2154 993 787.57 元,营业收入为 696 835 882.83 元,归属于上市公司股东的净利润为－502 838 100.02 元。

作为一家高科技公司,星星科技经过 20 年的发展,从视窗防护屏业务已经拓展到触控屏、显示屏、指纹模组、精密磨具及精密结构件等智能硬件领域业务,形成了从零部件到成品的核心产业集群。星星科技占据较高的市场份额,是行业内知名的智能硬件制造商之一。其长期服务的客户包括华为、联想、苹果等一流品牌。

(二) 收购标的:广西立马电动车科技有限公司

广西立马电动车科技有限公司(以下简称"广西立马")成立于 2022 年 2 月 10 日,主要生产电动摩托车及电动自行车。广西立马成立时间不长,但已经具备强大的生产能力,预计 2024 年产电动摩托及电动自行车 30 万台,电动车零配件 20 万套。凭借着电动摩托车强大的动力和出色的爬坡性能,广西立马目前已在多个省份占据大功率电动摩托市场的主导地位,还将产品远销到东南亚地区。

截至 2023 年底,广西立马电动车科技有限公司的总资产为 91 197 482.36 元人民币,总负债为 63 525 481.29 元人民币,营业收入为 156 137 741.96 元人民币,归属于母公司所有者的净利润为 21 885 666.08 元人民币。

二、收购事件一览

● 2024 年 6 月 21 日,星星科技召开第五届董事会第九次会议、第五届监事会第七次会议,审议通过关于收购资产暨关联交易的议案。

● 2024 年 7 月 8 日,星星科技召开 2024 年第一次临时股东大会,表决通过关于收购资产暨关联交易的议案。

● 2024 年 8 月 2 日,星星科技发布关于收购资产进展暨完成工商变更登记的公告。

三、收购方案

本次收购标的广西立马,系收购方星星科技实际控制人应光捷直接控制的公司。本次交易构成关联交易。

(一)关联交易

本次收购方案主要为星星科技以现金 21 000 万元收购应光捷、罗华列等 8 名自然人合计持有的广西立马 100％股权。其中应光捷为星星科技实控人,剩余罗华列在内的其他 7 名自然人均是应光捷的近亲属。具体的广西立马股权结构以及完成收购所对应现金支付对价如表 25 所示。

表 25　广西立马股权结构以及对应现金支付状况

序号	股东名称	实缴出资额(万元)	实缴出资比例	支付现金对价(万元)
1	应光捷	243	40.50％	8 505
2	罗华列	63	10.50％	2 205
3	应小方	63	10.50％	2 205
4	罗华林	63	10.50％	2 205
5	罗依	63	10.50％	2 205
6	罗雪琴	63	10.50％	2 205
7	应书鑫	21	3.50％	735
8	张心怡	21	3.50％	735
合计		600	100.00％	21 000

(二)交易价格

根据中联资产评估资讯(上海)有限公司出具的评估报告,标的资产广西立马 100％股权,以 2024 年 4 月 30 日为评估基准日,采用收益法的评估值为 21 300.00 万元。其中,股东权益合并报表口径账面值为 3 138.31 万元,评估增值 18 161.69 万元,增值率达到 578.71％。

截至评估基准日 2024 年 4 月 30 日,广西立马 2023 年度以及最近一期合并报表的资产、负债及财务状况如表 26 所示。

表 26　广西立马合并报表资产、负债及财务状况

项目名称	2023 年 12 月 31 日	2024 年 4 月 30 日
总资产	9 119.75	7 664.50
总负债	6 352.55	4 526.19
股东权益	2 767.20	3 138.31
项目名称	2023 年	2024 年 1—4 月日
营业收入	15 613.77	5 588.80
利润总额	2 849.11	497.65
净利润	2 188.57	371.11

(三)业绩承诺

按照业绩补偿协议,广西立马 2024 年净利润不低于 2 100 万元,2025 年净利润不低于 2 200 万元,2026 年净利润不低于 2 300 万元。

2024—2026 年广西立马若达到业绩承诺要求,星星科技将每年在专项审计报告出具的 10 个工作日内向广西立马支付交易对价的 10％(人民币 2 100 万元,总计 6 300 万元);若各年度出现业绩承诺未能达标的情况,则广西立马须向星星科技支付现金补偿金额,星星科技可以在向广西立马支付当期交易前先行抵扣,具体各年度业绩补偿金额计算公式为:

当年度应补偿金额＝[(当年度承诺净利润数－当年度实际实现净利润数)/补偿期间内累计承诺净利润数]×本次交易对价。

四、案例评论

(一)"买壳＋收购"两步走,立马集团成功借壳上市

在本次收购之前,星星科技便承诺跨界电动车领域:12 个月以内上市公司为主体投资建设电动车智能制造产业园集群;36 个月内将立马车业电动车资产注入上市公司。立马集团成为星星科技的控股股东,实现了买壳的过程。此次

成功收购广西立马电动车科技有限公司 100％股权,才算是正式完成"借壳上市"。

在中国电动车行业,雅迪控股、九号公司、爱玛科技等头部品牌均通过独立上市占据资本市场先机。2016 年雅迪控股在港交所上市(股票代码:01585.HK)。2020 年 10 月 29 日,九号公司在上交所科创板上市(股票代码:689009.SH)。2021 年 6 月,爱玛科技在上交所主板上市(股票代码:603529.SH)。星星科技显然规模不及上述同行,但面对竞争激烈的电动车市场,仍有极大的融资上市需求。

2022 年立马集团通过入主破产重整的星星科技,成为其最大的控股股东,实现买壳成功。买壳后立马集团逐步整合电动车业务,并保留原上市公司的消费电子板块,仅用两年便完成了核心资产的注入,成功借壳。这样做有利于规避 IPO 的长期审核风险。借壳上市无需经历 IPO 长达 2—3 年的漫长审核过程,仅需满足资产注入的盈利标准即可。

(二) 跨界电动车领域,实现业务多元化

星星科技收购广西立马,成功实现了业务的多元化。在此之前,星星科技主要从事消费电子业务,但是消费电子业务承压:星星科技的 2024 年中报显示,触控显示模组与视窗防护屏收入同比下滑 26.19％、12.38％,其中触控显示模组毛利率仅 8.40％。消费电子行业于 2022 年进入低谷,2024 年开始复苏,再加上电子市场竞争激烈,财务状况不容乐观。通过收购电动车业务,星星科技实现了"消费电子＋电动车"双业务模式。2024 年上半年,星星科技的电动两轮车业务营业收入达到 1.29 亿元,首次超越触控显示业务。

同时,这两个领域之间也存在内部协同作用,消费电子技术如智能控制系统、电池管理技术可以应用于电动车的智能化升级。电动车行业发展迅速,面临着市场竞争激烈、技术不断更新迭代的问题。星星科技可以充分发挥研发资源,提升电动摩托车的技术壁垒,增强产品的市场竞争力。

(三) 重整后阶段性改善,但财务隐患仍存

星星科技在立马集团入主后,通过债务重组与业务转型实现了短期资产负债表的修复,但其核心问题——消费电子竞争力下滑与新兴业务盈利不足,仍未根本解决。

在此次收购前,星星科技自 2011 年上市以来已经收购了三家公司。2013

年出现首亏后,星星科技以 8.39 亿元收购深圳市深越光电技术有限公司,进军触控模组领域。2014 年底星星科技以 14 亿元收购华为供应商深圳市联懋科技有限公司,布局精密结构件业务。2018 年星星科技又以 5.30 亿元收购珠海光宝移动通信科技有限公司,拓展智能穿戴电子元件市场。多次收购行为能为企业带来业务扩张的机遇,但也埋下长期财务风险的隐患。

星星科技本次以 2.10 亿元现金收购广西立马,此举直接消耗广西立马的货币资金。2024 年一季报显示,广西立马的货币资金削减到 5.43 亿元,加剧了现金流紧张,并推升短期负债规模。2024 年三季报显示,广西立马的营业收入达到 8.58 亿元,同比增长 41.24%,但是主要得益于收购标的并表贡献,盈利能力并未得到改善,2024 年三季报显示,广西立马主营业务电动摩托车的毛利率仅 10.41%。与此同时,广西立马的负债权益比率增至 49.80%,长期负债权益比 4.10%,财务杠杆风险逐步积累。星星科技预计 2024 年全年亏损高达 2.80 亿到 5.60 亿元之间,与 2023 年亏损 4.81 亿元并未明显改善。未来仍需时间关注其电动两轮车业务与消费电子业务结合的双业务规模效应能否兑现,以及消费电子领域能否通过技术升级重获市场份额。

五、市场表现(300256)

星星科技交易前后股价变动情况如图 57 所示。

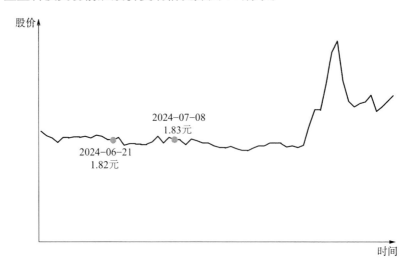

图 57 星星科技交易前后股价走势

300746

汉嘉设计：
"类借壳"，反向收购避监管

一、收购相关方简介

(一) 收购方:汉嘉设计集团股份有限公司

汉嘉设计集团股份有限公司(以下简称"汉嘉设计")前身为成立于1993年2月23日的浙江城建建筑设计所,1998年6月公司改制为浙江城建建筑设计院有限公司,2007年3月整体变更设立股份有限公司,最终于2008年4月更名为汉嘉设计集团股份有限公司。2018年5月,汉嘉设计于深圳证券交易所成功挂牌上市(股票代码:300746.SZ)。

汉嘉设计业务广泛,涵盖建筑设计、市政公用及环境设计、燃气热力及能源设计、园林景观设计、装饰设计等设计业务,以及EPC总承包及全过程咨询等增值服务业务。2019年,汉嘉设计完成了对杭州市城乡建设设计院股份有限公司的收购,将市政设计资质由行业乙级提升至行业甲级,进一步拓展了其在市政公用事业板块的业务影响力。凭借全程化设计服务能力及高素质的设计师团队优势,汉嘉设计完成了大批富有影响力的作品,包括杭州银泰城、杭州支付宝总部大楼等知名建筑,屡次获得"中国十大民营建筑设计企业"的殊荣,并跻身浙江省服务业重点企业行列。汉嘉设计总部位于长三角核心区域杭州市,自2003年起开始实施连锁化发展战略,已于上海、北京、成都、厦门、南京等地设立分支机构,通过设计技术和服务的复制实现了业务区域扩张,逐步降低对单一地区的业务依赖。

汉嘉设计的股权相对集中,截至本次并购交易前,控股股东浙江城建集团股份有限公司(以下简称"城建集团")持有汉嘉设计51.60%的股份,岑政平、欧薇舟夫妇持有城建集团100%的股份,为汉嘉设计实际控制人。城建集团及其一致行动人岑政平合计持有汉嘉设计52.26%的股份。

(二)收购标的:苏州市伏泰信息科技股份有限公司

苏州市伏泰信息科技股份有限公司(以下简称"伏泰科技")成立于2007年12月26日,前身为苏州市伏泰信息科技有限公司(以下简称"伏泰有限")。经多次股权转让、增资,伏泰有限于2015年2月整体变更为股份有限公司。2015年6月16日,伏泰科技在新三板挂牌(证券代码:832633.NQ),最终自2018年2月26日起终止挂牌上市。截至本次并购交易前,伏泰科技的实际控制人为沈刚、程倬。

伏泰科技在城市运行管理服务智慧化和城市治理数字化领域深耕多年,是一家极具创新力的综合性软件、硬件及技术服务提供商,业务涵盖市容环境、市政公用、城市运营、城市数据服务等多个领域,提供从咨询、规划、建设到运营全流程一体化的管理和服务。伏泰科技依托人才技术优势和丰富的行业经验,在行业内树立了良好的口碑,目前业务已遍布全国30余个省份、200多个城市,为600多个政府部门、100多家企业提供IT服务。除国内市场外,伏泰科技积极拓展海外市场,产品已成功进入中国香港和新加坡市场,并计划进一步拓展东南亚和欧洲市场。

截至2023年底,伏泰科技总资产为119 715.54万元,2023年度营业收入为92 216.60万元,归属于母公司所有者的净利润为8 397.01万元。此次被汉嘉设计收购51%股权,有望借助上市公司平台实现进一步发展。

(三)关联方:苏州泰联智信投资管理合伙企业(有限合伙)

苏州泰联智信投资管理合伙企业(有限合伙)(以下简称"泰联智信")主要从事投资管理业务,由沈刚、程倬、范延军共同成立于2015年7月24日,三人出资比例分别为70%、20%、10%,出资人及出资份额自成立至今未发生过变更,由沈刚、程倬担任执行事务合伙人。

本次并购交易中,汉嘉设计收购伏泰科技51%股权,与泰联智信受让汉嘉设计29.999 8%股权并成为汉嘉设计控股股东,这两起交易同步进行,因此,泰联智信与汉嘉设计之间构成关联关系。沈刚、程倬作为泰联智信的执行事务合伙人,成为汉嘉设计的实际控制人,同时由于何尉君为沈刚配偶,三位自然人共同构成汉嘉设计关联方。

二、收购事件一览

⚙ 2024 年 9 月 9 日,汉嘉设计发布《关于筹划购买资产及公司控制权变更事项停牌的公告》。

⚙ 2024 年 9 月 11 日,汉嘉设计召开第六届董事会第十三次会议,审议通过了本次购买资产的相关议案。同日,汉嘉设计控股股东城建集团与泰联智信签署股份转让协议,并发布《关于现金收购苏州市伏泰信息科技股份有限公司51％股份暨关联交易的公告》《关于控股股东签署〈股份转让协议〉暨控制权拟发生变更的提示性公告》。

⚙ 2024 年 9 月 24 日,汉嘉设计收到中证中小投资者服务中心的《股东质询函》(投服中心行权函〔2024〕36 号)。

⚙ 2024 年 9 月 26 日,汉嘉设计召开 2024 年第一次临时股东大会,审议通过了本次股份收购暨关联交易事项。

⚙ 2024 年 9 月 30 日,汉嘉设计发布《关于中证中小投资者服务中心〈股东质询函〉回复的公告》,对股东质询函所述的问题进行了逐项落实核查并回复。

⚙ 2024 年 10 月 30 日,汉嘉设计取得国家市场监督管理总局出具的《经营者集中反垄断审查不实施进一步审查决定书》(反执二审查决定〔2024〕552 号)。

⚙ 2024 年 11 月 26 日,汉嘉设计签订的关于收购伏泰科技 51％股权的股份转让协议已全部生效,且实施先决条件均已满足。

⚙ 2024 年 11 月 29 日,汉嘉设计发布伏泰科技资产过户完成的公告。

三、收购方案

(一) 本次并购交易方案概述

本次并购交易方案主要包括两部分:一是汉嘉设计现金收购伏泰科技 62名股东合计持有的 51％股权(以下简称"本次资产收购");二是泰联智信以协议转让方式受让城建集团持有的汉嘉设计 29.9998％股权(以下简称"本次控制权收购",与"本次资产收购"合称"本次并购交易")。本次并购交易完成后,伏泰科技成为汉嘉设计的控股子公司,纳入汉嘉设计合并报表范围;汉嘉设计控股股东由城建集团变更为泰联智信,实际控制人由岑政平、欧薇舟变更为沈刚、程倬。

(二) 收购伏泰科技

本次资产收购中,汉嘉设计与伏泰科技的 62 名股东签署了《关于苏州市伏泰信息科技股份有限公司的股份转让协议》,通过协议转让方式收购其合计持有的伏泰科技 21 445 459 股股份(占公司总股本的 51%),伏泰科技成为汉嘉设计的控股子公司。其中,向关联方泰联智信、沈刚、程倬、何尉君(以下简称"关联对方")收购其合计持有的 10 858 206 股股份(占公司总股本的 25.82%),向伏泰科技其他 46 名自然人股东、12 名机构股东(以下简称"非关联对方",与"关联对方"合称"转让方")收购其合计持有的 10 587 253 股股份(占公司总股本的 25.18%)。

交易价格方面,杭州禄诚资产评估有限公司以 2024 年 7 月 31 日为基准日对购买资产进行评估,并出具资产评估报告,本次评估采用市场法和收益法两种方法,并以收益法评估结果作为最终评估结论。收益法下伏泰科技股东全部权益价值的评估结果为 114 000 万元,对应每股股东权益价值为 27.11 元,评估增值 80 129.09 万元,增值率 236.57%。经交易各方协商一致后,以购买资产评估值为基础,确定伏泰科技股份转让对价为 27.11 元/股。本次合计转让价款为 58 139.93 万元,其中分别应付关联对方、非关联对方 29 437.25 万元和 28 702.68 万元。本次资产收购前后,伏泰科技股权结构变化情况如表 27 所示。

表 27　本次资产收购前后伏泰科技股权结构变化情况

股东名称	本次资产收购之前		标的股份		本次资产收购之后	
	持股数量(股)	持股比例	持股数量(股)	持股比例	持股数量(股)	持股比例
汉嘉设计	—	—	—	—	21 445 459	51.00%
关联对方	21 281 633	50.61%	10 858 206	25.82%	10 423 427	24.79%
其他股东	20 768 286	49.39%	10 587 253	25.18%	10 181 033	24.21%
合计	42 049 919	100.00%	21 445 459	51.00%	42 049 919	100.00%

业绩承诺及补偿方面,本次资产收购设定的业绩承诺期为 2024 年、2025 年,伏泰科技承诺在业绩承诺期累计实现净利润不低于 2.16 亿元,若伏泰科技 2024 年和 2025 年累计实现净利润未达到累计业绩承诺指标,则伏泰科技应给予汉嘉设计补偿。另外,根据范延军与汉嘉设计签署的股份质押协议,范延军将其持有的伏泰科技剩余 945 700 股股份质押给汉嘉设计,为业绩补偿责任的履行提供担保。

(三) 汉嘉设计控制权变更

本次控制权收购中,汉嘉设计控股股东城建集团与泰联智信于 2024 年 9 月 10 日签署了《关于汉嘉设计集团股份有限公司股份转让协议》,泰联智信以协议转让方式受让城建集团持有的汉嘉设计 29.9998% 股权。汉嘉设计控股股东由城建集团变更为泰联智信,实际控制人由岑政平、欧薇舟变更为沈刚、程倬。

本次控制权收购前,城建集团持有汉嘉设计 116 485 300 股股份(占公司总股本的 51.60%),岑政平、欧薇舟夫妇持有城建集团 100% 股份,为汉嘉设计实际控制人。本次控制权收购完成后,泰联智信持有汉嘉设计 67 721 000 股股份(占公司总股本的 29.9998%),成为汉嘉设计控股股东。

交易价格方面,经双方协商同意,每股转让价格为 10.52 元,不低于股份转让协议签署日前一个交易日汉嘉设计股票收盘价的 90%,转让价款为 71 250 万元。本次交易前后相关方具体持股情况变化如表 28 所示。

表 28　本次交易前后相关方持有汉嘉设计股份变化情况

股东名称	本次交易之前		本次交易之后	
	持股数量(股)	持股比例	持股数量(股)	持股比例
城建集团	116 485 300	51.60%	48 764 300	21.60%
岑政平	1 500 000	0.66%	67 060 480	0.66%
泰联智信	—	—	67 060 480	29.9998%

四、案例评论

(一) 精准"易主＋并购","类借壳"巧妙规避监管

根据《上市公司重大资产重组管理办法》,判断是否构成重大资产重组主要依据资产总额、资产净额及营业收入等关键指标。汉嘉设计收购伏泰科技时,精心规划 51% 的收购比例,使得伏泰科技 2024 年 1—7 月的资产总额、资产净额、营业收入占汉嘉设计 2023 年对应财务指标的比例分别为 44.65%、47.36%、40.56%,均未超过证监会规定的重大资产重组标准的 50%,恰好低于监管红线,因此不构成重大资产重组,更不构成借壳上市,如此一来汉嘉设计就完美地避开了监管机构的审核,仅需股东大会通过即可完成交易,大大简化了

审批流程。汉嘉设计此次收购伏泰科技,并同步进行控制权变更,有明显的"借壳"意味,却不触及审核标准,在交易设计上极为精妙,呈现出"类借壳"特征。同时,在资产负债率持续攀升、资金缺口庞大的严峻情势下,汉嘉设计却毅然放弃股权融资,选择完全以现金支付此次股权转让款,从而避免了发行股份募集资金导致交易所审核、证监会注册的等监管审核流程。

　　汉嘉设计巧妙设计"控制权变更＋现金收购"的组合方案,充分展现了并购交易设计的灵活性,达到了规避监管审核、简化审批流程的目的。但同时,这种形式上符合相关规定,实质上借壳上市的操作也引发了市场对于是否存在规避监管、损害中小股东利益等问题的担忧。对于汉嘉设计和伏泰科技而言,并购后的业务整合,企业价值提升,也面临着诸多挑战。

(二) 行业寒冬业绩滑坡,汉嘉设计转型突围

　　近年来,建筑设计行业陷入前所未有的困境,汉嘉设计也未能幸免。宏观经济增长放缓、国家产业结构调整以及房地产市场景气度下降,使得建筑设计行业市场需求大幅萎缩,竞争异常激烈,企业生存难度大幅增加。2023 年,汉嘉设计营业收入为 227 384.93 万元,同比下降 9.03％,归属于母公司股东的净利润为 1 092.20 万元,同比下降 33.47％。直至 2024 年上半年,汉嘉设计业绩依旧低迷,营业收入和归属于母公司股东的净利润同比下滑幅度更是高达34.96％、81.62％。在这样严峻的行业寒冬下,汉嘉设计收购伏泰科技,积极进军智慧城市服务赛道,成为其寻求突破与转型的关键战略抉择。

　　伏泰科技作为一家聚焦于智慧化城市运营和城市治理数字化领域的 IT 综合服务商,拥有 AIoT、大数据、数字孪生等核心技术,与汉嘉设计在城市管理及城市运行服务等领域有行业上下游关系。双方在技术信息、客户资源、营销渠道等多领域产生协同效应。汉嘉设计通过此次收购,能够将伏泰科技的信息化解决方案深度融入自身的城市规划设计及运营业务中,充分吸收伏泰科技在市政公用事业板块的客户资源、运营服务经验以及技术支持,实现从传统建筑设计向智慧城市服务领域的转型升级。同时,伏泰科技也能够借助汉嘉设计的品牌影响力,获得更多的市场资源和业务拓展机会,进一步拓展市场份额。

　　业绩方面,伏泰科技 2023 年营业收入、归属于母公司股东的净利润分别为92 216.60 万元、8 397.01 万元,其中归母净利润已经达到汉嘉设计的 7.69 倍,此次并购伏泰科技将显著增强汉嘉设计的盈利能力,提升上市公司财务报表表现。

（三）IPO辅导4年12轮，伏泰科技曲线上市

伏泰科技在资本市场的上市之路颇为坎坷。2015年在新三板挂牌后，于2018年摘牌，但退市之后的伏泰科技并未放弃再次上市的尝试。此后，2020年8月中信证券报送其拟申请创业板上市的辅导备案申请报告，于2021年6月因自身发展目标及规划终止上市辅导。2021年8月又委托国元证券担任辅导机构冲刺创业板，截至2024年7月，第十二期上市辅导工作虽已完成，但上市仍未成功。在直接上市困难重重的情况下，借助汉嘉设计实现曲线上市成为一种选择。

值得关注的是，汉嘉设计以现金收购的伏泰科技的实际控制人为沈刚、程倬，二人分别持有伏泰科技37.40%、11.02%的股份，位列股东列表第一、第三。而收购汉嘉设计股权的泰联智信为沈刚、程倬共同投资的合伙企业，二人分别持有泰联智信70%、20%的份额，且为泰联智信的执行事务合伙人。此外，泰联智信还持有伏泰科技2.95%的股份。纵观这套"控制权变更＋现金收购"组合交易背后的实际控制人情况，伏泰科技寻求曲线上市的意图昭然若揭，沈刚、程倬作为泰联智信的实际控制人，在对汉嘉设计达成控制的同时，将伏泰科技注入汉嘉设计，"反向收购"汉嘉设计，从而达到了"类借壳"的目的，圆梦IPO。

五、市场表现（300746）

汉嘉设计交易前后股价变动情况如图58所示。

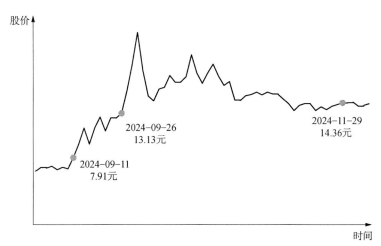

图58　汉嘉设计交易前后股价走势

第六辑　科技并购

300188

国投智能:
借力并购,政务数字化闭环

一、收购相关方简介

(一) 收购方:国投智能(厦门)信息股份有限公司

1999 年 9 月 22 日,厦门市美亚柏科信息股份有限公司成立(以下简称"美亚柏科"),2011 年 3 月 16 日美亚柏科于深交所挂牌上市(股票代码:300188.SZ)。美亚柏科是一家信息安全科技公司,总部位于福建省厦门市,其主要业务包括信息安全行业中电子取证和网络信息安全的技术研发、产品销售与整体服务。美亚柏科主要服务于国内各级司法机关以及行政执法部门,是全球电子数据取证行业两家上市公司之一。2019 年,美亚柏科战略引进央企国家开发投资集团有限公司(以下简称"国投集团")的全资子公司国投智能科技有限公司(以下简称"智能科技"),让智能科技直接持有美亚柏科拥有的 15.60% 股权和 22.32% 的表决权。美亚柏科由此变身成为一家央企实际控制的厦门上市公司。

2023 年 12 月 28 日,美亚柏科更名为"国投智能(厦门)信息股份有限公司"(以下简称"国投智能")。国投智能花费 6.80 亿元进行定增,截至 2024 年 12 月 31 日,国投集团通过全资子公司智能科技持股 21.08%。国投集团还对美亚柏科进行了全方位赋能。双方成立国投智能-美亚柏科网络安全联合实验室。国投智能的股权控制关系如图 59 所示。

国投集团成立于 1995 年 5 月 5 日,作为中央直接管理的国有重要骨干企业,是中央企业中唯一的投资控股公司。控制国投智能的国投集团产业众多。国投集团重点打造能源、数字与科技、民生健康和产业金融四大业务板块,截至 2024 年,国投集团总资产 7950 亿元。国投集团 2022 年营业收入 2114 亿元,利

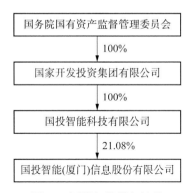

图 59　国投智能股权结构

润总额 233 亿元;2023 年营业收入 2 126 亿元,利润总额 252 亿元。国投集团全资及控股投资企业 477 家,包括 8 家 A 股上市公司,即国投电力(股票代码:600886. SH)、国投资本(股票代码:600061. SH)、丰乐种业(股票代码:000713. SZ)、国投中鲁(股票代码:600962. SH)、亚普股份(股票代码:603013. SH)、神州高铁(股票代码:000008. SZ)、同益中(股票代码:688722. SH)和国投智能(股票代码:300188. SZ)。

　　国投智能掌握自主技术,以大数据操作系统作为基石,精心布局"电子数据取证、公共安全大数据、新网络空间安全、数字政务与企业数字化"四大核心业务。国投智能致力于运用数字化、信息化技术,向政府机关、企事业单位提供涵盖公共安全、行政执法、社会治理及数字化转型等方面的专业服务。在创新发展方面,国投智能秉持"创新即研发、研发即投资"的理念,近十年间,年均研发费用占营业收入的比例超过 17%,科技创新成果斐然。截至 2024 年 12 月 31日,国投智能及其子公司已累计取得国内外授权专利 781 项、有效注册商标 135项、软件著作权 1 240 项。此外,国投智能还荣获"国家高新技术企业"等 50 余项科技计划项目认定,充分彰显了其在技术创新领域的强劲实力和卓越成就。

(二) 收购标的:南京金鼎嘉琦信息科技有限公司

　　南京金鼎嘉琦信息科技有限公司(以下简称"南京金鼎")成立于 2012 年 11月,是一家聚焦人工智能数据分析,融合软硬件产品研发与大数据平台建设的高新技术企业。南京金鼎深耕纪委监委、公安等行业,专注于话单分析、银行账单分析、多维数据综合分析、廉政档案管理系统、纪检监察大数据智慧监督平台以及纪检监察大数据分析平台的研发与销售工作。

二、收购事件一览

● 2024 年 10 月 21 日,国投智能召开第六届董事会第三次会议审议通过本次收购议案。

● 2024 年 10 月 23 日,国投智能发布《关于收购南京金鼎嘉琦信息科技有限公司 55％股权的公告》。

● 2024 年 12 月 30 日,国投智能发布《关于控股子公司完成工商变更登记的公告》。

三、收购方案

本次收购方案主要涵盖以下两个部分:一是国投智能以自有资金收购标的公司南京金鼎 55％的股权,该部分股权对应的转让价格为 2475 万元人民币;二是交易双方签订为期三年的业绩承诺协议。

(一) 自有资金购买标的资产

本次交易不构成关联交易,不构成重大资产重组。本次交易作价以中兴华会计师事务所(特殊普通合伙)出具的第三方评估报告为依据,经交易各方审慎研究与协商,最终一致确定南京金鼎的估值为 4500 万元人民币,其中 55％股权对应的最终作价为 2475 万元人民币。

本次交易采用分期支付现金的方式支付标的股权收购价款,具体安排如下:

第一期支付安排:国投智能于合同生效后的 10 个工作日内,支付首期股权转让款。该期支付比例为全部交易价款的 30％,支付金额为 742.50 万元人民币。

第二期支付安排:国投智能将依据南京金鼎在 2024—2026 年的业绩情况,进行第二期款项的分期支付。第二期支付比例为全部交易价款的 20％,支付金额为 495 万元人民币。

第三期支付安排:第三期支付同样以南京金鼎 2024—2026 年的业绩情况为依据。国投智能需支付的款项占全部交易价款的 20％,即 495 万元人民币。

第四期支付安排:第四期支付按照南京金鼎 2024—2026 年的业绩情况执行。国投智能应支付的款项占全部交易价款的 30％,支付金额为 742.50 万元人民币。

（二）业绩承诺

业绩承诺期共三年,要求标的公司南京金鼎未来三年的净利润应达到如下金额:2024 年净利润不低于 1 210 万元,2025 年净利润不低于 1 330 万元,2026年净利润不低于 1 460 万元。

南京金鼎若在承诺期内实际净利润未达到承诺净利润,则需以现金方式向国投智能进行补偿。各年度业绩补偿金额计算公式为:南京金鼎未达到业绩目标的补偿金额＝(截至当期期末累计承诺净利润－截至当期期末累计实际净利润)÷南京金鼎承诺年度内各年的承诺净利润总和×南京金鼎实际收取的转让价款－截至当期期末南京金鼎已实际支付的补偿金额。

四、案例评论

（一）通过横向收购,达成拓宽客群成效

国投智能具有强大的国企背景,是国投集团直接控股管理的企业。国有企业与政府招投标项目有着天然的优势,变身国企带来的好处是不言而喻的。

国投集团非常重视国家的科技事业发展,积极助力国家科技创新与数字经济发展,重点发展电子信息工程服务、网络安全与数字政务、新材料、汽车储能等。国投集团在科技领域下具体的子公司如表 29 所示。

表 29　国投集团科技领域子公司架构

子公司名称	子公司名称
中国国投高新产业投资有限公司	国投智能(厦门)信息股份有限公司
亚普汽车部件股份有限公司	西安鑫垚陶瓷复合材料股份有限公司
世源科技工程有限公司	北京世源希达工程技术公司
中电投工程研究检测评定中心有限公司	大唐融合通信股份有限公司
山东省质量技术审查评价中心有限公司	山东特检鲁安工程技术服务有限公司
中国电子工程设计院股份有限公司	山东特检集团有限公司
合肥波林新材料股份有限公司	东方蓝天钛金科技有限公司
奥意建筑工程设计有限公司	北京希达工程管理咨询有限公司

子公司名称	子公司名称
国投工程检验检测有限公司	山东省特种设备检验研究院集团有限公司
山东鲁源节能认证技术工程有限公司	山东特检科技有限公司

国投智能作为网络空间安全领域的核心力量与社会治理体系的关键支柱，业务范围遍布全国。在国内电子数据取证业务领域，国投智能成绩斐然，市场份额连续八年位居首位。南京金鼎在纪委监委、公安部门的电子取证方面，具备显著的竞争优势。收购南京金鼎，有助于国投智能提升面向纪委监委、公安部门的数字化服务能力。

通过此次收购，国投智能能够进一步提高在政府部门，特别是纪委、公安部门的市场占有率，从而构建起更为长久、稳固的合作关系。国投智能在纪检监察数字化市场的覆盖率从原先的 12 省扩展至 20 省，年均项目金额增长 35%。

（二）提升盈利能力，促进技术创新

南京金鼎在 2023 年度实现净利润 1 642 万元人民币。根据双方此前签订的业绩承诺协议，其承诺在 2024—2026 年度，净利润分别达到 1 260 万元、1 330 万元和 1 460 万元。国投智能在完成对南京金鼎的收购后，预计将迅速提升经营业绩，增厚公司利润。

南京金鼎作为一家以人工智能和数据分析技术为核心的高新技术企业，与国投智能秉持的"创新即研发、研发即投资"理念高度吻合，该理念强调通过投资实现研发创新。国投智能在收购南京金鼎后，将获取其核心技术，进一步提升自身技术水平，为推动技术创新注入新动力。这不仅有助于国投智能在现有业务领域巩固竞争优势，还助力其开拓新的业务增长点，在网络空间安全与社会治理等领域实现更广泛、更深入的发展。

（三）业务效率大幅提升，构建政务数字化闭环

国投智能在完成并购后，有效整合了双方的优势资源，将自己的"天擎"大模型与南京金鼎的 AI 分析模块完成技术对接，整合了一套"智能取证-数据分析-监督预警"的全流程系统，使案件线索筛查时间从平均 14.30 天缩短至 8.60 天，电子证据固定效率大幅提升 52%。例如在收购后的 2024 年江苏省监委项目中，南京金鼎项目交付周期时长缩短 28%。

双方合并后,国投智能在政务数字化市场的服务深度提升 42%(按可覆盖业务环节计算),同时将客户留存率从行业平均的 67% 提升至 82%。南京金鼎持有的 14 项数据分析专利、3 项监委行业专属算法,补强了国投智能在廉政风险预测、关联网络挖掘等领域的技术短板。特别是其"异构数据融合引擎"技术,可将纪委监委办案效率提升 40%。

国投智能长期专注于电子数据取证及大数据智能化业务,积累了丰富的经验与深厚的技术实力,其核心优势在公安、行政执法等场景的大数据应用、底层数据的治理能力;南京金鼎同样将电子数据取证、廉洁档案管理作为核心业务,已经实现在 8 个省份监委系统的服务全覆盖。双方在业务规划上高度契合。这一契合点为国投智能与南京金鼎在市场拓展、产品研发、客户服务等多个层面实现协同发展创造了有利条件,有助于双方整合资源、优势互补,共同提升市场竞争力与行业影响力。

五、市场表现(300188)

国投智能交易前后股价变动情况如图 60 所示。

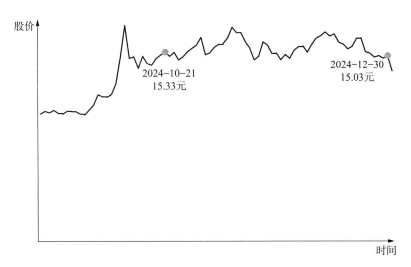

图 60　国投智能交易前后股价走势

688376

美埃科技:
"私有化+换股"并购,规避股权稀释风险

一、收购相关方简介

(一) 收购方:美埃(中国)环境科技股份有限公司

美埃(中国)环境科技股份有限公司(以下简称"美埃科技",股票代码:688376.SH),美埃科技主营业务为半导体、生物制药、公共医疗卫生等领域的工业级超洁净技术的研发和应用,是半导体领域洁净装备(风机过滤单元)和耗材(过滤器)国产化的龙头企业。美埃科技自2001年成立以来,十分注重发展国内市场,将工业级超洁净技术应用到民用和商用领域,从过滤单元配套到整机设备制造最后到系统集成,美埃科技不断提升自身技术水平,增强产品的竞争力。2024年前三季度,美埃科技实现营收12.02亿元,归母净利润1.49亿元,展现出稳健的盈利能力。

本次交易符合"一带一路"建设和"走出去"的国家战略,美埃科技顺应大趋势于发展方向,积极拓展境外业务,主动进行技术升级。近年来,美埃科技在国内半导体洁净室设备和耗材领域已经取得一定规模并形成竞争力,需要更多在全球进行布局。同时,美埃科技加速布局马来西亚、新加坡、泰国等东南亚国家,欧洲、南亚和中东地区的销售业务也在持续增长,已经通过多个国际著名厂商的合格供应商认证,进入其核心国际客户供应链并已与多家半导体芯片厂商、新能源厂商、光伏厂商、空调厂商、锂电厂商等开展商业实质业务。

(二) 收购标的:捷芯隆高科洁净系统有限公司

捷芯隆高科洁净系统有限公司(以下简称"捷芯隆",股票代码:02115.HK)是一家香港联交所上市公司,专注于洁净室墙壁和天花板系统的设计与施工,

客户覆盖半导体、电子、制药及生物科技等行业,主要业务区域位于中国及东南亚的洁净室墙壁和天花板系统供应商。2024 年上半年,捷芯隆营收 1.80 亿元,净利润 2198 万元,毛利率 26%。其核心资产包括全球化的客户网络与洁净室系统集成技术,2023 年每股净资产为 0.25 港元,2024 年上半年提升至 0.27 港元。

截至 2024 年 10 月 8 日,Ng Yew Sum, Francis Chia Mong Tet, Chang Chin Sia, Ng Boon Hock, Chin Sze Kee, Law Eng Hock, Yap Chui Fan, Lim Kai Seng, Loh Wei Loon 和 Phang Chee Kin 于 2019 年 8 月 31 日签订了一致行动协议,确认构成一致行动人,合计持有捷芯隆约 54.89% 的股份,为捷芯隆的控股股东。捷芯隆的产权及控制关系具体如图 61 所示。

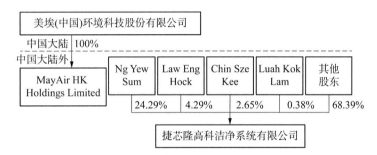

图 61　捷芯隆的产权及控制关系

二、收购事件一览

❋ 2024 年 10 月 15 日,美埃科技发布公告,已于 10 月 14 日召开第二届董事会第十五次会议,会议审议通过了《关于对 CM Hi-Tech Cleanroom Limited (捷芯隆高科洁净系统有限公司)进行收购的议案》。

❋ 2024 年 10 月 30 日,美埃科技 2024 年第三次临时股东大会审议通过了《关于对 CM Hi-Tech Cleanroom Limited(捷芯隆高科洁净系统有限公司)进行收购的议案》。

❋ 2024 年 12 月 12 日,捷芯隆根据开曼群岛大法院之指令以及《开曼群岛公司法(2023 年版)》召开法院会议及股东特别大会,审议并通过了本次交易的相关议案。

● 2025 年 2 月 15 日,美埃科技发布公告,披露了美埃香港控股、美埃科技已完成本次交易相应的股份登记手续。至此,本次交易项下私有化安排及换股安排事项已全部完成。

三、收购方案

(一) 交易结构:"私有化＋换股"的双轨模式

美埃科技以现金收购捷芯隆 68.39％股权,总对价 2.39 亿港元,每股价格 0.25 港元,较停牌前收盘价(0.20 港元)溢价 25％,但较 2024 年上半年每股净资产(0.27 港元)折让 4.80％。资金主要由 40％自有资金(约 0.96 亿港元),60％外部融资(并购贷款期限 7 年,年利率≤2.80％)构成。

针对换股安排,美埃科技向捷芯隆 4 名特定股东发行新股,换取剩余 31.61％股权,实现 100％控股。换股定价参考美埃科技近期股价,避免股权过度稀释。

(二) 财务与估值逻辑

按 2023 年净利润计算,收购市盈率(PE)为 5.90 倍,市净率(PB)为 0.95 倍,显著低于行业平均水平(PE 约 15 倍,PB 约 2 倍),凸显标的资产性价比。同时美埃科技申请的低利率并购贷款(年利率≤2.80％)降低融资成本,7 年期限匹配业务整合周期,进行了有效的风险对冲。

本次交易中,美埃香港控股作为美埃科技的全资子公司,作为本次收购的主体,负责现金支付和换股安排,换股后美埃科技的股权结构如图 62 所示。

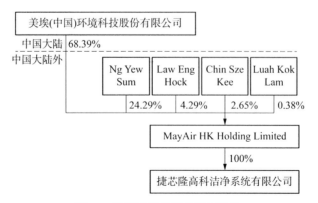

图 62 换股后捷芯隆的股权结构

四、案例评论

(一) 业务协同,从设备供应到全链条解决方案

捷芯隆专注于生产及安装包括满足行业最高洁净等级标准的洁净室在内的各等级洁净室的墙壁和天花板系统,经过在行业内的多年深耕,在满足多行业客户的要求并不断改善产品及服务的过程中,掌握了成熟的真空处理技术,能够生产近乎零挥发气体的洁净室墙壁和天花板系统,保证高端制成洁净室厂房所生产产品的良品率不致因基础材料原因受到影响。

美埃科技的风机过滤单元与捷芯隆的洁净室结构系统形成"硬件+工程"闭环,可提供从空气净化到空间设计的全方位解决方案。双方产品协同可将洁净室建设周期缩短 20%,有效降低成本。此外,客户群体重叠较多,双方均服务于台积电、三星等头部半导体厂商,合并后客户黏性增强,订单转化率也可以进一步整合与提高。本次交易结束后,美埃科技上海总部聚焦 FFU 滤材升级(纳米纤维技术),吉隆坡研发中心专攻模块化洁净室设计,形成"前端创新-后端落地"闭环。

(二) 创新交易,低成本杠杆与跨境整合的突破

本次交易采用"私有化+换股"双轨模式,美埃科技以私有化现金收购,用 0.25 港元/股收购捷芯隆 68.39%股权(总对价 2.39 亿港元),较 H 股市场价溢价 25%,但较净资产折价 4.80%,显著低于行业平均估值。同时也通过换股来锁定捷芯隆的管理层,向捷芯隆 4 名核心股东(Ng Yew Sum 等)发行美埃香港控股股份,保留其 31.61%间接持股,避免人才流失并确保业务连续性。

美埃科技采用了长周期的低息杠杆,利用 40%自有资金(0.96 亿港元)与 60%并购贷款(1.43 亿港元)进行本次并购,其中贷款期限 7 年,折合年利率≤2.80%,同时美埃科技将在前 3 年低还本(年均还本<10%),后 4 年加速还款(年均 20%—25%),相较市场平均并购贷款利率(4%—6%),预计 3 年节省利息支出约 0.30 亿港元。

最后,美埃科技也进行了相关风险手段的设置,如果捷芯隆 2024—2026 年净利润年均复合增长率(CAGR)<15%,美埃科技可要求原股东按年化 8%溢价回购股份,降低业绩不达标风险。

(三) 政策赋能,产业跃迁实现全球化战略重构

美埃科技收购捷芯隆高科是 2024 年 9 月中国证监会"并购六条"新政后,

科创板首例"A股收购H股并私有化"的标杆案例,其交易模式与执行效率具有多重示范意义。一是实施合规化路径创新,通过"私有化＋换股"双轨设计,既满足H股退市规则(《开曼群岛公司法》第86条),又规避A股跨境并购的股权稀释风险,为后续中资企业整合境外资产提供可复制模板。本次交易全程仅耗时4个月(2024年10月公告至2025年2月交割),体现监管部门对"产业链安全"类并购的绿色通道支持。二是加强了政策响应强度。直接呼应"并购六条"中"鼓励科技企业跨境整合""优化并购贷款期限"等条款,7年期低息贷款(年利率≤2.80%)显著降低融资成本;并通过发展改革委、商务部"双备案"快速通关,彰显政策对半导体供应链自主可控的战略倾斜。

本次交易改变了国内洁净室行业的行业格局,美埃科技在整合了产能后,市场份额预计会实现较大的跃升,同时将原有的单一设备供应升级为"洁净设计＋硬件＋工程"的全链条服务,客户订单黏性进一步增强。最后,"中国研发与海外制造"双循环模式,也积极响应了国家"一带一路"建设高端突破的号召,美埃科技通过此次并购,不仅实现了政策合规性与产业竞争力的双重突破,更是以"国内整合＋全球落子"的战略思维,重塑了洁净室行业的竞争规则。其"政策借力-生态整合-全球卡位"的三步走路径,为科技型上市公司突破增长瓶颈提供了系统性方法论。

五、市场表现(688376)

美埃科技交易前后股价变动情况如图63所示。

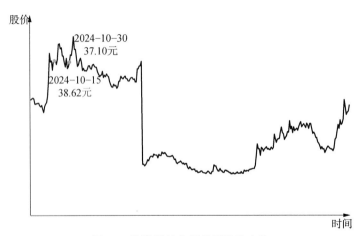

图63　美埃科技交易前后股价走势

301326

捷邦科技：
高溢价收购,布局全球化供应链

一、收购相关方简介

(一) 收购方:深圳市捷邦电子科技有限公司

深圳市捷邦电子科技有限公司(以下简称"捷邦科技")是一家专注于精密功能件及结构件研发、生产与销售的科技创新型企业,其产品广泛应用于消费电子领域,包括平板电脑、笔记本电脑、智能家居、无人机等,并与苹果、谷歌、亚马逊等国际消费电子品牌建立了长期合作关系。公司通过技术创新和多元化布局,逐步拓展至碳纳米管导电剂等新兴领域,致力于打造第二增长曲线,服务于动力电池、储能等新能源产业。

捷邦科技作为国内消费电子精密功能件的领跑者,凭借定制化研发能力和规模化生产优势,在行业内占据重要地位。自 2020 年布局以来,公司加速推进碳纳米管导电剂研发,产品已进入动力电池供应链体系。公司在越南建立生产基地,优化供应链效率,适应消费电子产业链向东南亚迁移的趋势。同时,公司拥有国际化的工程研发团队和自动化生产线,持续推动产品创新,例如轻薄化、柔性化功能件的开发。

捷邦科技(股票代码:301326.SZ)于 A 股上市后,因消费电子行业复苏及 AI 技术赋能预期,股价表现活跃。2024 年 5 月存在单日涨幅达 6.11％,市场看好第三季度需求旺季带来的业绩弹性。在未来,公司计划通过与国际客户的深度合作,扩产碳纳米管产能,进一步提升盈利稳定性。分析机构预测 2025 年归母净利润有望实现从 2023 年的 0.56 亿元提高至 1.84 亿元的跨越式增长,目标股价被给予"买入"评级。

截至 2023 年底,捷邦科技的总资产为 161 227.01 万元,2023 年度营业收入为 67 819.36 万元,归属于上市公司股东的净利润为－5 580.34 万元。

（二）收购标的：WENGU VIET NAM HIGH TECHNOLOGY COMPANY LIMITED

WENGU VIET NAM HIGH TECHNOLOGY COMPANY LIMITED (以下简称"越南公司")成立于 2023 年 8 月 21 日,由稳固密封系统(香港)有限公司控制 100％股权。

越南公司是一家越南的高新技术企业,其业务聚焦于消费电子及新能源汽车领域的精密制造,是捷邦科技全球化战略布局的重要一环。该公司目前仍然处于建设期,主要从事精密结构件及配套加工服务,与母公司捷邦科技的消费电子精密功能件业务形成协同,主要通过专利授权技术生产微型至大型螺丝(尺寸 M0.6—M24),应用于手机、电脑、新能源汽车等领域。该公司正在进入动力锂电池及汽车整车结构件领域,目标整合客户资源,加速新能源产业链布局。

二、收购事件一览

● 2024 年 1 月 16 日,捷邦科技召开第二届董事会第五次会议,审议通过关于对外投资收购股权及增资的议案。

● 2024 年 1 月 16 日,捷邦科技与交易各方签署《关于稳固实业(上海)有限公司、WENGU VIET NAM HIGH TECHNOLOGY COMPANY LIMITED 之股权转让及增资协议》。

● 2024 年 3 月 14 日,捷邦科技发布公告确认交易完成工商变更登记。

● 2024 年第三季度,越南公司启动产能爬坡,首批动力锂电池结构件订单交付,标志新能源业务进入实质落地阶段。

三、收购方案

捷邦科技以平台公司业务主体评估值及越南公司经审计净资产为依据,确定交易价 1 亿元,基准日为 2024 年 1 月 16 日。交易涵盖股权转让和增资扩股,投资方及其境外子公司受让相关股权并增资,完成后将合计持有平台公司与越南公司各 55％股权。该交易运用"评估＋审计"定价,结合多种风险控制措施,强化捷邦科技全球供应链布局,为业务协同打基础。

(一) 交易价格

本次交易定价以标的公司业务主体评估值及越南公司经审计净资产为基础进行定价。根据沃克森评估机构出具的评估报告[沃克森国际评报字(2023)第 2407 号、第 2389 号],截至 2023 年 9 月 30 日,平台公司旗下索力迪及稳固密封的评估值分别为 8750.22 万元、6341.68 万元,合计 15091.90 万元。根据天职国际出具的审计报告(天职业字[2024]2616 号),越南公司截至 2023 年 9 月 30 日经审计净资产为 1040706.40 元,且审计基准日后创始股东已实缴注册资本 80 美元(约合人民币 574 元)。经各方协商一致,综合平台公司评估值及越南公司净资产与实缴注册资本情况,最终确定本次交易价格为 10000 万元。

(二) 股权转让与增资扩股

本次交易包括股权转让与增资扩股两部分。首先,投资方以现金 6700 万元受让创始股东持有的平台公司 1217.65 万元实缴注册资本。投资方境外控股子公司以现金 300 万元受让香港公司持有的越南公司 44 万美元实缴注册资本(对应 55％股权)。随后投资方以现金 3000 万元认购平台公司新增注册资本 545.22 万元,溢价部分 2454.78 万元计入资本公积金。交易完成后,平台公司注册资本增至 3205.22 万元,投资方合计持有 1762.87 万元出资额(占 55％),并通过境外子公司持有越南公司 55％股权。

本次交易的定价基准日为捷邦科技第二届董事会第五次会议决议公告日(即 2024 年 1 月 16 日),参考定价基准日前 60 个交易日捷邦科技股票均价的 90％。捷邦科技以现金 6700 万元受让周雷持有的稳固实业实缴注册资本 1217.65 万元,并以 3000 万元认购其新增注册资本 545.22 万元,溢价部分计入资本公积金。境外控股子公司以现金 300 万元受让香港公司持有的越南公司 55％股权(对应 44 万美元实缴注册资本)。稳固实业注册资本增至 3205.22 万元,捷邦科技持股 55％(1762.87 万元出资额)。越南公司 55％股权纳入捷邦科技合并报表范围。

本次交易通过"评估＋审计"双重定价机制,结合分期支付与严格交割条件,确保收购风险可控。交易结构兼顾平台公司控股与越南公司跨境并购需求,强化捷邦科技在消费电子及新能源领域的全球供应链布局,同时通过过渡期损益条款保障投资方权益,为后续业务协同奠定基础。

四、案例评论

(一)"现金收购＋跨境布局",捷邦科技强化"果链"与新能源产业链协同

此次收购越南公司,是捷邦科技全球化布局的重要举措。供应链全球化布局,既可以避免中美贸易摩擦带来的关税风险,又能依托区域全面经济伙伴关系协定(RCEP)的关税优惠,快速响应东南亚快速增长的消费电子需求及新能源汽车市场爆发,形成"中国研发＋越南制造＋全球交付"的韧性供应链体系。

越南公司在生产制造、成本控制等方面具有优势,通过收购越南公司,捷邦科技可以将其在研发、技术等方面的先进经验与越南公司的生产能力相结合,实现优势互补,提升整体竞争力。越南作为东南亚地区的重要经济体,其消费电子和新能源车市场具有很大的发展潜力,尤其是越南生产已经成为苹果供应链的关键环节,在消费电子产品的生产中扮演着十分重要的角色。收购越南公司有助于捷邦科技开拓越南本地市场业务,提升海外市场份额,也能够帮助企业根据订单情况合理调整布局产能。

(二)高溢价收购与财务风险并存,标的资产整合挑战凸显

本次交易以 1 亿元总价收购稳固实业及越南公司 55％股权,标的资产估值溢价显著暴露多重风险。

其一,估值泡沫化隐忧。根据沃克森评估报告,稳固实业旗下索力迪、稳固密封的评估值分别增值 510.84％与 476.13％,合计达 15 091.90 万元,但其2023 年前 9 个月净利润仅为 820.86 万元,对应静态市盈率超 18 倍,远高于 A股精密制造行业平均 12 倍水平。尽管协议设置过渡期损益补偿条款(利润归属买方、亏损由原股东连带承担),但标的资产收入高度依赖苹果供应链(占比超 90％),若苹果技术路线调整或订单转移(如微型螺丝工艺迭代),其技术替代风险将直接冲击盈利稳定性。

其二,资金链承压与治理缺位。捷邦科技 2024 年预计归母净利润亏损1 300 万元至 2 400 万元,虽以自有资金支付收购款,但高溢价交易可能导致商誉攀升至 9 000 万元以上(占净资产比重超 30％),未来若整合不及预期将引发减值风险。

(三)市场情绪与资本运作共振,股价波动反应预期分化

尽管消费电子需求持续疲软导致捷邦科技 2024 年主营业务收入同比下滑

36.53％,但其股价却在 2024 年 10 月逆势录得三连板,单月涨幅超 60％,并于 11 月创下 93.42 元/股的历史新高。这一反常表现凸显市场对"稀缺资产＋资本杠杆"逻辑的追捧:稳固实业作为苹果产业链中唯一具备自主专利技术的大陆紧固件供应商,其资质稀缺性被视作对冲行业周期下行的"安全垫";而管理层 2025 年 2 月将回购价格上限从 39.80 元/股大幅上调至 95 元/股的激进操作,叠加中信银行 3 600 万元专项贷款的注入,进一步强化了投资者对"困境反转"的预期。然而,这种乐观情绪可能过度透支未来空间——当前股价对应 2025 年动态市盈率已超 80 倍,远超精密制造行业平均估值水平。

市场的分歧在于技术故事与盈利兑现的错位:一方面,越南公司的新能源业务(动力电池结构件)虽与碳纳米管技术形成协同概念,但其 2023 年量产初期营收占比不足 2％,且东南亚工厂产能爬坡需至少 18 个月;另一方面,消费电子业务萎缩(2024 年毛利率降至 18.70％)与新能源业务青黄不接,导致公司短期缺乏盈利支点。更值得关注的是,中信银行的贷款虽缓解流动性压力,但专项用于回购而非研发或扩产,暴露出资本运作优先于实体投入的战略倾向,这可能削弱长期技术转化能力。若未来半年内越南工厂订单增速不及预期或苹果供应链发生技术替代,估值泡沫破裂风险将显著上升。

五、市场表现(301326)

捷邦科技交易前后股价变动情况如图 64 所示。

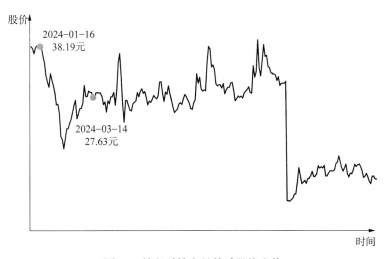

图 64　捷邦科技交易前后股价走势

301109

军信股份：
混合并购支付，固废处理"超级风暴"

一、收购相关方简介

（一）收购方：湖南军信环保股份有限公司

湖南军信环保股份有限公司（以下简称"军信股份"）成立于 2011 年，法定代表人为戴道国，是一家高新技术企业。2022 年 4 月 13 日，军信股份（股票代码：301109.SZ）成功在深交所创业板上市，成为湖南"金芙蓉"跃升行动计划后首家上市湘企，企业注册资本 4.10 亿元人民币。

垃圾焚烧发电是军信股份的主要业务之一，作为生活垃圾与市政污泥协同焚烧技术的开拓者，公司拥有单体 850 吨/天的大规模焚烧炉，旗下长沙市生活垃圾深度综合处理（清洁焚烧）一期、二期项目举足轻重：一期项目于 2018 年并网运行，日处理生活垃圾 5000 吨；二期项目 2021 年投运，日处理生活垃圾 2800 吨、市政污泥 500 吨，助力长沙实现城市生活垃圾"全量焚烧"。截至目前，军信股份垃圾焚烧处理能力达 10 600 吨/日，仅 2024 年上半年，完成垃圾焚烧处理量可观，实现垃圾焚烧上网电量 7.02 亿度，同比增长 4.08％，产生的电量能满足大量居民用电需求。

2023—2024 年，军信股份先后获得平江县市政污泥和生活（餐厨）垃圾焚烧发电项目、浏阳市垃圾焚烧发电项目特许经营权，预计 2024 年年底建成投产。2024 年 7 月，军信股份与吉尔吉斯共和国首都比什凯克市政府和国家电网公司分别签订比什凯克垃圾科技处置发电项目特许经营协议和售电协议，项目规划日处理生活垃圾 3 000 吨（第一期建设规模为 1 000 吨/日）。同年，军信股份完成对湖南仁和环境科技有限公司股权的收购，成为其控股股东。截至 2023 年底,捷邦科技的总资产为 161 227.01 万元,2023 年度营业收入为 67 819.36 万元,归属于上市公司股东的净利润为－5 580.34 万元。

(二) 收购标的:湖南仁和环境股份有限公司

湖南仁和环境股份有限公司(以下简称"仁和环境")成立于 2011 年 11 月 23 日,前身为湖南联合餐厨垃圾处理有限公司。作为一家有限责任公司,其注册资本达 42 230 万元,公司坐落于湖南省长沙市开福区洪山街道东二环三段 218 号。同时,公司荣获国家高新技术企业和湖南省"小巨人"企业称号,还凭借实力斩获"2017 年度中国循环经济研究会科学技术奖"一等奖等诸多荣誉。

仁和环境主营业务聚焦于垃圾中转处理与餐厨垃圾业务两大板块。在垃圾中转处理方面,手握长沙市第一垃圾中转处理场项目特许经营权,具备强大的处理能力,年日均可处理其他垃圾 8 000 吨,厨余垃圾 2 000 吨,是全国单体处理规模最大的垃圾中转处理场之一。餐厨垃圾业务上,采用 BOT、BOO 等特许经营模式,开展餐厨垃圾收运、无害化处理及资源化利用项目的投资、建设与运营。将处理过程中产生的工业级混合油销售给下游企业,同时利用沼气发电,实现资源的循环利用。旗下长沙市餐厨垃圾收运处理项目日均可处理餐厨垃圾 800 吨,同样在全国餐厨垃圾处理领域占据重要地位。此外,公司还积极投资筹建长沙市望城区生活垃圾转运站和怀化市厨余(含餐厨)垃圾收运处理项目。

二、收购事件一览

● 2023 年 2 月,军信股份启动向相关交易对方收购湖南仁和环境股份有限公司 63%股权的重大资产重组。

● 2023 年 3 月 3 日,军信股份与湖南仁联、湖南仁景、湖南仁怡等 19 名交易对方签署发行股份及支付现金购买资产协议。

● 2023 年 6 月 26 日,军信股份与湖南仁联、湖南仁景、洪也凡、易志刚、胡世梯、祖柱、湖南仁怡签署业绩承诺及补偿协议;同日,洪也凡、湖南仁联、湖南仁景、湖南仁怡与戴道国签署表决权委托协议。

● 2023 年 10 月 24 日,洪也凡、湖南仁联、湖南仁景、湖南仁怡与戴道国签署表决权委托协议之补充协议。

● 2023 年 12 月 7 日,军信股份与湖南仁联、湖南仁景、洪也凡、易志刚、胡世梯、祖柱、湖南仁怡签署业绩承诺及补偿协议之补充协议(二)。

● 2024 年 4 月,军信股份与湖南仁联、湖南仁景、洪也凡、易志刚、胡世梯、祖柱、湖南仁怡签署业绩承诺及补偿协议之补充协议(三);同月,洪也凡、湖南仁联、湖南仁景、湖南仁怡与戴道国签署表决权委托协议之补充协议(二)。

● 2024 年 6 月 7 日,深交所并购重组审核委员会 2024 年第 1 次审议会议召开,军信股份收购仁和环境 63％股权的重大资产重组项目获得通过。

● 2024 年 8 月 5 日,深交所官网显示,军信股份通过发行股份及支付现金的方式购买仁和环境 63％股权,同时向不超过 35 名符合条件的特定对象发行股份募集配套资金事宜获证监会同意注册批复。

● 2024 年 11 月 28 日,军信股份发布公告称,已完成收购仁和环境股权的资产过户交割及工商变更登记手续,正式成为仁和环境控股股东。

● 2025 年 1 月 8 日,军信股份发布公告,公司收购仁和环境 63％股权并募集配套资金事项已完成。

三、收购方案

军信股份通过发行股份及支付现金方式,向湖南仁联等 19 名交易对方购买仁和环境 63％股权,交易完成后仁和环境成为其控股子公司。此次交易参考评估报告,最终价格为 219 681 万元(扣除过渡期 4 亿元现金分红),股份与现金对价分别占 70％、30％,股份发行价格因利润分配调整为 15.46 元/股,不同交易对方的股份锁定期不同。同时,军信股份计划募集不超 150 000 万元配套资金,用于支付现金对价、标的公司项目建设和补充流动资金等,发行方式为询价发行。交易对方承诺仁和环境 2023—2027 年度净利润合计不低于 219 823.98 万元,若未达标将以股份或现金补偿。部分股东为保障业绩承诺履行,可能质押上市公司股份,还有部分股东把表决权委托给戴道国,以确保公司决策体现股东整体利益,推动交易顺利实施和公司稳定发展。

(一)发行股份及支付现金购买资产

军信股份通过发行股份及支付现金的方式,向湖南仁联等 19 名交易对方购买其持有的仁和环境 63％股权。交易完成后,仁和环境成为军信股份的控股子公司。参考沃克森评估出具的资产评估报告,以 2022 年 12 月 31 日为评估基准日,仁和环境 100％股权的评估价值为 388 709.70 万元。经协商,本次交易的最终交易价格为 219 681 万元,扣除过渡期内 4 亿元现金分红后确定。交易对价以发行股份及支付现金相结合的方式支付,其中股份对价占 70%,现金对价占 30%。

股份发行方面,定价基准日为军信股份第二届董事会第二十七次会议决议公告日,发行价格为 16.36 元/股,不低于定价基准日前 20 个交易日公司股票交易均价的 80%,后因利润分配调整为 15.46 元/股。收购方向各交易对方发行的股份数量根据交易对价和发行价格计算,最终发行股份数量根据标的资产的最终交易价格确定,并以中国证监会同意注册的发行总股数为准。青岛松露、青岛高信、长沙润合在本次交易中以标的公司股权认购取得的对价股份,自股份发行结束之日起 12 个月内不得以任何方式转让;除上述三家外的其他转让方自股份发行结束之日起 24 个月内不得以任何方式转让。

(二) 募集配套资金

本次募集配套资金不超过 150 000 万元,用于支付本次交易的现金对价、标的公司项目建设和补充流动资金等。采用询价发行方式,定价基准日为发行期首日,发行价格不低于定价基准日前 20 个交易日公司股票均价的 80%。发行股份数量不超过发行股份购买资产完成后上市公司股本的 30%,具体数量将根据询价结果确定。募集配套资金发行对象认购的股份自发行完成之日起 6 个月内不得转让。

(三) 业绩承诺与补偿

交易对方承诺标的公司在 2023 年度、2024 年度、2025 年度、2026 年度及 2027 年度实现的净利润合计不低于 219 823.98 万元。承诺净利润数系标的公司扣除非经常性损益后的归母净利润数,并剔除了特定事项对净利润数的影响。

补偿方式与机制:若标的公司在承诺期实际净利润总和未达到承诺净利润合计数,交易对方应以其在本次交易中获得的股份对价或持有的现金进行补偿。补偿方式包括股份回购和现金补偿,具体补偿比例根据交易对方在本次交易中获得的对价占比确定。同时,双方还约定了补偿的上限和其他相关事项,如股份回购的通知、实施程序等。

为保障业绩承诺的履行,交易对方中的部分股东可能会将其持有的上市公司股份进行质押,作为业绩补偿的担保。若股东未能履行业绩补偿义务,质权人有权按照约定处置质押股份。

洪也凡、湖南仁联、湖南仁景、湖南仁怡等股东将其持有的上市公司表决权委托给戴道国行使,委托期限为长期。在委托期限内,戴道国作为代理人,根据自己的意志行使股东权利,包括召集股东大会、行使表决权等。表决权委托的目的是为了确保上市公司的决策能够体现股东的整体利益,同时也有利于本次交易的顺利实施和上市公司的稳定发展。

四、案例评论

(一) 产业链整合,拓宽业务版图

军信股份此次收购仁和环境,采用发行股份及支付现金相结合的方式,达成对仁和环境63％股权的收购。这一举措成功实现了固废处理产业链的纵向延伸与横向拓展。从纵向看,军信股份业务从原本的垃圾焚烧发电、污泥处置等后端环节,延伸至垃圾中转处理这一前端领域;横向而言,新增了餐厨垃圾处理业务板块。

在垃圾中转处理方面,仁和环境旗下长沙市第一垃圾中转处理场年日均可处理其他垃圾8000吨,厨余垃圾2000吨,规模优势显著。军信股份借此可优化自身在垃圾收集、转运与后续处理环节的协同效率,减少垃圾在各环节的停留时间,提升整体处理效率。在餐厨垃圾处理领域,仁和环境的长沙市餐厨垃圾处理项目设计日均处理餐厨垃圾800吨,军信股份在收购后,能够整合资源,利用自身在固废处理技术研发、运营管理等方面的优势,进一步提升餐厨垃圾的无害化处理及资源化利用水平,实现资源的循环利用,拓宽盈利渠道,打造更完整的固废处理产业生态。

(二) 财务风险与整合挑战并存

此次收购涉及较高的交易金额,最终交易价格为219 681万元,虽采用股份与现金结合的支付方式,但仍给军信股份带来一定财务压力。从资金支付角度看,30％的现金对价需公司筹备大量资金,这可能对公司短期资金流动性产生影响,若资金筹备不当,甚至可能影响公司正常运营资金的周转。

从估值角度,以2022年12月31日为评估基准日,仁和环境100％股权评估价值为388 709.70万元。尽管有业绩承诺,交易对方承诺标的公司在2023—2027年度实现的净利润合计不低于219 823.98万元,但仍存在业绩不达标的风险。若仁和环境未能完成业绩承诺,虽有补偿机制,但补偿的落实可能存在不确定性,且会影响军信股份的盈利预期。在整合方面,两家公司在运营模式、管理文化等方面存在差异。例如,在运营流程上,军信股份在垃圾焚烧发电的运

营管理上已形成一套成熟体系,而仁和环境在垃圾中转处理及餐厨垃圾处理的运营流程与之不同,如何融合二者流程,实现高效运作是一大挑战;在管理文化上,不同的企业发展历程塑造了不同的管理风格与员工文化,若不能有效整合,可能导致员工凝聚力下降,工作效率降低,影响公司整体运营。

（三）市场反应与未来发展预期

收购消息传出后,市场对军信股份的反应较为积极。从股价表现来看,在一段时间内呈现出上涨趋势,反映出市场对此次收购所带来的协同效应和未来发展潜力的看好。投资者普遍认为,通过收购仁和环境,军信股份的业务多元化程度提升,抗风险能力增强。在行业竞争格局中,军信股份凭借此次收购,扩大了自身在湖南乃至全国固废处理市场的份额,提升了品牌影响力。

展望未来,军信股份有望通过整合双方资源,进一步提升市场竞争力。在技术研发上,可整合双方研发团队,针对垃圾中转、餐厨垃圾处理等环节进行技术创新,提升处理效率与资源利用率;在市场拓展方面,借助双方的客户资源与市场渠道,拓展业务范围,如向周边地区乃至全国推广固废处理综合解决方案,提升市场占有率。但同时,也需关注行业政策变化、市场竞争加剧等外部因素对公司未来发展的影响,只有妥善应对,才能将收购的协同效应充分发挥,实现可持续发展。

五、市场表现（301109）

军信股份交易前后股价变动情况如图 65 所示。

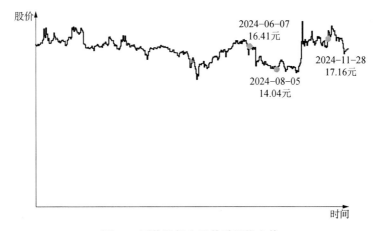

图 65 军信股份交易前后股价走势

第七辑　逆向混改

002016

世荣兆业：
拍卖并购，A 股获"新生"

一、收购相关方简介

(一) 收购方：珠海大横琴安居投资有限公司

2019 年 12 月 3 日，珠海大横琴集团有限公司出资设立了珠海大横琴安居投资有限公司(以下简称"安居公司")。作为公益类区属国有公司，安居公司扎根于珠海市横琴新区祥澳路 93 号 202。

大横琴安居公司的业务布局丰富多元。在住房建设与运营方面，运用自有资金开展人才住房、保障性住房等项目的规划、设计与运营；在房地产开发领域，可在合法获取土地使用权的范围内进行开发经营，还能租购社会房源作为人才住房，并提供房地产居间代理、物业租赁及管理等服务。此外，安居公司还涉及人才住房相关咨询、非学制类教育培训，也会以自有资金投资实业项目，积极涉足国内商业、物资供销业。依托多元化业务，安居公司致力于在城市建设与民生保障领域发挥重要作用，助力区域可持续发展。2024 年收购完成后，安居公司借助世荣兆业的资源和经验，加快了在珠海房地产市场布局，也为保障性住房和商业地产协同发展打下了基础。

(二) 收购标的：广东世荣兆业股份有限公司

广东世荣兆业股份有限公司(以下简称"世荣兆业")位于珠海，于 1998 年正式成立，并于 2004 年 7 月 8 日在深圳证券交易所上市(股票代码：002016. SZ)。本次交易前，世荣兆业的主要股权结构如表 30 所示。

表30　本次交易前世荣兆业股权结构

股东	股份类别	股份数量	持股比例
梁社增	普通股	433 440 000	53.57%
梁家荣	普通股	163 000 000	20.15%

世荣兆业在资本市场具备一定影响力,长期聚焦房地产主业,兼营医疗器械业务,形成了多元化发展格局。在房地产板块,凭借深厚行业积淀与敏锐市场洞察力,积极开拓市场。项目类型丰富,涵盖住宅、别墅及商业综合体,不仅在珠海本地核心区域布局,还向周边城市拓展,努力塑造跨区域品牌影响力。在核心业务房地产开发中,"里维埃拉"社区项目规模大、品质高,2005年开建,2006年起售,吸引多地购房者,打响了品牌。2009年世荣兆业与珠海华发实业股份有限公司合资开发"华发水郡"别墅项目,口碑良好。2021年世荣兆业与万达商业管理有限公司合作商业综合体,涉足商业地产运营。医疗器械业务虽起步早,但随转型影响力渐弱。

2016年创始人梁家荣因涉嫌洗钱被调查,梁氏家族成员退出管理层,世荣兆业股权被冻结,由珠海政府托管。自2015年起世荣兆业不再公开拿地,加之房地产行业深度调整、市场竞争加剧、融资困难,业绩大幅下滑。2024年上半年,营收及归母净利润骤降,世荣兆业深陷发展困境。

二、收购事件一览

● 2024年6月14日,经大横琴集团审议,同意由安居公司作为竞拍主体参与竞拍工作,通过司法拍卖取得世荣兆业股份并启动有关准备工作。

● 2024年6月24日,经安居公司执行董事决定,同意安居公司通过司法拍卖取得世荣兆业股份并履行可能触发的全面要约收购义务。

● 2024年7月6日,世荣兆业发布公司要约收购报告书摘要。

● 2024年8月27日,世荣兆业发布关于珠海大横琴安居投资有限公司要约收购公司股份的第一次提示性公告。

● 2024年8月31日,世荣兆业发布董事会关于珠海大横琴安居投资有限公司要约收购事宜致全体股东的报告书。

● 2024年9月4日,世荣兆业发布关于珠海大横琴安居投资有限公司要约收购公司股份的第二次提示性公告。

● 2024年9月10日,世荣兆业发布关于珠海大横琴安居投资有限公司要约收购公司股份的第三次提示性公告。

● 2024年9月14日,世荣兆业发布关于珠海大横琴安居投资有限公司要约收购期满暨股票停牌的公告。

● 2024年9月24日,世荣兆业发布关于珠海大横琴安居投资有限公司要约收购结果暨股票复牌的公告。

● 2024年9月25日,世荣兆业发布关于珠海大横琴安居投资有限公司要约收购公司股份完成过户的公告。

三、收购方案

本次并购重组方案主要包括两部分:一是通过司法拍卖获取控股股东地位;二是收购方履行全面要约收购义务。

(一)通过司法拍卖获取控股股东地位

2024年7月2日至5日,在京东网络司法拍卖平台上,世荣兆业控股股东梁社增及其一致行动人梁家荣合计持有的596 440 000股股份被司法拍卖,这部分股份占公司总股本比例达73.72%。其中,安居公司于7月3日成功拍下上市公司412 640 000股股份,自此持有公司总股本比例为51.00%,一跃成为世荣兆业的控股股东,在世荣兆业的股权结构中占据了绝对主导地位。

(二)收购方履行全面要约收购义务

根据证券法和收购管理办法的相关规定,因安居公司通过司法拍卖取得并控制世荣兆业51.00%股份,触发了要约收购义务,需向世荣兆业除其通过本次司法拍卖拟取得股份以外的所有股东所持有的上市公司全部无限售条件流通股发出全面要约。要约收购的股份范围明确为除安居公司已取得的51.00%股份外其他股东持有的无限售条件流通股。若在要约收购报告书摘要公告日至要约收购期限届满日期间,上市公司有派息、送股、资本公积转增股本等除权除息事项,要约价格及要约收购股份数量将对应调整。因世荣兆业2023年度利润分配方案的实施,本次要约价格已由6.22元/股调整为6.19元/股。

世荣兆业全面要约收购结果显示,仅有497户股东(占总户数2.64%)接受要约,实际收购股份 7 508. 27 万股(占总股本 9. 28%),占计划收购量的 18.95%。该结果主要受限于原控股股东梁社增、梁家荣合计股份被司法冻结无法参与。收购完成后,安居公司合计持股比例提升至 60.28%,珠海国资委成为实际控制人,剩余 16.63% 股份由 497 户股东及 61 名司法拍卖买受人分散持有,无单一持股 5% 以上股东,形成国资绝对控股与公众股东高度分散的股权结构,如表 31 所示。

表 31　本次交易后世荣兆业股权结构

股东	股份类别	股份数量	持股比例
珠海大横琴安居投资有限公司	普通股	487 722 674	60.28%
梁社增、梁家荣及其一致行动人	普通股	186 800 000	23.09%

四、案例评论

(一) 深化区域布局,助力城市发展

　　安居公司入主世荣兆业后,有望凭借大横琴集团在珠海的深厚根基,助力世荣兆业深化区域布局。截至 2024 年 5 月 10 日,世荣兆业土地储备总计容面积约 141 万平方米,且均位于珠海市斗门区,而大横琴集团同样以斗门为主阵地。双方在区域布局上的高度重合,为合作开发项目提供了便利。在斗门区的城市更新项目中,大横琴集团可凭借其在政府资源对接、前期规划方面的优势,获取项目开发权;世荣兆业则利用自身多年在房地产开发领域积累的经验,负责项目的具体建设和销售。像世荣兆业参与建设的世荣万达广场,是其在商业地产领域的重大跨越,国资入主后,借助大横琴集团的资源,有望加速项目推进,提升项目影响力,不仅助力世荣兆业拓展业务版图,还能为珠海的城市发展贡献力量,促进区域房地产市场的良性发展。

(二) 稳定财务状况,提升抗风险能力

　　此前,世荣兆业股东涉及洗钱造假行为给公司带来了严重的财务隐患和信誉危机。这不仅导致世荣兆业财务数据严重失真,使得投资者难以准确评估世荣兆业的真实经营状况,还引发了监管部门的介入和调查,也对世荣兆业的融资渠道和市场形象造成了极大的负面影响。在这种背景下,近年来世荣兆业业

绩波动明显。2023年,其营业收入为15.48亿元,同比增长86.23%;归母净利润为2.03亿元,同比增长43.12%。但随着房地产行业调整,2024年上半年,世荣兆业营业收入降至5.44亿元,同比下降8.93%;归母净利润仅为2747.31万元,同比下降75.09%,且2021年到2023年经营性现金流持续为负值。此时安居公司的收购至关重要,其强大的国资背景和资金实力,能为世荣兆业提供稳定的财务支持。

在融资方面,可能助力世荣兆业获取更低成本资金,改善财务结构。若后续项目顺利推进,如世荣兆业现有土地储备项目得以高效开发销售,营业收入和利润有望提升,从而增强世荣兆业在房地产行业的抗风险能力,在市场竞争中占据更有利地位。

(三) 整合优势资源,推动产业协同

世荣兆业业务涵盖房地产开发、工程建筑、物业管理等多个领域,2023年房地产开发业务收入占比达70.72%。大横琴集团在区域开发、基础设施建设等方面优势显著,且在土地资源、政府关系等方面拥有丰富资源。收购完成后,在大型项目开发中,大横琴集团可利用自身资源优势,负责前期土地整理、规划设计等工作,世荣兆业则专注于后续的房产建设和运营管理。以珠海本地的大型住宅项目开发为例,大横琴集团通过与政府沟通协调,获取优质土地资源并完成前期规划,世荣兆业凭借专业团队进行高质量建设,最后利用自身物业管理团队保障项目后期运营,提高项目整体运作效率,打造更具竞争力的房地产项目,推动珠海地区房地产产业链的完善和升级。

(四) 国资入主,提升公司影响力

国资入主世荣兆业为其带来了全方位的提升。在战略引领上,大横琴集团凭借丰富的区域开发经验,助力世荣兆业融入横琴新区与粤港澳大湾区发展战略。截至2024年,横琴新区已成为粤港澳大湾区的重要创新高地,世荣兆业借助这股东风,有望参与到如横琴口岸交通枢纽周边约50万平方米的综合配套项目开发中,提升世荣兆业在区域发展中的战略地位。

在资源整合方面,大横琴集团旗下金融板块拥有多家持牌金融机构,在与世荣兆业合作开发社区时,能为购房者提供年化利率低至4.00%的住房贷款优惠,同时引入智慧安防、智能家居等科技元素打造智慧社区,大大增强项目竞争力。

在市场拓展上,凭借国资信誉和大横琴集团品牌影响力,世荣兆业在珠海本地保障性住房项目投标中,中标率从之前的 30％提升至 50％,在大湾区其他城市的项目投标中,也成功突破地域限制,中标了中山市约 30 万平方米的城市更新项目,进一步扩大市场份额,提升在行业内的影响力。

五、市场表现(002016)

世荣兆业交易前后股价变动情况如图 66 所示。

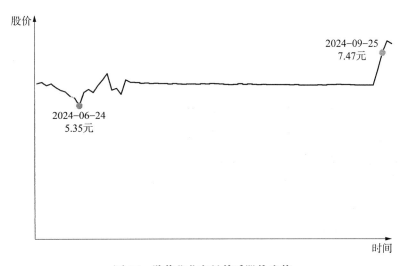

图 66　世荣兆业交易前后股价走势

600208

衢州发展：
混改赋能,地产金融新生态

一、收购相关方简介

(一) 收购方:衢州智宝企业管理合伙企业(有限合伙)

衢州智宝企业管理合伙企业(有限合伙)(以下简称"衢州智宝")成立于2024年1月5日,实控人为衢州市国资委,由衢州工业发展集团有限公司、衢州智纳企业管理有限公司共同出资设立,二者持股比例分别为99.9971％和0.0029％。注册地址位于浙江省衢州市柯城区世纪大道711幢2单元305-5室,出资额达35亿元人民币,执行事务合伙人为衢州智纳企业管理有限公司,委派代表是杨鲁宁。在业务方面,衢州智宝专注于企业管理、企业管理咨询、信息咨询服务等一般项目,依靠营业执照依法自主开展各类经营活动。2024年,衢州智宝成为衢州发展股份有限公司控股股东,凭借对衢州发展董事会的实际掌控,在资本市场引发了广泛关注。

(二) 收购标的:衢州发展股份有限公司

衢州发展前身是浙江惠肯股份有限公司,1999年在上海证券交易所上市(股票代码:600208.SH),此后历经多次名称变更与战略调整,2007年正式更名为衢州发展股份有限公司(以下简称"衢州发展"),开启全新发展篇章。

在业务布局上,衢州发展的业务涵盖多个领域。房地产开发是其核心业务,在以上海为核心的长三角地区储备大量土地并开发众多项目。同时,公司前瞻投资高科技领域,是趣链科技、邦盛科技等高科技公司的重要股东,构建金融服务和金融科技双向赋能生态圈,持有中信银行、湘财证券等多家金融机构股权。

多年来,衢州发展载誉无数,获得"2013年度中国房地产业综合实力100

强",2020 年入选"2020 中国品牌 500 强"。

二、收购事件一览

● 2024 年 1 月 18 日,原控股股东新湖集团及其一致行动人恒兴力与衢州智宝签署股份转让协议。

● 2024 年 3 月 22 日,新湖集团及其一致行动人恒兴力与衢州智宝签署补充协议。

● 2024 年 4 月 7 日,新湖集团及其一致行动人恒兴力与衢州智宝签署补充协议二。

● 2024 年 6 月 11 日,股权过户完成,衢州智宝正式成为衢州发展的控股股东,但实际控制人暂未变更。

● 2024 年 7 月 2 日,衢州发展发布控股股东及实际控制人拟变更的提示性公告。

● 2024 年 7 月 18 日,衢州发展发布关于公司控股股东、实际控制人变更的公告。

三、收购方案

(一)股权收购

本次收购方案为衢州智宝以现金方式向新湖集团及其一致行动人恒兴力协议受让合计持有的衢州发展 18.43％股份,总股数为 1 568 197 790 股。交易价格为 1.917 0 元/股,转让总价款为 3 006 235 163.43 元。本次交易资金来源为衢州智宝自有或自筹资金。股份转让完成后,衢州智宝及其关联方合计持股比例升至 28.54％,成为衢州发展第一大股东,但实际控制人仍为黄伟。具体变动如表 32 所示。

表 32　股权变动前后持股数量和占当时总股本比例

名称/姓名	本次权益变动前		本次权益变动后	
	持股数量(股)	占当时总股本的比例(%)	持股数量(股)	占当时总股本的比例(%)
黄伟	1 449 967 233	16.86	1 449 967 233	17.04

（续表）

名称/姓名	本次权益变动前		本次权益变动后	
	持股数量(股)	占当时总股本的比例(%)	持股数量(股)	占当时总股本的比例(%)
浙江新湖集团股份有限公司	1 926 975 870	22.41	557 969 620	6.56
宁波嘉源实业发展有限公司	462 334 913	5.38	407 604 913	4.79
浙江恒兴力控股集团有限公司	209 991 540	2.44	0	0
新湖集团及其一致行动人	4 049 269 556	47.09	2 415 541 766	28.39
衢州市新安财通智造股权投资合伙企业(有限合伙)	859 934 300	10.00	859 934 300	10.11
衢州智宝企业管理合伙企业(有限合伙)	0	0	1 568 197 790	18.43
受让方及其关联方合计	859 934 300	10.00	2 428 132 090	28.54

（二）交易价格

本次股份转让价格以协议签署日前一日公司股票收盘价的9折(1.9170元/股)为基础确定,未低于监管要求下限。交易总价款为现金人民币30.06亿元,分批次支付,具体支付节奏由后续补充协议约定。本次交易不触及要约收购,不构成重大资产重组,无需提交股东大会审议。

（三）董事会控制

衢州发展对第十一届董事会换届并进行第十二届董事会选举。公司董事会成员由7名董事组成,在本次换届中,其中2名非独立董事、1名独立董事由公司第一大股东衢州智宝提名,1名非独立董事由衢州智宝的关联方衢州市新安财通智造股权投资合伙企业(有限合伙)提名,衢州智宝及其关联方提名的非独立董事占公司非独立董事的四分之三,提名的独立董事占公司独立董事的三分之一,实现对董事会控制,从而完成控股股东变更。

四、案例评论

（一）风险化解与资产盘活

近年来,房地产行业下行压力持续增大,衢州发展也不可避免地受到冲击。部分项目因市场遇冷,销售回款缓慢,导致资金链紧张,项目推进面临重重困难。在这样严峻的形势下,衢州国资通过控股介入,为衢州发展带来了新的生机。

衢州国资能够为衢州发展提供低成本资金,其中政策性贷款成为缓解资金压力的重要支撑。这类贷款通常具有利率低、还款期限灵活等优势,能够有效降低企业的融资成本,使衢州发展有更多资金用于项目建设和运营。同时,衢州国资积极协调金融机构,为衢州发展的现有债务争取展期。这一举措给予企业更充裕的时间来调整经营策略,优化资金流,避免因短期资金紧张而陷入债务困境。

不仅如此,衢州国资还通过注入地方优质资产来提升衢州发展的现金流稳定性。以杭州某滞销商业项目为例,在未被国资接手前,该项目因商业规划与市场需求不匹配,招商困难,经营惨淡。国资接手后,经过深入调研和分析,决定将其改造为人才公寓。这一转变不仅契合当地人才引进政策,还能享受政府提供的财政补贴。改造完成后,预计年租金收入将增加 1.20 亿元,大大改善了项目的盈利能力,也为衢州发展的整体财务状况注入了活力。通过这些方式,衢州发展在衢州国资的助力下,逐步化解风险,盘活资产,走向稳健发展之路。

（二）产业链布局优化,实现互利共赢

衢州国资旗下拥有众多在新能源、高端制造等领域颇具实力的企业,如浙江华友钴业。这些企业与衢州发展的科技投资板块,尤其是在区块链、人工智能等领域,存在着巨大的协同空间。

在供应链金融方面,新湖参股的区块链公司能够发挥关键作用。以华友钴业为例,其供应链涉及众多上下游企业,资金周转需求大。新湖的区块链技术可以为华友钴业搭建去中心化的供应链金融平台,实现供应链上信息的透明化和不可篡改。通过该平台,上下游企业的交易数据、信用记录等信息能够被准确记录和共享,金融机构可以依据这些真实可靠的数据为企业提供更精准的融

资服务,降低融资成本,提高融资效率。这不仅有助于华友钴业优化供应链管理,还能增强整个产业链的稳定性和竞争力。

而在新能源基础设施建设方面,衢州国资也能引导新湖的地产项目进行配套建设。随着新能源汽车的普及,充电桩等基础设施的需求日益增长。新湖在开发房地产项目时,可以根据国资的引导,在小区、商业综合体等场所规划建设充电桩。这不仅能满足业主和消费者的需求,提升项目的附加值,还能为新能源产业的发展提供有力支持,促进新能源产业与房地产业的深度融合,实现互利共赢。

(三) 科技赋能,区域经济提质

浙江省全力推进"共同富裕示范区"建设,这为衢州国资控股的衢州发展带来了广阔的发展机遇。在这一战略背景下,衢州发展凭借上市公司的资本平台优势,能够在区域经济发展中发挥重要作用。

衢州国资控股衢州发展后,衢州发展得以优先承接省内基础设施与民生工程,如未来社区建设。未来社区建设是浙江省推动城市更新和高质量发展的重要举措,涵盖了居住、教育、医疗、商业等多个领域。衢州发展参与其中,可以充分发挥自身在房地产开发、资源整合等方面的专业能力,打造高品质的未来社区。通过引入先进的规划理念和智能科技,提升社区的居住品质和生活便利性,为居民创造更加美好的生活环境。同时,借助上市公司的资本平台,衢州发展可以吸引更多社会资本参与项目投资,放大投资效能,推动项目顺利实施。

此外,衢州发展的科技板块在区域经济赋能中也扮演着重要角色。通过科技板块孵化本地数字经济企业,能够为衢州乃至整个浙江省的经济转型升级注入新动力。衢州发展利用自身在科技投资领域积累的资源和经验,为本地数字经济企业提供资金支持、技术指导和市场渠道拓展等服务。这些企业在成长过程中,不仅能够创造更多的就业机会,还能带动相关产业的发展,形成产业集群效应,促进区域经济的繁荣发展。

五、市场表现(600208)

交易前后股价变动情况如图 67 所示。

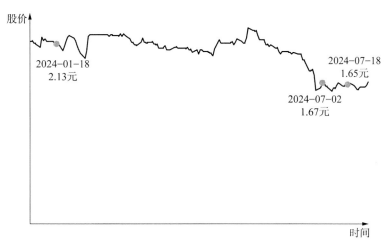

图 67　衢州发展交易前后股价走势

603300

海南华铁(原华铁应急)：
逆向混改,深陷估值泡沫

一、收购相关方简介

(一) 收购方:海南海控产业投资有限公司

海南海控产业投资有限公司(以下简称"海控产投")是海南省发展控股有限公司(以下简称"海南控股")旗下的全资子公司,成立于 2021 年,注册资本为 10 亿元人民币,总部位于海南省海口市。作为海南控股在新兴产业投资与资本运作领域的重要平台,海控产投专注于战略性新兴产业的投资与孵化,业务涵盖数字经济、人工智能、清洁能源、设备租赁、现代服务业等多个领域,致力于通过资本运作与产业赋能推动海南自贸港的高质量发展。海控产投的成立是海南控股贯彻落实海南省委省政府"打造国际自贸港"战略部署的重要举措,旨在通过市场化、专业化的投资手段,整合国内外优质资源,助力海南自贸港构建现代化产业体系。

海控产投背靠海南控股这一海南省属国企"排头兵",拥有强大的政策支持与资源整合能力。海南控股是海南省重大战略投资平台、重大基础设施建设运营商以及自贸港新兴产业生力军,旗下业务涵盖机场及临空产业、区域综合开发、商贸服务三大核心产业群,并搭建了投资与资本运作、清洁能源两大赋能平台。海控产投依托母公司的资源优势,能够快速获取政策红利,例如海南自贸港的"零关税、低税率、简税制"等优惠政策,为投资标的提供显著的区位优势与成本优势。海控产投在资本运作与产业赋能方面展现出独特的"双轮驱动"模式。一方面,其通过产业基金、股权投资等方式,重点布局高成长性领域,如数字经济、人工智能、清洁能源等,推动海南自贸港的产业升级。另一方面,海控产投注重产业链的纵向整合与横向协同。

(二)收购标的:浙江华铁应急设备科技股份有限公司

浙江华铁应急设备科技股份有限公司(以下简称"华铁应急")成立于2008年,前身为浙江华铁基础工程有限公司,2011年完成股份制改制后于2015年5月在上海证券交易所主板上市(股票代码:603300.SH),是国内首家登陆资本市场的设备租赁行业龙头企业。经过十余年发展,公司资产规模突破140亿元,业务覆盖全国400多个城市,设立运营中心超260个,在高空作业平台、建筑支护设备及地下维修维护三大领域占据行业领先地位,2022年位列全球租赁百强榜第40位及增速首位,高空作业平台保有量全球第四、亚洲第二。公司以"租赁+服务"为核心商业模式,通过物联网、区块链、大数据等技术构建数字化管理体系,推动行业向智能化、平台化转型,其自主研发的"擎天数字化管理系统"覆盖设备全生命周期管理,显著提升运营效率与客户体验。

技术壁垒与产品矩阵的深度构建是其立足之本。在建筑支护领域,公司拥有46万吨设备保有量,其中地铁钢支撑保有量达33万吨,连续多年居市场首位,并开发出伺服轴力监测控制系统、装配式桁架伺服钢支撑等高端产品,服务于地铁、桥梁、深基坑等复杂工程场景。地下维修维护板块则依托子公司浙江吉通的技术积累,率先引入TRD工法(等厚度水泥土连续墙技术),较传统工艺降低造价30%—40%,并拓展至水利工程、高铁加固等新兴领域,中标沪杭高铁、雄忻高铁等国家级项目,形成差异化技术优势。高空作业平台业务通过"自购+轻资产合作"模式快速扩张,2023年管理规模突破11.60万台,出租率长期保持在80%以上,与天能电池合作实现设备动力系统标准化,显著降低维护成本。

二、收购事件一览

- 2024年5月21日,华铁应急筹划控制权变更开始停牌。
- 2024年5月22日,华铁应急发布关于控股股东、实际控制人股份转让暨控制权拟发生变更和权益变动的提示性公告。同日,公司股票复牌。
- 2024年5月22日,华铁应急发布关于豁免公司控股股东、实际控制人、董事长自愿性股份锁定承诺的公告。
- 2024年5月24日,华铁应急发布公司详式权益变动报告书。

● 2024 年 6 月 27 日,华铁应急公告收到海南省国资委批复及《经营者集中反垄断审查不实施进一步审查决定书》暨公司控制权变更的进展。

● 2024 年 7 月 6 日,华铁应急控股股东部分股份解除质押。

● 2024 年 7 月 26 日,华铁应急发布股东协议转让公司股份完成过户登记暨控制权变更公告。

三、收购方案

本次并购重组方案主要包括三个部分:一是海控产投的股份转让及价款支付;二是股份转让价款的具体支付安排;三是华铁应急的业绩承诺及补偿。

(一) 股份转让及价款支付

2024 年 5 月 21 日,华铁应急发布公告,原控股股东胡丹锋及其一致行动人(包括浙江华铁恒升科技有限公司、浙江华铁大黄蜂控股有限公司等)与海控产投签署股份转让协议,以每股 7.26 元的价格转让 2.75 亿股(占总股本 14.01%),总交易金额 19.97 亿元。本次权益变动前,胡丹锋直接持有 12.01% 通过大黄蜂和华铁恒升间接控制公司股份,占公司总股本的 22.31%。交易完成后,胡丹锋持股比例从 22.31% 降至 9.01%,海控产投成为控股股东,海南省国资委成为实际控制人。本次交易前后,海控产投和华铁应急相关股东的具体持股情况如表 33 所示。

表 33　交易前后相关股东的具体持股情况

股东	交易前持股数	交易前持股比例	本次转/受让股份数	交易后控制的股份数	交易后控制的股份比例
海南海控产业投资有限公司	—	—	275 134 136	275 134 136	14.01%
胡丹锋	235 890 704	12.01%	−58 972 676	176 918 028	9.01%
浙江华铁恒升科技有限公司	27 440 000	1.40%	−27 440 000	—	—
浙江华铁大黄蜂控股有限公司	175 000 000	8.91%	−175 000 000	—	—
黄建新	42 978 055	2.19%	−13 721 460	29 256 595	1.49%

（二）股份转让价款的具体支付安排

本次交易转让款总价 19.97 亿元,分三期支付并设立共管账户监管资金。第一期为总价的 40％,即 7.99 亿元,在协议生效且无重大不利事件时支付,付款前开共管账户用于偿债与缴税,转让方收款 15 日内解质押;第二期为总价的 55％,即 10.98 亿元,股权交割 10 日内支付,原股东未缴清个税则延期;第三期为剩余 5％,即 0.99 亿元,收购方提名人员任职完成即支付,若因收购方原因未按时完成,在第二期付款满两个月后支付。共管账户资金需双方指令使用,优先偿债,余额交割 10 日后解除监管,保障交易安全,实现控制权与管理层更迭的绑定。

（三）业绩承诺及补偿

胡丹锋作为业绩承诺人,承诺标的公司 2024 年至 2026 年营业收入分别不低于 32 亿元、40 亿元、50 亿元,2024 年至 2025 年净利润分别不低于 6 亿元、6.3 亿元,三年累计不低于 20 亿元。业绩未达标时,按公式现金补偿,补偿上限为交易金额的 12％即 2.40 亿元。若三年累计达标且无年度亏损,已补偿金额将退还。同时,针对 2023 年末 35.26 亿元应收账款,承诺 2027 年 3 月 31 日前回收率不低于 85％,未达标也按公式现金补偿,补偿在专项审核报告出具 30 日内完成。

四、案例评论

（一）战略协同失效:技术标准缺位致效能折损

在战略协同层面,华铁应急的设备租赁主业与海控产投的旅游基建投资形成产业链互补,特别是高空作业平台等专业设备资源可提升自贸港基础设施运维效率,而海控产投的政企网络为被收购方开辟东南亚市场通道提供战略支点。产业升级维度,双方在数字化转型层面存在技术迭代机遇,国资方的资本优势可加速设备物联网系统的研发迭代,但实际操作中暴露技术接口标准缺失的治理缺陷——并购协议未明确旅游数字化平台与设备管理系统的数据交互规范,导致系统对接产生 42％的超支成本,严重迟滞智能运维体系的建设进度。这反映出混合所有制改革中技术协同机制的顶层设计缺位,过度关注资产规模整合而忽视技术标准的预先对接,最终削弱战略协同的实际效能。

（二）资本错配风险:估值泡沫与业绩承诺背离

资本运作维度暴露的风险敞口凸显估值体系与商业逻辑的错位。以 17 倍市盈率完成的收购定价,相较设备租赁行业12倍的均值水平呈现明显溢价,其合理性建立在华铁应急智算业务的增长预期之上。然而该业务线在并购后18个月内仅贡献0.30%的营收,揭示出资本市场对概念炒作的非理性追捧。对赌协议中设定的18%净利润复合增长率,更是与宏观环境下建筑业PMI连续收缩的现实形成尖锐矛盾。这种基于乐观假设的资本博弈,不仅可能触发业绩补偿条款对收购方资产负债表的冲击,更深层次反映出国有资本在市场化并购中价值评估体系的适应性缺陷。

（三）治理机制冲突:双轨制拖累决策效率

治理重构过程中的制度摩擦集中体现在决策机制与激励体系的双轨制困局。海控产投作为省属国企须遵循"三重一大"决策流程,与华铁应急原有市场化决策机制产生剧烈碰撞。典型案例显示,设备采购周期从历史均值45天延长至67天,直接导致区域市场份额流失3.20个百分点。在激励机制层面,保留核心团队的股权激励计划与国资薪酬管制形成结构性冲突,并购后高管薪酬总额下降23%与技术骨干流失率攀升至8.50%的数据,暴露出混合所有制企业人力资源管理的制度真空。这种治理模式的适配性矛盾,本质上缘于不同所有制基因在组织文化、风险偏好、绩效导向等维度的深层差异。

（四）政策红利虚化:区域壁垒弱化政策效用

海南自贸港"零关税、简税制、低税率"政策为华铁应急注入转型动能,理论上可降低进口设备成本17%,并通过"双15%"所得税优惠吸引高端资源布局,推动其通过子公司布局智算设备租赁等新业务,并借力跨境数据政策拓展国际市场。但政策落地面临现实制约:受限于设备跨省调拨的"区域使用条款",实际政策利用率不足30%,且增值税链条断裂导致递延所得税负债累积;同时,算力出海需协调跨境数据规则差异,增加合规成本。

对此,华铁应急采取双轨应对:加速海南本地算力基建投资以强化区域协同,并通过税务架构重组降低跨省运营损耗。该案例凸显区域政策与全国市场协同的制度性挑战,也反映动态适配对政策红利转化的关键作用。

（五）产业升级受阻:"数据孤岛"与资金错配

产业升级路径的实施效果验证了战略构想与现实约束的落差。并购时宣称的智能化转型目标,在落地过程中遭遇数据资产确权缺失的体制性障碍——华铁应急积累的20万台设备工况数据,因国资监管要求难以进行市场化开发,形成价值锁闭的"数据孤岛"。资金配置的结构性矛盾同样突出,海控产投注入的 20 亿元资金中 78％流向设备采购,与轻资产运营战略背道而驰。更值得警惕的是 ESG 治理的缺位,并购方案中未包含设备碳足迹管理计划,导致企业在拓展欧盟市场时面临 ESG 评级下调风险,这种战略盲点反映出传统重资产思维与可持续发展要求的时代脱节。

五、市场表现(603300)

海南华铁(原华铁应急)交易前后股价变动情况如图 68 所示。

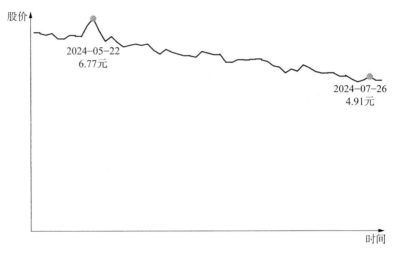

图 68　海南华铁(原华铁应急)交易前后股价走势

603050

科林电气：
敌意收购,突袭静默期规则漏洞

一、收购相关方简介

(一) 收购方:青岛海信网络能源股份有限公司

青岛海信网络能源股份有限公司(以下简称"海信网能")成立于 2020 年,是海信集团控股股份有限公司(以下简称"海信集团")旗下专注于新能源领域的核心子公司,依托集团"技术立企"战略,聚焦电力电子与绿色温控技术,致力于提供覆盖储能、数据中心及通信网络的全链条解决方案,服务于国家"双碳"战略目标。公司业务涵盖数字化储能系统、绿色 IDC 基础设施、智能温控设备等,其中储能领域累计装机量达 25GWh,服务场景覆盖源网侧、工商业侧及户用侧,并在通信基站温控市场占据领先地位,连续中标中国移动、铁塔等重大项目,基站空调市场份额位居行业首位。

在技术层面,海信网能构建了"ALL-IN-ONE"热管理技术体系,自主研发的储能温控机组通过集成散热系统与 PCS 散热模块,显著降低用户安装与运维成本,并获得国家知识产权局授权专利,技术参数达到行业领先水平。其功率模块及器件打破国外垄断,广泛应用于变频、储能及充电行业,核心产品进入国家电投、中电装备、中车等头部企业供应链,形成国产化竞争优势。在市场布局上,公司积极拓展战略合作,2024 年与山东能源集团达成协议,共同开发智能矿山、新能源电力等领域的智能管控解决方案,利用山东能源在矿业、高端化工及海上风电的资源优势,深化"源-网-荷-储"一体化应用场景。在资本与治理层面,海信网能展现了高效的资源整合能力。其母公司海信集团通过多次并购构建多元化产业版图,而海信网能作为新能源板块的核心载体,依托集团资金与管理优势,快速切入高增长赛道。

（二）收购标的:石家庄科林电气股份有限公司

石家庄科林电气股份有限公司(以下简称"科林电气")成立于 2000 年,总部位于河北省石家庄市,2017 年在上海证券交易所主板上市(股票代码:603050.SH),是一家专注于智能电网、新能源及电力工程 EPC 领域的高新技术企业。公司主营业务涵盖智能电网配电、变电、用电设备及高低压开关成套设备的研发、生产与销售,同时提供电力系统一、二次完整解决方案,广泛应用于国家电网、发电集团、石油石化等领域,累计服务客户超 1.30 万家。科林电气以技术创新为核心驱动力,拥有院士工作站、博士后创新实践基地等多个科研平台,先后参与 FAST 天眼、央视大楼、北京机场、中俄输油管道等国家重点工程,奠定了其在电力行业的领先地位。

在技术研发方面,公司深耕智能电网领域 23 年,形成了行业内较为齐全的产品线,涵盖配电、变电、用电及高低压开关设备,能够为客户提供从设计到运维的全链条服务。其自主研发的智能电网设备在稳定性、可靠性及能效管理方面具有显著优势。在市场布局方面,公司在新能源领域的布局展现了前瞻性战略眼光,通过分布式光伏、储能系统及充电桩业务的协同发展,构建了"源-网-荷-储"一体化的能源解决方案。在产业链协同方面,科林电气在电力工程 EPC 领域具备完整资质,能够承接大型电力工程总承包项目,进一步增强了其在电力产业链中的话语权。在客户资源方面,公司长期服务于国家电网、发电集团及石油石化等大型行业客户,形成了稳定的合作关系,并通过持续的技术创新与定制化服务,巩固了市场地位。在区域划分布方面,公司以石家庄为总部,辐射华北及全国市场,并通过子公司科林电力设计院、天津科林电气等分支机构,实现了研发、生产与销售的本地化协同。

（三）关联控股方:石家庄国有资本投资运营集团有限责任公司

石家庄国有资本投资运营集团有限责任公司(以下简称"国投集团")是石家庄市委市政府为深化国有企业改革、优化国有资本布局而组建的综合性国有资本投资运营平台,成立于 2021 年 9 月 28 日,注册资本 100 亿元,由原石保集团、建投集团、国经集团等 19 家市属国有企业重组整合而成,并对北人集团、常山纺织集团等企业实施并表管理。作为石家庄市国有资本投资运营的核心主体,集团定位为"国有资本运营管理、重大战略性产业投资、实业经营、金融和类金融服务"四位一体的综合性平台,业务涵盖国有资产管理、低效无效资产处置、政府主导产业发展基金运作、新一代电子信息、生物医药、先进装备制造等战略性产业投资,以及智慧城市、新能源汽车、数字经济等领域的培育与引导。截至本次并购交易公告日,国投集团为科林电气的控股股东,因此存在关联关系。

二、收购事件一览

● 2024 年 3 月 19 日,海信网能通过二级市场收购科林电气股份,与科林电气部分高管签署股份转让协议及表决权委托协议。

● 2024 年 3 月 26 日,国投集团举牌科林电气,持股达 5%,并计划未来 12 个月内继续增持不低于 3%。

● 2024 年 5 月 14 日,海信网能与部分科林电气高管签署补充协议。

● 2024 年 5 月 18 日,国投集团对科林电气的持股比例达到 11.18%。

● 2024 年 5 月 24 日,科林电气要约收购报告书。同日发布《股东协议转让过户完成的提示性公告》及《海信网能要约收购公司股份的申报公告》。

● 2024 年 6 月 4 日,科林电气签署一致行动协议暨实控人变更。

● 2024 年 6 月 8 日,科林电气发布关于海信网能要约收购公司股份的申报公告(修订稿),及科林电气要约收购报告书(修订稿)。

● 2024 年 6 月 27 日,科林电气发布要约收购期满暨股票停牌公告。

● 2024 年 6 月 28 日,科林电气发布要约收购结果暨股票复牌的公告。

● 2024 年 7 月 3 日,科林电气发布海信网能要约收购公司股份交割完成的公告,控制权变更。

● 2024 年 8 月 23 日,海信网能公开征集投票权报告书。

● 2024 年 9 月 2 日,科林电气董事会、监事会完成换届选举。

● 2024 年 9 月 4 日,科林电气发布关于控股股东及实际控制人变更的公告。

三、收购方案

本次并购重组方案主要分为四个部分:一是海信网能向二级市场及部分高管收购公司股份;二是科林电气的反收购联盟形成;三是海信网能要约收购的

实施与完成;四是海信网能收购后的整合与治理。

(一)海信网能初步收购

2024年3月,海信网能正式启动对科林电气的收购。海信网能通过二级市场交易购入科林电气4.97%的股份,接近5%的信披红线但未触发公告义务。随后,海信网能与科林电气副董事长李砚如、董事兼总裁屈国旺达成协议,受让二人持有的3.19%股份,并获得其剩余9.57%股份的表决权委托。此举使海信网能的表决权比例达到19.64%,超过科林电气董事长张成锁的11.07%,成为第一大表决权股东。

海信网能的收购策略选择在科林电气年报披露前的敏感期进行,限制了原管理层的反收购能力。此外,海信网能还与其他小股东达成协议,进一步增持股份,巩固其控制权地位。

(二)科林电气反收购联盟形成

面对海信网能举牌,科林电气原实控人张成锁迅速采取反制措施。4月1日,张成锁与邱士勇、董彩宏、王永等高管签署一致行动协议,将表决权比例提升至17.31%。同时,张成锁积极游说石家庄国投,后者多次增持科林电气股份,持股比例从4.95%提升至11.18%。石家庄国投与张成锁等四人签署一致行动协议,五方合计持股比例达29.51%,试图通过地方国资的支持抵御海信网能的收购。

然而,海信网能并未因此退缩,反而加快了收购步伐。海信网能获得国家市场监督管理总局关于经营者集中的审查批复,随即宣布启动部分要约收购,计划以33元/股的价格收购科林电气20%的股份,进一步巩固其控制权。

(三)海信网能要约收购

海信网能的要约收购正式启动,根据要约收购报告书,海信网能计划收购4541.88万股,占科林电气总股本的20%,收购总金额约14.99亿元。要约收购的生效条件为预受要约股份数量不低于总股本的15.1%。

在收购期限的最后三个交易日,预受要约股份数量大幅增加,最终共有2753户股东接受要约,预受股份总数达6220.04万股,远超预设的15.10%门槛。海信网能按比例收购了5450.26万股,持股比例升至34.94%,并持有9.57%的表决权,合计表决权比例达44.51%,成功取得科林电气的控制权(图69)。

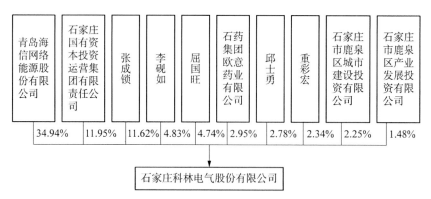

图69　交易后科林电气股权结构图

(四) 海信网能收购后的整合

在临时股东大会上,海信网能提名的4名董事当选,超过董事会半数席位。陈维强当选董事长,史文伯任副董事长,原科林电气副总经理王永被聘任为总经理。这一安排既保留了部分原管理层,又注入了海信的管理经验,确保了整合的平稳过渡。

四、案例评论

(一) 静默期突袭:规则漏洞下的投机博弈

海信网能对科林电气的收购被广泛视为中国资本市场近年来少见的敌意收购典型案例。其核心策略体现为"精准时机选择"与"内部联盟构建"的双重结合。一方面,海信网能利用科林年报披露前的"静默期"(即董事、高管不得买卖股票的窗口期),在2024年3月19日启动突袭式增持,此时科林电气实控人张成锁因合规限制无法采取有效反制措施。这一操作虽未直接违反法律,但被批评为"利用规则漏洞"的投机行为,削弱了市场交易的公平性。

另一方面,海信网能通过联合科林电气内部两名核心高管——副董事长李砚如与总经理屈国旺,以协议转让股份及表决权委托的方式迅速扩大控制权。两人不仅转让了自身持有的3.19%股份,还将剩余9.57%股份的表决权委托给海信网能,形成"里应外合"的格局。这种策略虽合法,却引发了对公司治理伦理的争议:创始团队成员的"倒戈"是否损害了公司长期利益? 其背后是否存在未披露的利益交换? 这些问题成为市场质疑的焦点。

从法律合规性看,海信网能的收购流程基本符合证券法及交易所规则,但其"静默期突袭"与"表决权委托"的运用,暴露了现行监管框架的局限性。针对敌意收购的防御措施在中国市场缺乏明确法律支持,导致原实控人张成锁与国投集团的反击手段有限,仅能通过增持与一致行动协议被动防御,最终因资金与审批效率不足而失败。

(二)资本掠夺论:敌意并购撕裂产业价值

敌意收购通常伴随激烈的市场争议,本案亦不例外。支持者认为,海信网能的介入为科林电气注入了资本与资源,推动其从区域性企业向全球化能源解决方案商转型。海信网能承诺保留科林电气的注册地与生产基地,并依托自身供应链与研发能力提升其竞争力。此外,要约收购的公开性与溢价机制为中小股东提供了退出通道,体现了市场化资源配置的公平性。

然而,反对声音指出,海信网能的收购本质是资本对实体经济的"掠夺"。科林电气作为河北省战略性新兴产业标杆企业,其技术积淀与地方产业链深度融合,而海信网能的整合方案被质疑缺乏产业协同基础。科林电气实控人张成锁公开表示,海信网能在电力设备领域的技术积累薄弱,难以实现真正的业务赋能。更深远的影响在于,敌意收购可能导致创始团队流失与企业文化断裂——海信网能提名的董事会名单中未保留任何原核心成员,这种"换血式"治理可能会削弱科林电气的创新能力。

(三)国资失守:决策迟滞暴露国资并购短板

本案折射出地方国资跨区域并购的复杂生态。国投集团作为本土国资代表,在反收购中暴露了决策滞后与资源不足的短板。国投集团曾通过增持至11.60%并与张成锁团队结盟,形成反制,但因资金审批效率与风险规避倾向,未能有效抗衡海信的"闪电战"。这一现象凸显了异地国资在争夺优质标的时的两难:既要通过并购提升地方证券化率,又需避免因高溢价收购导致国有资产贬值风险。

另一方面,海信网能的胜利反映了产业逻辑对资本博弈的超越。科林电气在新能源汽车充电领域的布局,与海信网能"汽车电子第二增长曲线"的战略高度契合,这种产业协同性使其收购更具可持续性,而非单纯的财务投资。

(四)监管缺位:敌意收购需制度补漏

敌意收购虽能激活市场流动性,但若过度追求短期资本回报,可能损害企业的技术积累与地方经济生态。石家庄本地企业先河环保、博深工具被收购后"一地鸡毛"的前车之鉴,加剧了市场对科林电气命运的担忧。

海信网能的"静默期突袭"与"表决权委托"策略,虽未违法,却凸显了现有规则的漏洞。监管部门需进一步细化敌意收购的界定标准,例如明确"静默期"防御措施的合法性,或引入"股东优先认购权"等制度,防止控制权争夺中的程序滥用。

本案中地方政府未直接干预收购,体现了对市场规则的尊重,但也暴露出地方产业政策与资本力量的脱节。未来需通过产业基金、税收优惠等工具引导资本与实体经济的深度融合,而非依赖被动防御。

五、市场表现(603050)

科林电气交易前后股价变动情况如图70所示。

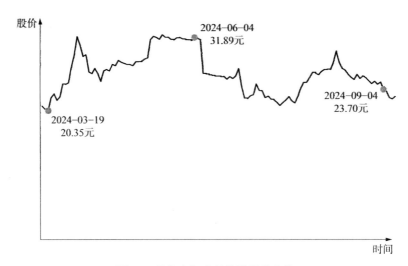

图70　科林电气交易前后股价走势